中学信息技术教学设计

主编 陈 梅 王素坤

科 学 出 版 社

北 京

内 容 简 介

本书以我国信息技术课程标准为基础,运用逆向教学设计的理论与方法,以大单元设计为指导,按照教学设计流程组织内容,主要包括信息技术教育概述及中学信息技术课程教学设计总论,以及中学信息技术的教学内容与学习者分析,学习目标及教学目标,学习策略、教学策略及学习资源,教学过程,学习评价,说课设计,课堂教学技能,并提供比较完整、可参考的典型教学设计案例。

本书可以作为师范类院校信息技术课程教学相关专业的教学用书,也可以作为信息技术在职教师岗位培训或者自学用书。

图书在版编目(CIP)数据

中学信息技术教学设计 / 陈梅,王素坤主编. -- 北京:科学出版社,2024. 7. -- ISBN 978-7-03-079055-2

Ⅰ. G633.672

中国国家版本馆 CIP 数据核字第 20242P99C5 号

责任编辑:宋 丽 袁星星 / 责任校对:赵丽杰
责任印制:吕春珉 / 封面设计:东方人华平面设计部

科 学 出 版 社 出版
北京东黄城根北街 16 号
邮政编码:100717
http://www.sciencep.com

三河市骏杰印刷有限公司印刷
科学出版社发行 各地新华书店经销
*

2024 年 7 月第 一 版 开本:787×1092 1/16
2025 年 7 月第二次印刷 印张:16 1/2
字数:386 000

定价:58.00 元
(如有印装质量问题,我社负责调换)
销售部电话 010-62136230 编辑部电话 010-62135397-2047

前　言

PREFACE

随着《义务教育信息科技课程标准（2022 年版）》的颁布，信息技术（科技）课程在基础教育阶段形成了完整的课程体系。掌握信息技术（科技）课程教学设计能力，是未来信息技术（科技）教师在教学中开展有效教学，保证信息技术（科技）课程核心素养培养落实的重要基础。

本书是内蒙古师范大学"学科教学设计系列教材"中学信息技术教学设计系列课程建设的成果。本书以《义务教育信息科技课程标准（2022 年版）》和《普通高中信息技术课程标准（2017 年版 2020 年修订）》，以及教学理论、学习理论、教学设计为依据，根据中学信息技术（科技）课程特点及学业质量评价水平的要求，结合实例说明并分析信息技术教学设计的要素内容与大单元设计方法，满足高等师范院校相关专业培养中学信息技术教师的需要。本书能够帮助有志于投身中学信息技术教育的在校大学生及在职教师了解和掌握信息技术教学设计的相关知识，提高信息技术（科技）课程教学的设计、实施、管理、评价能力。

本书由十章组成，具体内容如下：第一章为信息技术教育概述，主要介绍信息技术教育的发展及信息技术课程标准的解读；第二章为中学信息技术课程教学设计总论，主要介绍中学信息技术课程教学设计概述及理论基础；第三章为中学信息技术教学内容与学习者分析；第四章为中学信息技术学习目标及教学目标；第五章为中学信息技术学习策略、教学策略及学习资源；第六章为中学信息技术教学过程，结合实例介绍中学信息技术典型教学方法的过程设计；第七章为中学信息技术学习评价，主要介绍中学信息技术课程的过程性评价、表现性评价、总结性评价及项目学习评价；第八章为中学信息技术典型教学设计案例；第九章为中学信息技术说课设计；第十章为中学信息技术课堂教学技能。

本书由陈梅（内蒙古师范大学教育学院）、王素坤（内蒙古师范大学计算机科学技术学院）规划并担任主编，完成整体章节划分和统稿工作。具体编写分工为：王素坤编写第一章、第六章；陈梅编写第二章、第三章、第七章；张利桃编写第四章；李娜编写第五章；孔翠娟编写第八章；侯欣舒编写第九章；萨茹拉编写第十章。内蒙古师范大学现代教育技术专业赵越、贾越、郑思蒙、白雪同学，以及计算机科学技术学院张慧楠同学提供了教学案例的设计创意与相关资料，同时感谢一线教师周加峰、廖力紫、邵红祥、叶敏红、陈卫俊、陆平、宋德洪等提供的教学案例相关资料。

在本书编写过程中，编者参阅了国内外有关教材和资料，在此向相关编著者表示衷心感谢。

由于编者水平有限，书中不妥之处在所难免，恳请读者批评指正。

目 录
CONTENTS

第一章

信息技术教育概述

学习目标

1. 了解信息技术教育的发展概况。
2. 能够阐述信息技术教育理念的发展情况。
3. 尝试对课程标准中的信息素养、计算思维进行解析，对教学实施给出建议与解读。

内容结构

```
信息技术教育的发展 ──┐         ┌── 信息技术教育理念的发展
                    ├─ 信息技术教育概述 ─┤
信息技术课程标准的解读 ──┘         └── 信息技术学科核心素养的理解
```

第一节 信息技术教育的发展

随着信息技术的飞速进步和广泛应用，信息正以其前所未有的迅猛态势渗透到社会的方方面面，改变着人们原有的社会生活。人们越来越能够感受到原有知识的不足和对新思想、新理论的渴望。如何培养能够适应信息社会、具有持续发展和终身发展能力的社会公民，成为当前教育探索和关注的焦点。与此相伴，信息技术教育已经超越了单纯的计算机技术训练和仅仅将计算机作为工具使用的阶段，培养适应数字经济时代发展的具备信息素养的"数字公民"是当前的主要任务。世界上的许多国家越来越重视信息技术对社会、对教育的影响和作用，纷纷调整教育的培养目标，制定新的教育改革方案，以求实现全面提高公民特别是青少年的信息素养，培养适应信息化社会的人才，提高国际竞争力。

一、信息技术教育发展的国际趋势

20 世纪 90 年代以来，无论是发达国家还是发展中国家，都加快了改革进程。人们普遍认识到，以计算机和网络为核心的现代信息技术是现代生活中必不可少的工具。为此，世界各国都高度重视信息技术教育的普及工作，推出了一系列重大举措，并初步形成了各自的发展特色。

1. 信息技术教育发展定位

日本政府将信息技术作为实现其国家战略的重要组成部分。文部科学省制定了中小学《学习指导要领》，重视培养中小学学生的信息素养，将信息技术能力和语言能力、发现与解决问题能力一起作为中小学学生开展学习活动的基础能力，以适应将来的超级人工智能、大数据等新技术的广泛使用，同时加强信息技术变革学习，培养超智能社会的合格人才。

美国、英国等欧美国家在国家层面自上而下推进信息技术教育，他们以数据为核心的知识创新时代所蕴含的独特学科特质和文化内涵不断被人们所认知，特别是计算思维，其对学生发展的价值得到了广泛认同。计算思维是把计算机科学延伸到所有学科领域的一种问题解决方法，它通过独特手段分析问题并形成解决方案，强调抽象、自动化、分析，即通过计算解决问题。

2. 信息技术教育深入学科教学中

日本提出在中小学的所有学科中都要积极利用信息工具进行教学。英国除在中小学技术课程教学中开展信息技术课程外，还在所有学科的教学中提供运用信息技术的机会，培养学生运用信息技术的能力。在新加坡，信息技术被引入中小学的所有科目。美国和加拿大广泛开展以计算机网络为依托的远程教育（网上学校），信息技术已经成为中小学学生学习不可缺少的工具之一。

3. 高度重视信息技术教育环境的改善

很多国家非常重视信息技术教育的环境建设。例如，为学校提供网络设施，确保所有学习场所都能方便地使用互联网、获得数字资源；所有小学教师和 4 年级及以上的学生都有邮箱账号；在校中小学学生与计算机的比率应达到 2∶1，教师与计算机的比率应达到 2∶1；等等。

二、信息技术教育发展趋势对我国的启示

尽管不同国家的地域、历史、文化、教育制度、政策有所不同，但在社会发展的形势下，信息技术课程呈现出一些共同的特征与规律。探究其他国家的信息技术课程建设情况，能使我国信息技术课程目标、课程内容设置等方面的建设更加科学。

1. **充分认识深化信息技术教育的必要性**

云计算、物联网、大数据等一系列接踵而来的概念令人应接不暇，我们已经走进数字时代、信息社会。信息社会对其公民提出特有的素质要求，不仅包括信息知识、技能、思想、方法，还涉及责任、批判、合作、创新、效率。

面对信息化、国际化背景下的机遇和挑战，信息技术课程标准要强调进一步提升学生的信息素养，使他们在未来的信息社会中更好地生存与发展。中小学信息技术教育对于我国基础教育均衡发展、缩小"数字鸿沟"意义重大。当前我国设立的信息技术（信息科技）课程，就是从基础教育整个学段的需求总体考虑、统一设计的。

2. **准确理解信息技术的课程目标**

信息技术的课程目标定位为面向全体学生、全面提升学生的信息素养。学生需要掌握数据、算法、信息系统、信息社会等关键学科概念，了解信息系统的基本原理，形成运用计算思维解决问题等关键能力。

信息素养是信息社会中全体公民应该具备的基本能力，是人的全面发展与终身发展的基础。"以教育信息化带动教育现代化，促进教育的创新与变革"是我国从教育大国迈进教育强国的一项基本策略。高中信息技术课程是促进学生信息素养养成的基本途径，是实现教育信息化的需要，是促进基础教育课程改革的需要。

3. **不断深化学科核心素养**

世界各国普遍将信息技术看作与语文、数学地位相同的学科，这种转变不是要回到最初的"程序设计"，而是要培养学生的计算思维。计算思维已成为未来科技创新的重要助推力，是培养学生组织能力、逻辑思维能力与问题解决能力的载体之一，更是学生21世纪自主发展的核心素养之一。

计算思维被确定为信息技术学科核心素养，这是2020年高中信息技术课程标准修订最为突出的变化，符合当前世界各国对信息技术课程在学生培养过程中的特有教育价值的认识。计算思维的价值不只体现在计算机科学学科之内，同时对其他学科学习乃至对社会发展都具有普遍意义。培养计算思维对社会发展、学科发展及个人发展都具有重要意义。

4. **围绕核心大概念组织课程内容**

我国对自身的信息技术学科内容在原有的基础上进行了拓展与深化。"算法""数据""信息系统""信息社会"是2020年高中信息技术课程标准修订确定的核心大概念，也是课程内容的核心。特别是"数据"作为核心大概念的提出，是生产力的社会发展趋势围绕处理数据的知识与能力成为信息技术课程选择内容的重要主线。

5. 数字化学习是信息技术课程的重要学习方式

数字化学习可促进学生认知的发展，提供广泛经验，提高学生的自我管理能力，便于学习数据的收集与呈现。信息技术课程可为学生运用数字化学习工具开展自主学习、协同工作与知识分享提供广阔的实践、创新空间。作为信息技术学科核心素养之一，数字化学习与创新体现了信息技术课程的工具性、实践性。

6. 围绕学科核心素养进行评价

我国信息技术课程旨在全面提升全体学生的信息素养，信息技术学科核心素养包含的信息意识、计算思维、数字化学习与创新、信息社会责任体现了国际信息技术课程发展的基本特征，结合了信息技术发展的前沿成果，紧紧围绕"算法""数据""信息系统""信息社会"等核心大概念，体现了信息技术在"立德树人"方面独特的学科文化内涵。学业质量标准旨在建立学生学习、教学实践和评价之间的联系，从学业质量标准对本学科核心素养的具体描述中可以看出，在具体实践中学业评价要形式多样，围绕信息技术学科核心素养展开，确定学生学习结果表现的关键指标。

【拓展阅读】

信息技术教育理念的发展

信息技术的发展引发的社会信息化发展异常迅猛，反映到基础教育，必然导致信息技术课程的发展与变化。我们应该认识这种变化，做好积极的思想准备。一方面，我们要研究信息技术的变化规律，不断发现、发掘课程中相对稳定的内在价值；另一方面，我们要密切关注信息技术课程的演进规律，探讨其变化的可能性，牢牢把握信息技术课程的方向。

从计算机教育到信息技术教育的发展过程中，信息技术教育理念发生了很大变化。不少专家学者曾对此进行回顾和总结，将其大致分为四个阶段。

1. 第一阶段

第一阶段的时间是从 20 世纪 70 年代末到 80 年代初，这一阶段主要受到"计算机文化论"的影响。当时标志性的口号是"程序设计是第二文化"，这是伊尔肖夫（Ershov）于 1981 年 8 月在瑞士洛桑举行的第三届世界计算机教育应用大会上提出的。伊尔肖夫指出，科学研究、社会组织工作、人们的日常生活与学习都按照一定的程序进行，都是有序的，善于或不善于编排与执行自己工作、生活与学习的程序是人们能否有效地完成各种任务与得到一种有条理的生活的关键。他提出，现代人除了应该具有传统读写算的意识与能力，还应该具有一种可以与之相比拟的程序设计意识与能力，也就是说应该具有第二种文化——程序设计文化，而教授计算机程序设计可以帮助人们从小培养这种程序设计意识与能力。

美国麻省理工学院的心理学家、计算机教育家西摩·佩珀特（Seymour Papert）于1980年提出计算机可以具体化形式思维，并进一步提出了"组合思维"的观点。他强调，应该让儿童摆弄计算机，在计算机文化的氛围中理解现实世界。他还组织一些计算机工作者开展人工智能研究，并开发了一种易于学习、结构良好、程序运行过程可见的程序设计语言。

这一阶段的计算机技术尚处于发展初期，属于精英技术，建立在精英技术之上的信息文化也只能属于精英文化，因其势单力薄，影响范围极小。

按照伊尔肖夫的倡导，这一阶段对人的内在品性的要求是具有计算机素养，核心是程序设计能力，强调逻辑思维能力和利用算法解决问题的能力。理想的结果应当是学生可以通过程序设计的学习学会利用算法解决生活中的实际问题。应当承认，"计算机文化论"是基于当时计算机相对狭隘的文化意义的较为准确的认识与理解，历史性地促进了计算机教育的发展，但限于当时技术的发展水平，这个认识与理解有很大的局限性，不足以用来指导今天的信息技术教育实践。

2. 第二阶段

第二阶段的时间是从20世纪80年代中后期到90年代。1985年，我国国家教育委员会派代表参加了在美国弗吉尼亚召开的第四届世界计算机教育应用大会，在这次会议上，许多专家提出：中小学计算机课程应该从以程序设计语言为主转向把计算机作为一种工具，即以计算机应用为主。这就是"计算机工具论"的提出。信息技术快速发展逐渐趋向大众化，专门化的应用软件日趋增多，使人们深切感受到计算机被普遍应用的可能。于是人们开始重新审视计算机的定位及计算机课程的教学内容。持"计算机工具论"观点的人认为，计算机只不过是现代社会中进行信息处理、信息传播的工具，只要能操作、会应用就行了。也就是说，计算机教育应该以培养学生熟练使用计算机并将其作为解决问题的工具为主要目标。

继"计算机文化论"之后，"计算机工具论"是对课程文化意义认识的一次升华，它对学以致用的倡导能够激发学生的学习动机和掌握技能的积极性，在推动计算机课程方面起到了积极作用，是促进课程发展和课程认识的一个重要阶段。

3. 第三阶段

第三阶段的时间是从20世纪90年代初到20世纪末。到了90年代，随着多媒体与计算机网络技术的发展与广泛应用，以及校园网络的普及，"计算机文化"的说法被重新提起。但是这时的"计算机文化"的内涵和80年代初相比已发生了很大的变化。例如，有些人提出了多媒体文化、超媒体文化与网络文化等与"计算机文化"有所不同但又密切相关的新提法。尤其是 90 年代末网络文化的提出，促进了信息技术教育的发展。

丹麦皇家教育研究院的高级讲师安德烈森（Andresen）在他的题为《有超媒体文化才是有文化：读写算与多媒体文化是基本的技能》的论文中系统地提出，在信息时代，文化包括六个方面：第一个方面是阅读文字消息的能力；第二个方面是书写文字的能力；第三个方面是理解数字与进行计算的能力，也就是定量能力；第四个方面是对于那些不是以英语为母语的人们来说，能够以英语进行沟通与会话的能力；第五个方面是媒体文化，即能够理解由电视机、电影放映机及录像机等电子媒体传播的消息所需要的知识与技能；第六个方面是计算机文化，即利用计算机技术手段进行沟通、会话及解决问题的能力。他还引用了希格登（Higdon）的关于超媒体文化的定义，即超媒体文化可以被定义为使用超媒体光盘及网络服务作为解决问题与互相沟通的方便工具的能力。

可以看到，"计算机文化"的观念逐渐向信息技术的使用能力转变。此外，还有一部分研究人员提出了"网络文化"的观念。他们认为，网络改变了人们获得信息与传播信息的手段，人们必须适应这种变化。未来的人们能不能应用网络技术，会是人有没有现代文化的区分点。网络不仅仅是人们生活、学习的一种工具，更成了人类的一种生存方式。

与提出"计算机文化论""计算机工具论"的第一阶段和第二阶段相比，这一阶段不属于一个独立的阶段，而应当属于一个较为短暂的在认识上处于爆发状态的过渡时期，更准确地说应当是下一个阶段的前奏或序曲，对人的要求已经开始向信息能力的方向发展，接近信息素养。"计算机课程"在一些国家的国家文本或者地方教育文件上正式被更名为"信息技术课程"的事实，也体现出人们对信息技术发展、应用与价值的进一步认识。

4. 第四阶段

从 20 世纪末开始，信息技术与信息文化已经发展到稳定与繁荣的状态，信息文化成为社会主流文化类型，这种文化需要有专门的课程来反映其影响、体现其内涵和价值，这门课程就是信息技术课程。对应以往的"计算机文化论"和"计算机工具论"，"信息文化观"的思想在这一阶段得到了广泛的认同。

这一阶段信息技术教育领域的一个热点就是"信息素养"，它引起了世界各国越来越广泛的重视，并逐渐被加入从小学到大学的教育目标与评价体系之中，成为评价人才综合素质的一项重要指标。围绕信息素养的讨论，也日益成为世界各国教育界乃至社会各界关注的重大理论与实践课题。

信息产业协会主席保罗·泽考斯基（Paul Zurkowski）指出，信息素养主要包含以下四个部分：

1）传统文化素养的延续和拓展；

2）使受教育者达到独立自学及终身学习的水平；

3）对信息源及信息工具的了解和运用；

4）必须拥有各种信息技能，如对需求的了解及确认，对所需文件或信息的确认、检索，对检索到的信息进行评估、组织及处理并做出决策。

此后，很多专家学者对于信息素养内容提出了自己的见解。作为对人的内在品性要求的信息素养是信息文化发展至成熟期的产物，其核心是信息能力。信息文化与信息素养是同一事物的两面：信息文化产生和存在于个体之间的信息活动及相关产品之中，当前已经广泛附着于社会活动及产品之上，其指向是向外的；当信息文化内化于人时就转变为个体的信息素养，成为个人素养的重要构成，其指向是向内的，个体信息素养的外化便表现为一种信息文化的活动或产品。

对信息技术学科核心素养的理解

"信息文化观"阶段是对课程文化意义的再次升华，就目前而言，以培养学科核心素养作为课程目标是课程文化意义的充分彰显。从"计算机文化论"到"计算机工具论"再到"信息文化观"的更替符合课程发展的趋势与要求，体现了随着社会的发展人类在认识上的不断提高，反映了课程文化意义逐步走向成熟。

学科核心素养是学科育人价值的集中体现，是学生通过学科学习而逐步形成的正确价值观念、必备品格和关键能力。《普通高中信息技术课程标准（2017 年版 2020 年修订）》中提出了信息技术学科核心素养，高中信息技术学科核心素养由信息意识、计算思维、数字化学习与创新、信息社会责任四个核心要素组成。它们是高中学生在接受信息技术教育过程中逐步形成的信息技术知识与技能、过程与方法、情感态度与价值观的综合表现。四个核心要素互相支持，互相渗透，共同促进学生信息素养的提升。信息技术学科核心素养名称的界定如图 1.1 所示。

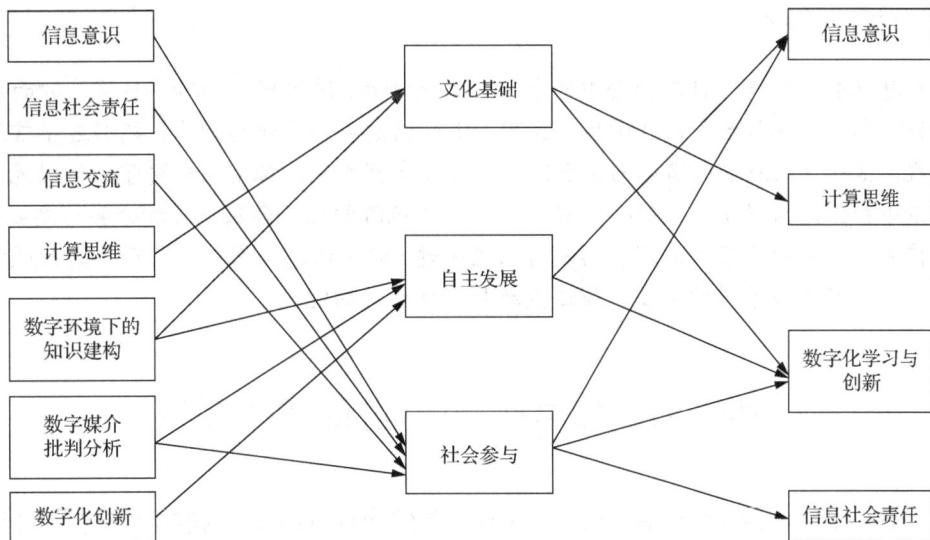

图 1.1　信息技术学科核心素养名称的界定

1. 信息意识

信息意识是指个体对信息的敏感度和对信息价值的判断力。具备信息意识的学生，能够根据解决问题的需要，自觉、主动地寻求恰当的方式获取与处理信息；能够敏锐感觉到信息的变化，分析数据中所承载的信息，采用有效策略对信息来源的可靠性、内容的准确性、指向的目的性做出合理判断，对信息可能产生的影响进行预期分析，为解决问题提供参考；在合作解决问题的过程中，愿意与团队成员共享信息，实现信息的更大价值。

2. 计算思维

计算思维是指个体运用计算机科学领域的思想方法，在形成问题解决方案的过程中产生的一系列思维活动。具备计算思维的学生，在信息活动中能够采用计算机可以处理的方式界定问题、抽象特征、建立结构模型、合理组织数据；通过判断、分析与综合各种信息资源，运用合理的算法形成解决问题的方案；总结利用计算机解决问题的过程与方法，并迁移到与之相关的其他问题解决过程中。

3. 数字化学习与创新

数字化学习与创新是指个体通过评估并选用常见的数字化资源与工具，有效地管理学习过程与学习资源，创造性地解决问题，从而完成学习任务，形成创新作品的能力。具备数字化学习与创新的学生，能够认识数字化学习环境的优势和局限性，适应数字化学习环境，养成数字化学习与创新的习惯；掌握数字化学习系统、学习资源与学习工具的操作技能，用于开展自主学习、协同工作、知识分享与创新创造，助力终身学习能力的提高。

4. 信息社会责任

信息社会责任是指信息社会中的个体在文化修养、道德规范和行为自律等方面应尽的责任。具备信息社会责任的学生，具有一定的信息安全意识与能力，能够遵守信息法律法规，信守信息社会的道德与伦理准则，在现实空间和虚拟空间中遵守公共规范，既能有效维护信息活动中个人的合法权益，又能积极维护他人合法权益和公共信息安全；关注信息技术革命所带来的环境问题与人文问题；对于信息技术创新所产生的新观念和新事物，具有积极学习的态度、理性判断和负责行动的能力。

第二节　信息技术课程标准的解读

信息技术课程标准修订后，信息技术课程的结构有所调整，内容得以充实，内涵更加丰富，育人价值得到进一步提升。按照新课程标准实施信息技术课程，既要准备好基础设备设施、师资队伍、教学资源等必要条件，又要考虑建设适应信息技术课程实施和发展的生态系统。本节主要介绍基础设备设施、教学与资源建设建议、渗透项目学习的过程与方法、学习评价建议。

一、基础设备设施

基础设备设施是指信息技术教室、信息技术实验室、计算机软硬件、网络设施、互联网带宽等支撑信息技术课程教学的必要设施、设备和软硬件。基础设备设施必须先建先行，在新课程标准正式实施之前建设装备到位。本部分主要介绍信息技术教室和信息技术实验室。

信息技术教室是能使用计算机进行程序设计、软件应用、上网操作等方面教学的场所，这些教学不对计算机硬件本身进行组装或拆卸之类的操作。课程标准中提到，普通高中要根据学生人数和教学课时的需求，设立能满足各模块教学需要的信息技术教室和信息技术实验室，配置数量要求不低于 1 间/15 班，这是基于学校每周上课 5 天、每个教学班每周开设信息技术课程 2 课时计算的信息技术教室的配置。每间教室应保证每班上课时一人一台计算机，并安装基本的软件及具有不低于 100M 的互联网带宽。

信息技术实验室则是根据课程标准修订后的内容要求设置的专用实验室，其主要功能是开展基于计算机软硬件安装与调试、输入输出设备的安装与调试，以及开展自动控制物联网机器人 VR（virtual reality，虚拟现实）及 AR（augmented reality，增强现实）等方面的设计与应用实验。在必修课程模块中，信息技术实验室主要涉及计算机系统的调试、网络设备的安装与调试、物联网设备的组装、使用数据采集及处理等基础应用，实验教学意义重要且面对的是全体学生。

在选择性必修课程模块中，与必修课程模块所需要的信息技术实验室的功能相近的部分，可以共用；如果开设兴趣提高模块课程，则应根据其选择的模块，单独建设相应的信息技术实验室，如移动应用实验室、三维设计实验室、开源硬件实验室等。

二、教学与资源建设建议

信息技术教学是培养学生信息技术学科核心素养的基本途径。教师在教学中要紧紧围绕学科核心素养，凸显"学主教从、以学定教"的专业路径，把项目整合于课堂教学中，重构教学组织方式，创设有利于学生开展项目化学习的数字化环境、资源和条件，引导学生在数字化学习的过程中领悟数字化环境对个人发展的影响，养成终身学习的习惯。教学与资源建设建议具体如下。

1. 领会学科核心素养内涵，全面提升学生信息素养

全面提升学生的信息素养是普通高中信息技术课程的根本任务，学科核心素养是信息素养的具体表现。为了将学科核心素养落实于课堂教学中，实现课程的根本任务，信息技术教师首先需要领会学科核心素养的内涵。

1）信息意识是指个体对信息的敏感度和对信息价值的判断力，是在具体信息情境和信息活动中逐步养成的。教师在教学中要为学生创设信息情境，提供发现问题、自主解决问题的机会，引导学生主动将问题求解与信息技术进行关联。

2）计算思维作为一种思维方式，需要在解决问题的过程中不断经历分析思考、实践求证、反馈调适而逐步形成。教师在进行教学设计时，可根据教学内容提炼计算思维的具体过程与表现，将其作为学生项目化学习的内在线索，引导学生在完成不同项目的情境中，反复亲历计算思维的全过程。

3）数字化学习与创新强调了学生在数字化环境中的发展。教师在进行教学设计时，可根据学生的学习基础创设适合学生的数字化环境与活动，引导学生在运用计算思维完成项目的实践过程中，通过自主学习和协作学习，利用数字化资源与工具，创造性地解决问题或创作出有个性的数字化作品。

4）信息社会责任的形成需要学生直面问题，在思考、辨析、解决问题的过程中逐渐形成正向、理性的信息社会责任感。教师在教学时，可结合学习过程中的生成性资源引导学生挖掘、观察现实世界中的典型信息事件，鼓励学生面对信息困境，通过求证、讨论和交流，做出正确的选择和行为。

2. 把握项目化学习本质，以项目整合课堂教学

项目化学习是指学生在教师引导下发现问题，以解决问题为导向开展方案设计、新知学习、实践探索，具有创新特质的学习活动。项目化学习在很大程度上还原了学习的本质，这种基于真实情境的学习能提升学生对信息问题的敏感性、提高对知识学习的掌控力、促进对问题求解的思考力的发展。在项目实施过程中，各种能力的综合也促进了学生信息技术学科核心素养的形成。在开展项目化学习时，教师要创设适合学生认知特征的活动情境，引导他们利用信息技术开展项目实践、形成作品。因此，项目化学习应以信息技术学科核心素养的养成为目标，在项目实施中渗透学科核心素养，整合知识与技能的学习。

在教学中，教师可以先整体梳理各课程模块的教学内容，再以阶段性教学内容（模块或单元）为依托，提炼学生习得知识后应具备的学科核心素养，以此节点设计项目推进路径，力争使项目实施既能合理渗透信息技术学科核心素养，又能有效整合相关的教学内容。

3. 重构课堂教学组织方式，加强学生的探究性学习

在项目化学习（特别是开放性项目化学习）的过程中，学生是项目的设计者、实施者和项目成果的推介者，教师是学生项目设计及实施过程中的引领者和咨询者。在教学中，教师应淡化知识的单一讲解，鼓励学生通过自主探究解决项目中的问题，在解决问题的过程中整合知识学习，促进思维发展。教师要从"学会操作"的课堂价值取向转向"形成学科核心素养"的价值诉求，引导学生从实际生活中发现项目素材，培养学生的

信息意识；在"尝试→验证→修正"的"试错"过程中，发展学生的计算思维；引导学生从自主寻求项目实施所需知识和技能的过程中形成数字化学习与创新能力；在项目成果的推介交流中，增强学生的信息社会责任意识。

项目的开放性及解决方案的多样性，既能调动学生学习的积极性，激发其学习兴趣，也能引发更多的生成性问题。在项目活动中，教师可以根据学生学习的需要，采用个性化教学的指导方式，既为学生提供自由创作的空间，又确保学生的个性化问题得到及时关注与解决。建议教师创建网络学习空间，通过知识详解、范例创作、常见问题答疑等，帮助学生解决一般性问题。通过组建互助小组，引导学生在交流互助中共同提升思维与能力，甚至可以将合作互助行为纳入评价范畴，引导学生开展更深入的交流合作。

4. 创设数字化学习环境，为学生提供丰富的课程资源及教学资源

为促进学生学科核心素养的发展，教师在充分利用真实情境的教学活动空间时，应通过信息技术帮助学生创设个人虚拟的网络活动空间，形成应用便捷、资源丰富、内容可靠、环境安全的数字化学习环境。现实空间与虚拟空间的结合有助于改善学生的学习方式，激发学生的探究欲望，同时能够丰富教师的教学手段，拓宽师生互动的渠道。学生在亲历数字化学习的过程中，体验数字化环境对学习的影响，促进终身学习习惯的养成。

"互联网+"正在深刻影响着社会各个领域的行业生态。在教学过程中，教师可围绕学科核心素养，通过互联网构建可持续发展的学习资源建设规划，将学生项目学习中的生成性资源转化为后续学习资源，引导学生成为资源的使用者和建设者，促进学生在信息意识、计算思维、数字化学习与创新、信息社会责任等学科核心素养的全方面发展。

信息技术课程教学资源主要包括教师教学材料、学生学习材料和教与学的环境等与教师教学、学生学习密切相关的资源。这些资源是信息技术课程实施必不可少的素材，直接关乎信息技术教学的质量，应当给予足够的重视。

信息技术课程教学资源的建设应以数字化的教学资源建设为重点。建议各地依托本地教育行政部门设立的教育资源应用平台，结合信息技术课程的特点，建设适应教学需要的教学资源，提供给本地区信息技术教师教学使用。特别倡导在校本教研的基础上，鼓励教师使用信息化教学手段、应用数字化教学资源，并在使用的过程中锐意创新，改进和完善数字化教学资源，丰富适合本学科教学的一线经验，为课程实施提供鲜活的素材。

三、渗透项目学习的过程与方法

学科课程的本质特征既取决于它特有的学科逻辑体系，也表现在其独特的研究方法和话语体系中。中小学信息技术课程既要精选促进学生终身发展必备的基础知识与基本

技能，也要反映学科自身的研究方法和话语体系。教师应引导学生在真实的问题情境中学习技术工具、理解学科方法，并利用技术工具和学科方法解决问题。研究发现：信息能力不同于技术工具的操作技能，如果缺少应用方法与策略的学习，这些特定的技能就不能为学生提供不同情形下的技术应用迁移，也就无法实现问题的解决。因此，在信息技术应用的典型案例中，以发展学生批判思维和设计思维的信息问题解决技能为主，将信息能力的发展贯穿任务确定、策略分析、信息检索与获取、信息应用、信息生成、过程与结果评价的学习过程中。要求学生通过交流与合作的项目化学习方式，体验利用信息技术获取、分析、判断、加工、综合、创新、发布信息的过程。引导学生使用结构分析模型，尝试开发设计程序和调试完善的学科方法，进行信息交流。信息技术课程本身具有实践性强、应用广的特点。课程标准的修订中突出了课程的实践性，对内容标准的陈述强调学习的实践条件和实践内容。在课程标准的教学提示和教学建议中，也都强调要通过项目教学法开展教学，突出学生的实践活动。

1）必修课程模块 1 中的内容标准：通过典型的应用实例，了解数据采集、分析和可视化表达的基本方法；根据任务需求，选用恰当的软件工具或平台处理数据，完成分析报告，理解对数据进行保护的意义。

2）必修课程模块 2 中的内容标准：通过分析物联网应用实例，知道信息系统与外部世界的连接方式，了解常见的传感与控制机制；通过组建小型无线网络，了解常见网络设备的功能；通过搭建小型信息系统的综合活动，体验信息系统的工作过程，认识信息系统在社会应用中的优势及局限性。

3）必修课程模块 1 中的教学建议：通过"网络购书"的实践活动，组织学生探究"网站为用户自动推荐商品的原因"，辨析网站获取用户数据的基本类型，了解基本的分析方法（如对比分析法、平均分析法等），思考网站数据可能会对用户产生的影响。

四、学习评价建议

评价是信息技术教学的有机组成部分，应基于信息技术学科核心素养展开。教师可以综合运用多种评价手段，在教学中起到有效导向的作用。评价的主要目的是促进学生的学习，改善教师的教学，完善教学方案的设计。评价内容要从单纯关注知识与技能向关注学生学业成就转变，同时要关注现实问题解决和团队合作等多种能力的提升。通过评价的合理实施，不断提高信息技术教师的教学水平，激发学生学习、应用信息技术的兴趣，帮助学生逐步提升信息素养。《普通高中信息技术课程标准（2017 年版 2020 年修订）》依据信息技术学科核心素养建立信息技术学业质量水平，检验和衡量学生学习的程度，不但使课程标准可以用于指导教师的教学，而且使学生学习结果评价有了很强的操作性，反映出"教""学""评"的一体化设计。

1. 评价的原则

高中信息技术教学评价的原则：强调评价对教学的激励、诊断和促进作用，发挥评价的导向功能。

1）评价的方式应灵活多样，激励和引导学生学习。在信息技术教学过程中，教师应通过灵活多样的评价方式激励和引导学生学习，培养学生的信息素养。教师应注意观察学生实际的技术操作过程及活动过程，分析学生典型的信息技术作品，全面考查学生信息技术操作的熟练程度和利用信息技术解决问题的能力。建议教师在向学生呈现评价结果时，多采用评价报告、学习建议等方式，适当采用鼓励性语言，激发学生内在的学习动机，帮助学生明确自己的不足和努力方向。

在对学生学业进行总结性评价时，教师应根据评价目的、学习内容及课程特点，采用多种形式的评价方式。评价内容与手段要有利于学生学习，要引导教师利用评价结果反思和改进自己的教学过程，发挥评价与教学的相互促进作用。

2）评价应面向全体学生，尊重学生的主体地位，促进学生的全面发展。促进学生的全面发展是现代教育评价应有的价值取向。在评价过程中，教师应尊重学生的水平差异和个体差异，要创造条件让学生甚至家长主动参与到评价中，增强学生自主评价的积极性。教师要以多样化的评价促进学生学科核心素养的提升，不能简单地以分数或等级来评估学生；要多采用表现性评价语言，注重学生在不同起点上的提高，而不仅仅是看重他们是否都达到了某一共同标准。

3）评价应公平公正，注重过程性评价与总结性评价相结合。评价方案的设计和实施应考虑全体学生的实际情况，评价方案要事先制定并及时公布，不仅应让教师、学生知晓，还应让家长、社会了解。信息技术学科具有很强的操作性和实践性，学生经历的学习过程也是评价的重要依据，对学生的学业评价应尽量采用过程性评价与总结性评价相结合的方式。教师要充分利用信息技术的学科优势，采用电子作品档案袋、学习平台记录表等技术手段记录学生的学习状况，客观评估学生的学习过程与学习态度，力求全面、公平、公正地评价学生的学业状况。

4）评价应科学合理，提高评价的信度和效度。评价内容的选择应从学科基本要求出发，评价情境创设要科学合理，注重评价的信度和效度。信息技术学科具有很强的应用性，学习内容大多与生活息息相关，如数据处理技术、网络技术、人工智能技术等，因此评价内容的设计与选择应贴近学生的学习和生活，注重评价的实用性和导向性。评价情境的创设既要有利于评价目标的落实，又要有利于引导学生学习能力的提高。

2. 评价活动的设计与实施

信息技术课程的评价活动要根据评价的目的、要求、对象等进行设计，针对不同的评价目的，应该设计不同的评价情境。

1）确定评价目标与内容。评价目标与内容应根据学科核心素养的水平层级、各课程模块相应的学业质量水平等确定。学科核心素养水平是确定评价目标的重要依据。例如，学生在修习高中信息技术必修课程后，应该达到学科核心素养水平1；在修习选择性必修课程后，应该达到学科核心素养水平 2；在继续修习选修课程后，应该达到学科核心素养水平 3。

内容要求、学业要求与学业质量标准是确定评价内容的重要依据。各课程模块内容规定了一个模块的基本教学内容与学业要求，而学业质量标准是衡量学生学业水平的基本指标。面向学科核心素养的评价尤其要关注情境的设计，要从多个维度设计合理的评价活动。情境要来源于学生的学习和生活，要从问题解决的过程与方法层面设计评价方案。评价活动应能有效诊断学生的信息技术学科核心素养水平，为学生的毕业、升学提供依据，为学生未来的发展提供建设性的意见。

2）确定评价方式与策略。信息技术学业评价一般包括纸笔测试、上机测试等方式。纸笔测试和上机测试各有所长，适合不同的评价目标与内容，应相互补充、综合运用。纸笔测试的效率较高，适用于短时间内对大量学生进行集中考核，以及考核学生对信息技术基础知识的理解和掌握，但不适用于评价学生的实际操作技能。在设计纸笔测试试卷时，教师要控制选择题、填空题等客观题型的比例，适度设置和增加要求学生通过理解与探究来解决的开放性题目，如问题解决分析、作品设计等，以拓展纸笔测试在评价目的与内容等方面的广度和深度。上机测试可以评价学生使用技术工具的熟练程度，能够考查学生利用信息技术解决问题的能力。

根据不同的评价目的和要求，学业评价可以采用多种方式展开。学业水平考试这类总结性评价可采用纸笔测试、上机测试相结合的形式；一般过程性评价可通过课堂观察、学习行为分析、作品评价、档案袋资料采集等方式，从知识、能力、情感等方面全面衡量学生的学习状况，也可作为学业评价的依据。

信息技术课程日常学习中的过程性评价应围绕信息技术学科核心素养展开，所选择的评价维度要能充分体现学生的信息技术学科核心素养水平，尤其要关注信息意识、信息社会责任等通过总结性评价相对较难测量的素养。在课程实施过程中采取目标与过程并重的策略，记录学生的动态学习过程，评价时尽量体现出学生在学习过程中各方面能力的提升情况。例如，对于信息技术技能评价，可通过学生的信息活动，引导学生正确、规范地使用数字化工具，并能运用数字化工具解决实际问题，提升学生运用数字化工具改善学习和便捷生活的能力，促使学生形成信息社会责任意识。

【案例展示】

对照课程标准的学业质量评价设计的学习评价示例

学生在信息活动中的计算思维具体表现为解决问题过程中的形式化、模型化、自动化和系统化。

必修课程模块 1 中"算法与程序实现"部分的项目实施方案示例如表 1.1 所示。

表 1.1 必修课程模块 1 中"算法与程序实现"部分的项目实施方案示例

所属模块	必修课程模块 1：数据与计算		
内容要求	掌握一种程序设计语言的基本知识，使用程序设计语言实现简单算法。通过解决实际问题，体验程序设计的基本流程，感受算法的效率，掌握程序调试与运行的方法		
知识与技能要点	输入和输出语句，赋值语句，选择结构语句，基本数据类型，常用系统函数，算术、关系和逻辑基本运算及表达式		
学科核心素养	① 根据不同受众的特征，能选择恰当的方式进行有效的交流。（信息意识） ② 针对给定的任务进行需求分析，明确需要解决的关键问题。（计算思维） ③ 运用基本算法设计解决问题的方案，能使用编程语言或其他数字化工具实现这一方案。（计算思维） ④ 针对特定的学习任务，运用一定的数字化学习策略管理学习过程与资源，完成学习任务，创作作品。（数字化学习与创新） ⑤ 在信息交流或合作中，尊重不同的信息文化，积极、主动地融入信息社会中。（信息社会责任）		
实施环节	活动内容	阶段目标	学科核心素养
项目范例展示，引导学生开展项目设计	教师展示基于真实情境的程序设计作品（必须包含选择结构语句，并且能在程序中恰当地运用选择结构语句解决问题）。 学生欣赏程序设计作品，构思自己的作品	利用文字处理软件、演示制作软件等，形成项目设计的初步方案	本表格所述学科核心素养中的①②条
方案交流，提高学生设计项目的可行性	学生汇报、展示自己设计的项目方案。 教师从项目成果、呈现方式、实现技术等角度提出项目调整的建议	在一定范围内展示、交流自己的项目方案	本表格所述学科核心素养中的①②⑤条
项目实施	学生根据自拟项目方案实施项目，结合项目需要，利用教师提供的资源，开展新知识的学习，最终解决问题。 教师事先搭建好数字化学习的平台，并为学生个性化的学习需求提供指导	进一步熟悉编程环境，能根据算法合理运用变量、赋值语句、常见系统函数及顺序、选择结构语句编写代码，调试程序直至正确	本表格所述学科核心素养中的②③④条
项目成果交流评价	组织学生通过数字化平台提交作品及相关文档（设计思想、技术文档、交流文稿等），开展项目成果的交流与评价，并选择典型成果进行课堂展示和交流评价	撰写项目成果的相关文档，有效组织需要的材料并正确提交；在撰写交流文稿时开展自我评价，在网络中开展互评	本表格所述学科核心素养中的④⑤条

1. 确定项目的基本要求

根据课程标准中必修课程模块 1"数据与计算"内容要求中的 1.6、1.7，结合教学内容，设计一个或多个项目活动，引导学生经历"项目设计""项目实施""项目成果交流评价"等环节，以算法设计、程序实现为主要形式开展项目活动。每个项目活动的基本要求：项目主题健康，内容积极向上。项目指向可以是解决学习或生活中的一个实际问题，也可以是帮助自己实现一个愿望。项目成果以计算机程序为主要形式。程序实现技术要涉及前期所学的算法、语句知识，程序应能正常运行并完成正确的数据处理，具备必需的交互功能及简洁美观的用户界面。

2. 制定项目活动的评价标准

项目活动的评价标准需要针对具体要求逐条设计。为了激励学生深入探究、张扬个性，评价标准可以根据评价的实际情况设置基本项和奖励项，每项除设置评价标准外，还须设置一定的分值，如表 1.2 所示。

表 1.2 必修课程模块 1 中"算法与程序实现"部分的项目评价方案示例

分类	评价项	评价标准	分值
基本项	主题	主题明确；源于生活	略
	内容	体现出积极向上、正确的信息社会责任意识；包含必要的文档资料（项目设计方案、作品使用说明等）	略
	功能	能基本完成方案中预设的目标；数据处理方式和执行流程合理、正确	略
	技术	能体现学到的最新知识点；算法、语句应用恰当；代码风格简洁、易于维护	略
奖励项	主题	源于生活且高于生活，能启发人们对现实应用的新思考	略
	内容	能呈现有别于其他成员的成果，如本学科知识的深层次研究、跨学科的研究结果呈现等	略
	功能	能较好地解决现实问题，具有一定的推广应用价值	略
	技术	能通过自主学习，运用新知识、新技术实现项目创意，或运用较巧妙的算法解决问题	略

3. 实施项目活动的评价

在平时的教学中，对每个项目活动的评价要及时，评价要突出激励和引导作用。例如，在学生完成项目方案设计后及时开展方案评价，可以引导学生从创意、可行性等方面进行调适和改进；在完成作品后开展成果交流评价，可以引导学生在原有基础上进行更深层次的学习和成果优化。在评价时应采用多元评价方式，互评、自评等多种方式相结合。在项目活动的基础上，结合学生的日常学习表现、知识与技能的掌握情况，确定学生这部分内容的总评成绩。表 1.3 和表 1.4 分别是项目综评和单元综评的示例表。

表 1.3 项目综评示例表

序号	项目	互评（0～100 分）	自评（0～100 分）	教师评价（0～100 分）	项目综评得分
1					
2					
3					
...					
平均得分					

注：项目综评得分=互评×30%+自评×30%+教师评价×40%。

表 1.4　单元综评示例表

项目综评得分	知识综评得分	单元综评得分

注：单元综评得分=项目综评得分×70%+知识综评得分×30%。

4. 解释与反馈评价结果

对利用评价工具获得的信息和数据进行分析处理，最终得出的评价结论就是评价结果。评价结果解释的重点应聚焦在学生学科核心素养的发展与变化上。结合学习过程，针对学生的个性特点，对评价结果做出个性化、发展性的解读。评价结果反馈应注意方式和范围，要积极创造条件，让学生参与评价结果的判断和解释过程。在呈现评价结果时，应根据评价目的和要求，选择恰当的反馈方式，关注学生的隐私保护，遵循有利于学生成长、学校管理和教师教学的原则。

（1）试题描述

某公司取得了高中英语教材相关的音频资料授权，他们准备利用这些音频资料开发一款英语学习 APP，以供学生学习英语使用。

问题：你认为，开发人员在规划设计这款 APP 的过程中，除了设计用户注册模块、用户登录模块，还需要设计哪些功能模块？

（2）试题说明

本题取材于日常学习与生活中的情境，主要考核学生规划设计应用软件的能力，使其懂得通过需求分析合理地开发数字化学习软件。本题既考查学生的软件设计能力，又考查学生的信息技术应用水平。本题不需要学生进行具体的软件制作，主要通过学生对软件功能模块设计的回答，考核学生在算法与程序设计方面的学习水平，以及在日常生活中应用软件使用的熟练程度，从而在一定程度上反映出学生的信息技术专业水平。

1）考核的学科核心素养。本题主要考核信息意识、数字化学习与创新方面的学科核心素养。

2）考核的内容。本题考核的内容主要是"信息系统与社会"模块中，有关信息系统中的应用系统开发、设计与应用方面的内容。

3）不同水平学生的作答及评分建议。本题是一道半开放的试题，根据学科核心素养分级水平描述，可以将学生的回答和得分分成以下三类。

A 类（每条 1 分，最高 1 分）：水平 1 学生可能的回答。

① 密码找回功能和签到功能。

② 帮助功能。

③ 定时提醒功能。

B 类（每条 1 分，最高 2 分）：水平 2 学生可能的回答。

① 有关教材中课文及单词的音频播放功能。

② 练习评测及计分功能。

③ 搜索音频资料的功能。

④ 下载音频资料的功能。

⑤ 依据年级或者学段对音频分级的功能。

C 类（每条 2 分，最高 2 分）：水平 3 学生可能的回答。

① 学习社区（或者各种学习交流）的功能。

② 对比用户朗读的录音与原音后进行评分的功能。

③ 针对学生的学习结果提供反馈的功能。

根据学生的回答情况及最终得分情况，教师可以对学生在这一题上的学科核心素养水平进行判定。

得 1 分，为水平 1；得 2～3 分，为水平 2；得 4～5 分，为水平 3。

【实践演练】

根据教师提供的案例进行分析与评价。（具体案例与视频详见线上课程资源）

第二章

中学信息技术课程教学设计总论

学习目标

1. 掌握中学信息技术课程教学设计的定位与基本要求。
2. 掌握单元教学设计的方法。
3. 尝试运用学与教的理论分析评价教学设计方案的理念。
4. 尝试评价分析教学设计方案。

内容结构

```
中学信息技术课程教学设计概述                    信息技术课程教学设计的评价

                          中学信息技术课程
                          教学设计总论          信息技术课程教学设计理论的解读

中学信息技术课程教学设计的理论基础              大单元设计案例的分析与评价
```

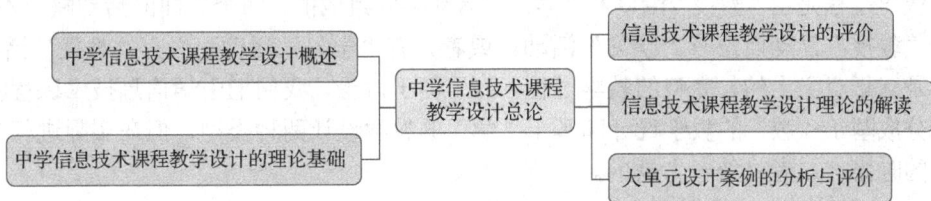

第一节 中学信息技术课程教学设计概述

一、中学信息技术课程教学设计的类型

实现课堂教学最优化是一切教学活动追求的目标，为了实现这一目标，教育工作者从不同的角度提出了各种实现课堂教学优化的理论和方法。其中教学设计就是为实现课堂教学优化而逐步发展起来的一套理论和方法。

教学设计又被称为教学系统设计，即通过对学习过程和学习资源进行系统的安排，创设各种有效的教学系统，促进学习者的学习。教学设计的界定存在多种说法，综合系统论的观点得出，教学设计是主要依据教学理论、学习理论，运用系统科学的方法，对教学目标、教学内容、教学媒体、教学策略、教学评价等教学要素进行分析，提出解决问题的最佳方案，使教学效果达到最优的决策过程。因此我们可将教学设计界定为：根据教学对象和教学内容，确定合适的教学起点和终点，有序、优化地安排教学诸要素，形成教学方案的过程。

教学设计是运用系统方法科学解决教学问题的过程，它以教学过程和教学效果为研究对象，以系统方法为基本手段，以教与学的理论为依据，以学生特征为出发点，追求教学效果的最优化。具体而言，教学设计具有以下特征。

1）教学设计是把教学原理转化为教学材料和教学活动的计划。教学设计要遵循教学过程的基本规律，选择教学目标，以解决"教什么"的问题。

2）教学设计是实现教学目标的计划性和决策性活动。教学设计以计划和布局安排形式，对怎样才能达到教学目标进行创造性的决策，以解决"怎样教"的问题。

3）教学设计以系统方法为指导。教学设计把教学各要素看成一个系统内的相互联系、不可分割的组成部分，分析教学问题和需求，确立解决的程序纲要和所要达到的目标，使教学效果最优化。

4）教学设计是提高学习者获得知识、技能的效率和兴趣的技术过程。教学设计是教育技术的组成部分，它的功能在于运用系统方法设计教学过程，使之成为一种具有操作性的程序。

教学设计的最终目的是提高教学效率和教学质量，使学习者在单位时间内能够学到更多的知识，更大幅度地提高学习者各方面的能力，从而使学习者获得良好的发展。

教学过程是由"教授"活动和"学习"活动共同组成的，两个方面的活动缺一不可。只有"教授"活动而没有"学习"活动，或者只有"学习"活动而没有"教授"活动，都不是真正意义上的、完整的教学过程。为了便于讨论，我们把中学信息技术课程教学设计分成基于"教"的教学设计和基于"学"的教学设计两种类型，但在实际进行教学设计的时候，二者是统一考虑的。

（一）基于"教"的教学设计

基于"教"的教学设计是指在课堂教学环境下进行的教学活动。它既可以在传统的教学环境下进行，也可以在信息化的教学环境下进行；既可以运用"传递接受"的教学模式，也可以运用"探究发现"的教学模式、"问题解决"的教学模式；不是以"教"为主或以"教"为中心，更不是以"教师为中心"或"教师主宰课堂"。

1. 基于"教"的教学设计的基本要素

基于"教"的教学设计包含四个基本要素。

（1）教学对象

教学系统的服务对象是学习者。为了做好教学工作，教师必须认真分析、了解学习者的情况，掌握他们的一般特征、初始能力和信息素养，这是做好教学设计的基础。

（2）教学目标

通过教学活动，教师要明确学习者应该掌握哪些知识和技能，培养学习者何种态度和情感，用可观察、可测定的行为术语精确地表达出来；同时要尽可能地表明学习者内部心理的变化。

（3）教学策略

为了完成特定的教学目标，教师要总体考虑所采用的教学组织策略、教学传递策略（教学模式、方法、组织形式，以及教学媒体和资源的选择、使用）和教学管理策略。

（4）教学评价

教学评价包括诊断性评价、形成性评价、总结性评价三个部分，目的是了解教学目标是否达到，从而作为修正设计的依据。

教学对象、教学目标、教学策略和教学评价四个基本要素相互联系、相互制约，构成了基于"教"的教学设计的总体框架。

2. 基于"教"的教学设计的模式

基于"教"的教学设计的模式如图 2.1 所示。

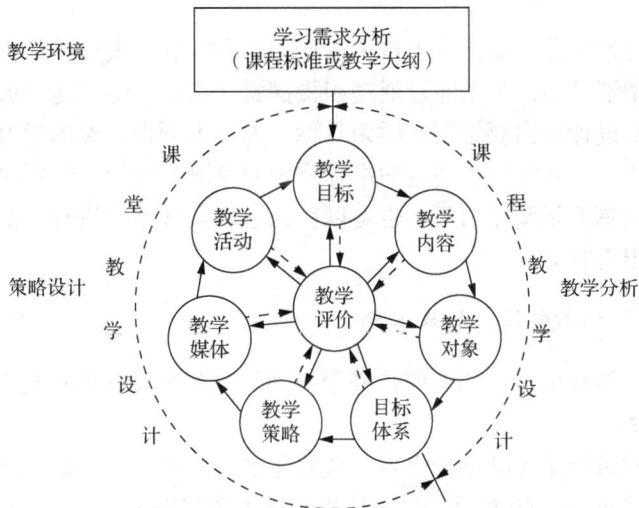

图 2.1 基于"教"的教学设计的模式

从图 2.1 中可以看出，基于"教"的教学设计包括确定教学目标、分析教学内容、分析教学对象、编写目标体系、制定教学策略、选择教学媒体、设计教学活动（即确定课堂教学结构方案）、进行教学评价八个部分。基于"教"的教学设计的模式具有以下特点。

1）学习需求分析的结果是以课程标准或教学大纲的形式体现的。课程标准中规定的或根据教学大纲中教学目的拟定的总教学目标是教学设计的出发点，也是教学设计的归宿。

2）基于"教"的教学设计的模式采用了网络式结构。在进行设计时，各步骤可以按照顺时针方向进行，也可以跳过某些步骤重新排序。

3）基于"教"的教学设计可以简化成三大部分：课程教学设计、课堂教学设计和教学评价。课程教学设计又被称为教学分析阶段，课堂教学设计又被称为策略设计阶段。

4）课程教学设计的最终结果是目标体系，包括了该学科的知识和能力结构框架，以及每章、每节（或每课）中各知识点的学习目标层次。

5）课堂教学设计以课程教学设计确定的目标体系为依据，在认真分析教学内容和教学对象的基础上，选择教学策略（包括教学组织策略、教学传递策略和教学管理策略）和媒体资源，确定课堂教学结构和形成性评价工具，并进行教学实践。

6）教学评价处于模式的中心，它是随时进行的。同样，反馈—矫正也是随时进行的。

7）最终教学效果的评价，以总教学目标的达标度来衡量。

（二）基于"学"的教学设计

基于"学"的教学设计是指学生自主进行学习和探究，教师进行指导和帮助的教学活动。在这个教学活动中，学生通过活动积极探索知识、锻炼技能，形成解决问题的能力；教师通过教学设计提出要达到的学习目标，为学生创设必要的学习情境、提供学习资源、设计学习活动，并对学生的活动进行及时的监测和评价。学生的自主学习过程既可以在单独组织的探究活动中进行，也可以在课堂教学环境中进行，根据学习任务和需要时间的不同做出选择。

1. 基于"学"的教学设计的基本要素

与基于"教"的教学设计相对应，基于"学"的教学设计同样包含四个基本要素。

（1）学习主体

学习主体是指进行学习活动的个体，通常称之为学习者。了解、分析学习者的一般特征（包括年龄特征、认知能力、认知结构和学习风格等）、初始能力（掌握基础知识和基本技能的情况）和信息素养（包括与信息技术相关的知识和技能、运用信息技术解决问题的能力，以及对信息技术的意识与态度和对社会责任的理解等），是做好教学设计的基础。

（2）学习目标

学习目标表明了学习者经过该阶段学习以后，表现在知识、能力和情感上的变化。确定学习目标，可以使得教学过程最终所要达到的目的明确。但是在基于"学"的教学设计中，学习目标的表述着重整体性、包容性，鼓励学习者个性发展，不拘泥于各个知识点学习目标的具体行为描述。

（3）学习策略

学习策略是指为了支持和促进学习者有效学习而进行的学习资源、学习情境、学习方法、学习过程的设计和选择。

（4）学习评价

在基于"学"的教学设计中，学习评价更多地关注学习的过程而不是学习的结果。学习评价包括对学习任务整体性的评价、对学习者参与程度的评价、对学习者创新性与协调性的评价等。

2. 基于"学"的教学设计的模式

基于"学"的教学设计一般适用于自主性问题解决的学习，其模式如图 2.2 所示。

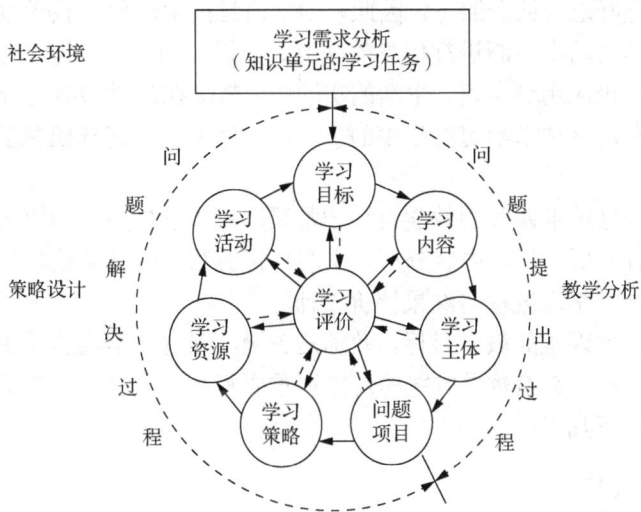

图 2.2　基于"学"的教学设计的模式

从图 2.2 中可以看出，基于"学"的教学设计包括确定学习目标、分析学习内容、分析学习主体、确定学习活动的主题（需要解决的问题或需要研究的项目）、选择学习策略、设计学习资源、组织学习活动、进行学习评价八个部分。基于"学"的教学设计的模式具有以下几个特点。

1）通过分析知识单元的学习任务，拟定学习活动需要达到的学习目标。该目标既是教学设计的出发点，又是教学设计的归宿。

2）基于"学"的教学设计的模式采用了网络式结构。在进行设计时，各步骤可以按照顺时针方向进行，也可以跳过某些步骤重新排序。

3）基于"学"的教学设计可以简化成三大部分：问题提出过程、问题解决过程和学习评价。其中，问题提出过程又被称为教学分析阶段，问题解决过程又被称为策略设计阶段。

4）问题提出过程的最终结果是确定学习活动的主题（需要解决的问题或需要研究的项目）。

5）问题解决过程以学习活动的主题为依据，创设学习情境、选择学习策略、设计学习资源（环境）、确定自主学习过程和形成性评价工具，并进行自主学习活动实践。

6）学习评价处于模式的中心，它是随时进行的。同样，反馈—矫正也是随时进行的。

7）最终学习效果的评价，以知识单元学习目标的达成情况来衡量。

二、中学信息技术课程教学设计的定位与基本要求

信息技术是一门新课程，开设目的是提高学生的信息素养，使其更好地在信息化社会环境中生存，更好地为社会服务。因此，中学信息技术课程的教学设计应有自己的特色，让学生在教学活动中不断进行信息的获取、分析、加工、传递、运用，鼓励学生将所学的信息技术积极应用到学习、生活的实践中。教师在教学中要充分考虑学生的个性差异，强调学生在信息技术学习过程中的主动性、创新性，充分挖掘学生潜力，实现学生的个性化发展。

因此，中学信息技术课程的教学设计通常采用以"学"为主的模式，具体包括学习需要分析、学习者分析、学习内容分析、学习目标编写、教学策略与学习策略设计、学习资源选取与设计、学习过程与结果评价设计等。

要实现信息技术课程的教学目标，教师是关键，课堂教学实施是主渠道，而教学设计则是实现教学目标、实施教学方案的前提和重要基础。中学信息技术课程教学设计的基本要求体现为以下几点。

1. 应该面向应用

信息技术学科是实践性极强的学科。课程的学习离不开操作与实践。中学信息技术课程教学设计应该面向应用，以实践为主，精讲多练。"精讲"是指教师要讲出课程的基本知识和精华；"多练"是指让学生有足够的上机时间，进行有目标、有实际活动内容的操作，不能"纸上谈兵"和"无机教学"。

2. 应该重视学生的差异，实现因材施教与全面发展的统一

中学信息技术课程教学设计所涉及的一个大问题是学生的差异问题，一般表现为两个方面：其一是地区差异造成的学生差异，这主要是由不同地区的信息技术条件差异及师资差异引起的；其二是学生自身差异（兴趣爱好、接受能力、学习需求等）带来的信息技术学习程度不同、发展方向不同。因此，教师应相信和尊重每个学生，善于发现每个学生特有的兴趣、爱好和特点，并尽量让每个学生都有自信心，都能得到理想的发展。

教师在进行教学设计时，要充分了解学生已有的信息技术学习水平，关注学生的学习特点、个性发展需求等方面的差异，灵活设计与组织教学活动。教师可以通过设立多级学习目标和多样的学习方式，让不同的学生都能根据自己的实际需要选择合适的内容；还应给学生提供多样化的自主探索空间，鼓励不同意见的提出和创造性思路的迸发，

鼓励多样化的问题解决方式和方法。教师可以根据学生的能力差异、水平差异，针对性地实施差异化教学；也可以采用异质分组的方法，变学生的个体差异为资源，让学生在参与合作的过程中互相学习并充分发挥自己的长处，协同完成学习任务。

3. 应该注意知识的系统性

教师在进行中学信息技术课程教学设计时，要根据教材的知识体系和能力培养的目标，明确某一基础知识和基本技能在整个知识体系中的地位，确定重点、难点，进而制定出规划，具体落实，使知识连贯成锁链，环环相扣、先后有序。这样教师在教学中就能抓住关键、突出重点、循序渐进、步步深入，就能从整体出发深刻理解局部，将局部的知识纳入有机联系的知识整体中，发展学生运用知识的能力。

信息技术教与学的过程与运用信息技术解决问题是息息相关的，离开了问题解决，信息技术将失去意义；运用信息技术进行问题解决，是培养创新人才的具体体现。中学信息技术课程教学设计需要结合学生的生活、学习实际设计问题，在利用信息技术解决问题的过程中，掌握运用信息技术解决问题的思想和方法，充分发挥学生的想象力和创造力，通过创新实践发展学生的个性。学生能够主动地将所学内容应用于自己的学习活动、日常生活，这直接体现信息技术作为基础性工具的意义，应用的过程正是学生信息素养切实提高的过程。

三、中学信息技术课程教学设计的典型模型

课程标准既是社会需求分析的结果，又是从事教学的依据。因此在进行教学设计时，应首先根据课程标准确定课程总教学目标，然后进行学习内容的分析和学习者的分析。在此基础上，先确定本单元的教学目标和知识点的学习目标，确定教学的重点和难点；再根据分析的学习内容和学习者的特点，选择教学策略、资源，设计课堂教学过程结构，即通常所说的教学流程。随后设计过程性评价工具，包括检测题、评价量表、调查问卷、观测记录表等；根据学习效果、教学效果的预期，设计教学反思的内容。通过实施教学设计方案与评估结果，结合教学反思的结果，对教学设计方案进行调整。中学信息技术课程教学设计的典型模型如图 2.3 所示。

根据中学信息技术课程的特点，结合中学信息技术课程教学设计的典型模型，我们可以发现以下几点内容。

1. 在教学分析的顺序上，将教学目标的确定后移

教学目标不是静态的，也不应是预设的，而应作为学习者和学习内容两个自变量的因变量，只有根据两个自变量进行有针对性的教学分析，动态地、实事求是地确定教学目标，才能真正做到因材施教，才能真正体现学生的主体性，才能真正实现教学设计的本地化，超越单纯依赖学习结果类型推演教学目标的做法。课程标准中所规定的课程目标是面向全体学生的，可以作为教学设计者在进行教学分析时很好的参考资料和指南，

但不应作为目标来恪守或盲从。教学目标的确定依据学业质量评价标准或课程目标但不拘泥于此，实际需要达到什么样的目标，根本上是看学习者具有什么样的兴趣、经验、知识基础、能力水平、学习风格，学习内容有什么样的内在联系、基点有哪些、属于什么类型、需要什么样的内外部条件，在两者的结合部（学习者特点与学习内容特点的契合部分）上确定最终的教学目标，以适应地区差异和个性差异。

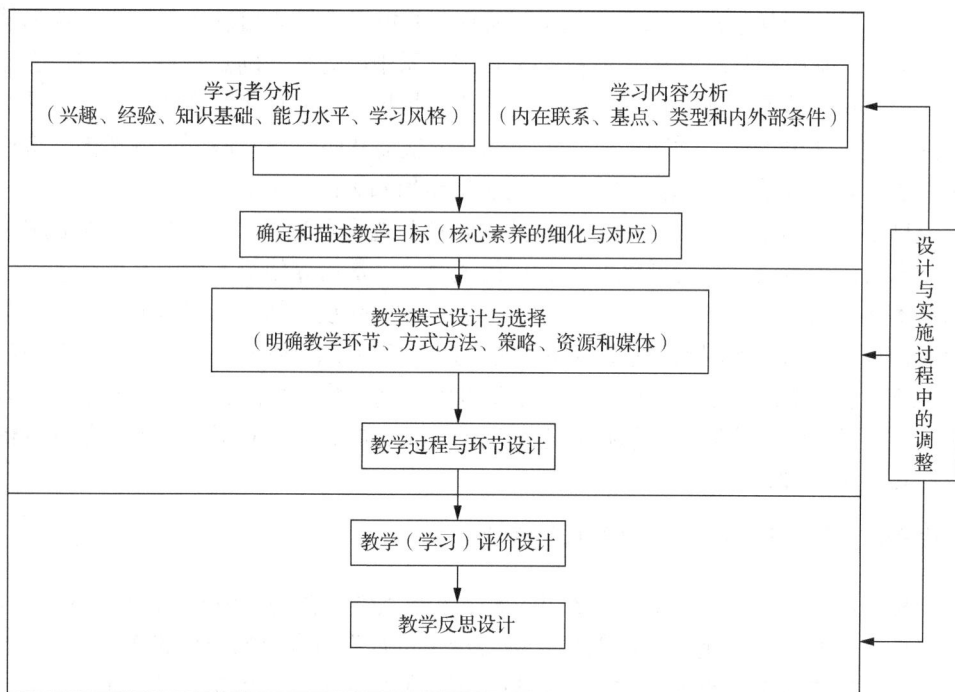

图 2.3　中学信息技术课程教学设计的典型模型

2. 在学习者的分析上，增加了对学习者已有经验的分析

信息技术课程标准强调学生的体验性学习，因此，为了贴近学生的学习和生活经验，适应和满足学生的生活及学习需求，教学设计必须充分考虑和分析学习者的知识基础与能力水平。

3. 在教学评价的设计上，强调教学评价的整体性

教学评价设计涉及教学评价的类型、方式和方法。评价类型，包括诊断性评价、形成性评价、总结性评价；评价方式，包括学生自评和互评、教师评价等；评价方法，包括利用量规、测验等进行评价。在进行教学评价设计时，要特别注意教学评价与教学环节的有机整合，使整个教学过程具有流畅性，如什么时候适合进行教学评价、采用何种评价方式和方法为宜等。

4. 在教学效果的评价上，明确提出教学反思设计

教师在实践中要想不断提高教学水平，就要做教学上的有心人，将平常的教学经验点点滴滴积累起来；课程改革则明确提出反思性教学，通过教学反思可以发现教学过程中的可取之处和存在的不足，可以发现新的问题和得到新的启发，可以据此调整教学过程和修改教案，更重要的是可以积淀教育教学理论素养。因此，将教学反思纳入教学设计可以从教学设计的角度规范教师的行为，有利于适应课程改革和教师专业发展的需要。教学反思包括教学过程中的反思和教学实施后的反思，前者是教师有意识地或潜意识地不断对与他以往教学经验不符合的、在教学设计中未曾预料的问题情境的重新建构，后者是教师在教学过程结束后的回顾性思考。例如，教学目标是否达到，教学过程是否流畅，重点、难点和关键点是否突出，学生的积极性是否被调动起来了，教学评价是否较好地起到了促进学生发展的作用，教学中是否出现了令人惊喜的亮点，存在什么失误，补救措施是否得当，尚需做什么样的改进，教学中存在什么困惑，等等，都属于教学实施后的反思。

在进行教学设计时，教师可以设计好相应的教学反思表，明确需要反思的各个方面，并在教学过程中及教学结束后及时进行反思。

学习者和学习内容作为教学设计的两个关键变量，既是教学设计的起点，也是教学设计的关键。教学设计的本质就是依据不同的学习者、学习内容进行适当的设计。那么，如何整合学习者和学习内容呢？我们可以引入"教学需要"这一概念，它正好表示学习者从初始状态到新知识（蕴含于学习内容中）的获取之间的差距。通常，教学需要的满足就是教与学活动成功完成的标志，因此，整合的平台就是教学需要，有什么样的需要，就进行什么样的设计。基于这样的思路，本书提倡使用图 2.3 所示的教学设计模型，亦可称之为"面向需要的教学设计模型"。

四、中学信息技术课程教学设计的两个关键变量

任何理论的研究和应用都要抓住一些关键变量，中学信息技术课程教学设计也不例外。教学系统中有众多的要素，我们认为中学信息技术课程教学设计的两个关键变量是学习者和学习内容。强调学习者与学习内容两个关键变量是"以学论教"理念在中学信息技术课程教学设计中的有力体现，教学设计者应站在学习者的立场上提出问题、解决问题，这是教师教学的出发点、凭借点和归宿点。因此中学信息技术课程教学设计要围绕学生的"学"来设计，而不是以教师的"教"为中心。一方面要从"学"的角度，确定学生"学"的任务，即要求中学信息技术课程教学设计根据学生身心发展和学科学习的特点，以及学生的个体差异和不同的学习需求来确定学生"学"的任务；另一方面要从"学"的角度，确定教师"教"的任务，即从"以教为主"向"以学为主"转变，让"教"服务于"学"，让"师"协助"生"。

1. 学习者变量

对学习者的重视是"学习者本位"和"发展本位"的必然要求。问题的关键在于，我们要分析、了解学习者的什么特征，或者说，这个变量的哪些成分会影响学习的发生和效果。根据已有研究，以下几个方面是这个变量的重要组成要素：学习者的兴趣、经验、知识基础、能力水平和学习风格等。

2. 学习内容变量

学习的结果是作为主体的学习者反映和认识作为客体的学习内容的产物，脱离了学习内容这个关键变量谈学习者的学习是毫无意义的。学习内容变量主要包括：学习内容的内在联系；学习内容中的基点（重点、难点和关键点），即哪些是最主要的内容（重点），哪些是学习者在接受上有困难的内容（难点），哪些是对学习者顺利学习其他内容起到决定性作用的内容（关键点）；学习内容的类型和学习条件，参照加涅（Gagné）的学习分类和教学设计理论。加涅的分类是基于"具有共同特征的人类行为表现"，在普遍意义上对人类学习结果的分类；人类的学习可分成五类，即言语信息、智慧技能、认知策略、动作技能和态度（每类下面还有多个亚类），这五类学习结果代表了不同类型的学习内容，不同类型内容的学习需要不同的内外部条件。

五、中学信息技术课程教学设计的方法

中学信息技术课程教学设计若立足于"课时教学"视角，则容易导致学生的思维狭窄、平面、静止，使学生局限于"一知一得"；若立足于"单元教学"视角，则有助于开阔学生的学科思维，促进学生的学习迁移、应用。为了超越"点"、进入"线"、形成"面"，构建整体性的教学，教师应当进行单元教学设计，即将知识点放置于较大的知识单元结构之中，从单元的视角，用结构思想、方法来审视、设计知识点的完整教学，只有这样才能不断地提高学生学习的绩效。中学信息技术课程教学设计要立足于"大概念"主题、大任务，实际的项目要注重知识技能的结构化、关联性，让学生在学习中不仅仅能"见树木"，更能"见森林"。

1. 单元的内涵及单元教学设计的要素

"单元"是分解细化信息技术课程标准、整合知识内容、分析学习者特征、确定适合学习目标的开始。教师应站到学生学习的角度选定单元主题，分析价值取向，根据目标设计达成标准，基于真实情境规划学习任务、学习活动、学习过程、学习评价等。

这里所说的单元是一种学习单位，由目标、课时、情境、任务、知识点等组成，单元就是将这些要素按信息技术学科核心素养组成和规范组织起来，形成一个有结构的整体。单元教学设计要为信息技术知识构造一个真实的情境，说明情境中事件的起因、经过、结果等，如果我们是情境中的主人公则应该如何面对？从教学任务的视角认识情境知识从何而来——补充知识背景，明确知识的意义；知识如何发生——创设问题情境，激发思维建构；知识到哪里去——创设真实情境，感受知识的作用和发展。

单元教学设计的要素主要体现在如下几个方面。

1）大概念。大概念不同于一般的学科知识概念，它相当于学科知识的"聚合器"，能把不同的知识聚合起来，揭示知识的结构与知识点之间的内在联系。例如，信息技术的学科大概念：算法、数据、信息系统、信息社会。

2）大内容。大内容是围绕一个学科大概念建构的概念网络，这个网络上的节点和通道越丰富，概念理解就越深刻。分析、组织好单元内容，梳理好知识之间的关联，构建相对完整的知识内容结构，将其问题化和任务化。在一定的真实情境中，赋予其认知策略及行为活动方式的设计。

3）学科核心素养目标。学科核心素养目标是指把学习作为一种从做事到做人的终身发展能力，学生运用所学内容解决问题的迁移应用目标；通过基础性的知识技能在解决实际问题的过程中完成意义建构的学习目标。

4）大评价。在单元教学设计中，不能只关注对学习结果的评价，而应采用逆向设计方式，将评价前置，基于目标设计达成评价，从"对学习的评价"到"促进学习的嵌入式评价"，强化过程评价和表现性评价，采用多元评价方式。

5）大结构。改变零碎不成体系的或"部分+部分=整体"的知识组织形式，转变为由大主题、大概念构成的真实情境的"整体—部分—整体"的任务活动建构方式。在教学活动中不再是只盯着知识点、考点，而是"左顾右盼、上挂下连"，联系课内、课外、校内、校外，将视野从学习放大到生活，真正实现"学习即生活"。

指向学科核心素养的单元教学设计倡导大概念、大项目、大任务与大问题的设计，有利于改变教师的站位和格局，理解学科育人的本质。从时间维度来看，单元教学设计与实施有利于教师正确理解时间与学习的关系，确立"以学习为中心"的教学理念。

2. 单元教学设计的内容及思路

单元教学设计的内容根据具体的知识技能结构与组织方式，可以分为自然单元、专题单元和重组单元。

1）自然单元，即教材中的学习单元。自然单元较好地体现了学科知识结构、学科思想，设置的项目较好地体现了与现实生活的联系。

2）专题单元，即将教材内容按专题（主题）进行整合形成的单元，可以通过寻找涵盖核心知识的实际问题确定单元学习主题。

3）重组单元，即跨教材甚至跨学科的章、专题，可以利用真实情境下的一系列问题构建单元学习主题。

单元教学设计的思路：从所设计的内容类型出发，基于课程标准、教材、学习者特征等，按照大项目、大任务、大概念逻辑，确定大单元主题；围绕大单元主题，确定指向学科核心素养目标与检验目标是否达成的达成评价（逆向设计）；设计一个包含学科知识、尽可能真实、学生普遍熟悉、表现为故事或场景的单元"大情境"；在真实情境的背景下，提出并整合一些方向性的问题，形成问题链和指向单元目标、2~4个课时可完成的核心任务。为引导学生完成这些核心任务，设计一些小情境、小问题和若干学习活动，同时将学习活动应达成的评价及信息技术手段嵌入学习过程；按必要性原则设计作品要求与评价标准，同时在核心任务和单元学习完成后提供学习反思路径。

3. 单元教学设计的注意事项

在进行单元教学设计时应理解并践行"精而深"（即"少即多"）的课程理念，聚焦核心、以点带面、举一反三，这是大单元教学的基本要求；理解"单元是最小的教学单位"，单元教学是一个体系，需要系统地统筹和安排。单元教学设计应"评价先行"，如果不根据目标制定出相应的评价方法和标准，单元教学质量就难以保证。

1）教师为学生设计学习方案，不是为了教师讲得方便，而是为了学生学得方便。"方案"是一种设计，而不仅仅是学习材料的堆积。学习方案把以学生为主体的理念具体化，可操作性强，并且真正有利于教师树立起以学生为本的理念。

教师通过对课程标准的分解，二度加工教材，分析学情，设计适合学生学习的方案来帮助学生进行高质量的学习。

2）学习方案根据学习内容、学习目标及课型不同有不同的环节安排，每个环节都要有具体的时间预设。学习方案的基本环节包括明确目标、评价先行、问题链引领、自主合作、展示提升、微资源支持、达标检测、迁移应用。各环节及其时间根据教学目标、学习内容、学生实际合理安排。方案设计应本着时间分段、任务切块的原则，遵循规律，循序渐进，起到"路线图"的作用。

3）学法指导是学习方案的导航，围绕着目标及环节有效地引导学生学习。各个环节都设有学法指导。学法指导的作用在于告诉学生怎样走，相当于学生学习的"向导"，贯穿始终。学习任务单是必要的工具，学习结果展示或作品制作模板是必要的学习支架，可将学习方法具体化到工具和模板中，更好地引导学生。学法指导主要包括知识识记和技能训练的方法指导、问题的处理策略指导、学习过程的规划与实施指导、小组合作交流有效方式的指导、作品或观点展示交流的指导等。要明确告诉学生从哪些角度进行观察、记忆、联想、对比、归纳、思考、讨论、分析、制作等。

单元教学设计操作程序图如图 2.4 所示。

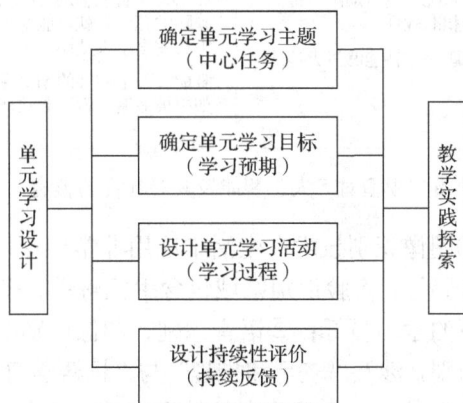

图 2.4　单元教学设计操作程序图

【案例分析】

"人工智能与智慧社会"大概念解析及应用策略探索

在大概念的建构阶段，教师首先可以利用弗雷尔模型帮助学生聚焦大概念的学习。该模型是由威斯康星大学的多萝西·弗雷尔（Dorothy Frayer）及其同事共同设计的一款思维导图，核心是围绕一个概念，对其"定义、特征、正例、反例"四个方面进行剖析，从而帮助学生更好地理解概念。图 2.5 展示了基于弗雷尔模型对"人工智能及其对社会的影响"大概念的解析。基于这样的概念解析图，教师可以让学生一同围绕大概念进行详细的解释、特征的提取，以及正反例的详述，从而让学生更好地学习相关内容。

"概念集合"策略、"概念增生"策略、"概念谜语"策略、"概念坐标"策略等可用于建构阶段的组织活动中，教师可以利用图表、思维网络图、流程图等对大概念下的知识内容进行组织与整理。

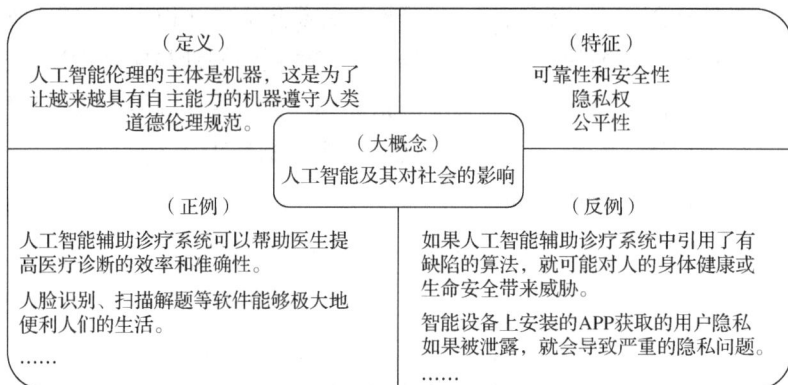

图 2.5 基于弗雷尔模型对"人工智能及其对社会的影响"大概念的解析

具体的案例如下：①图像识别技术在生活中应用非常广泛，文字识别领域包含识别车牌号码、识别身份证号码等，人脸识别领域包含手机解锁、移动支付等，涉及"感知"与"人机交互"大概念下的学习目标；②语音识别、图像识别的过程都需要进行特征提取，只有这样才能进行识别，涉及"表示和推理"与"机器学习"大概念下的学习目标；③人类在生活中引进人工智能，引起了重大的社会变革，如生活、交通、交流方式的变化，涉及"社会影响"大概念下的学习目标。

除图表外，教师还可以利用各类"实物"促进学生对大概念的理解。例如，教师可以使用语音识别和图像识别软件帮助学生体验相关操作，以此促进学生对"人机交互"大概念的学习。学生可以利用纸笔/绘图软件绘制图像识别的过程（图像数字化、预处理、特征提取、分类并识别），思考和记忆"感知、表示和推理及机器学习"大概念。学生还可以发挥想象力，写一封"给未来 2050 的信"，反映未来人工智能可能对生产生活带来的影响（围绕"社会影响"大概念），信的内容可以采用漫画、影片等形式进行呈现。

【案例分析】

数据处理与应用单元教学设计示例

数据处理与应用是高中信息技术必修 1 教材中的第三部分，属于整个高中阶段信息技术课程开设的重点内容，本单元内容具有很强的现实性，能够使信息技术课程更加贴近社会的发展，学生在本单元主要学习数据处理的一般过程，在学会数据采集、处理、分析及可视化的具体操作的同时，提升数据安全的意识，并且能够根据所收集到的信息编写比较完整规范的数据分析报告。以"南水北调西线工程"项目主题为例，数据处理与应用的主要学习内容和项目主题相结合，以南水北调西线工程的重要影响为数据分析应用背景，数据处理与应用情境和单元内容结构对应图如图 2.6 所示。

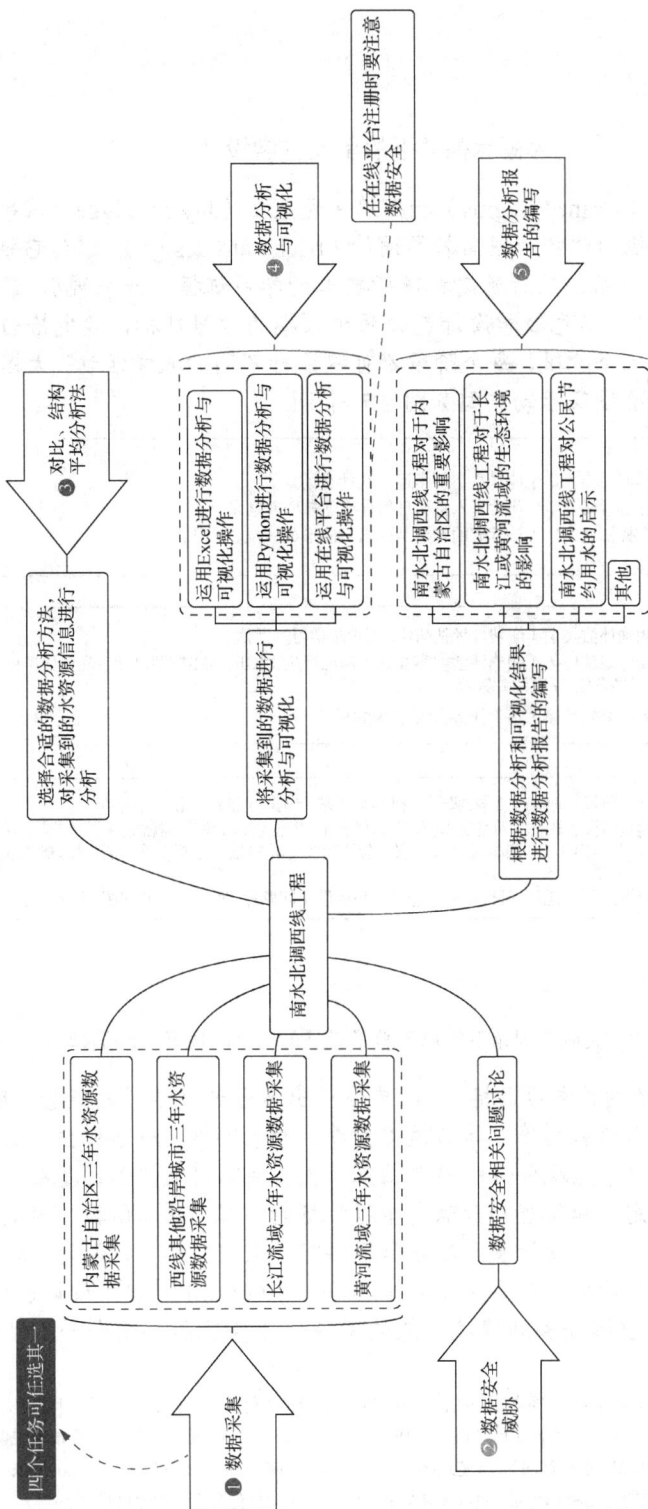

图 2.6 数据处理与应用情境和单元内容结构对应图

大概念视角下的单元教学设计

格兰特·威金斯（Grant Wiggins）和杰伊·麦克泰（Jay McTighe）倡导大概念视角下的单元教学设计，他们称之为逆向教学设计（backward design），因为它强调"从最终想要的结果（目标）开始，然后确定标准所要求的学习证据（或表现），最后设计协助学生学习的教学活动"。单元教学设计包含明确预期的学习目标、确定恰当的评估办法及规划相关教学过程三个阶段，每个阶段都可以设计不同的教学活动。大概念视角下的单元教学设计的三个阶段及活动类型如图 2.7 所示。

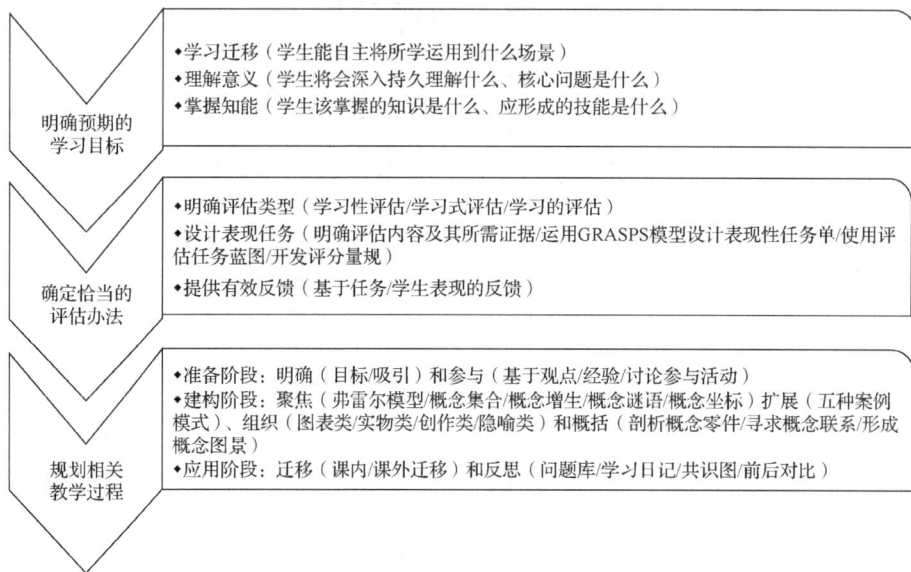

图 2.7　大概念视角下的单元教学设计的三个阶段及活动类型

第一阶段（明确预期的学习目标）一般要体现出学习者对学科大概念的理解和掌握。大概念的提取可以来自课程标准、学科核心素养、专家思维及概念派生，还可以从生活价值、知能目标、学习难点及评价标准中抽象产生。在明确大概念的基础上，人们可以围绕学习迁移、理解意义和掌握知能确定学习目标的内容。第二阶段（确定恰当的评估办法）包括明确评估类型、设计表现任务和提供有效反馈。其中，设计表现任务包含四大步骤：①明确要评估什么，需要什么证据；②运用 GRASPS[①]模型设计表现性任务单，从而帮助学生更好地理解任务的情境；③使用评估任务蓝图，检查一致性和有效性；

---

① GRASPS 具体指：goal（目标），确立要解决的挑战或问题；role（角色），提供给学生他们在现实生活中可能扮演的熟悉角色；audience（受众），确定学生解决问题或创造作品的目标受众；situation（情境），创设情境或解释情境的背景；product/performance/purpose（作品/表现/目的），清楚地描绘出作品或行为表现的 what 和 why。standards&criteria for success（成功的标准），告知学生他们的作品将如何被评估。GRASPS 是一种用于表现性评价的评价模型。

④考虑合适的评估比例，开发评分量规。常见的表现性任务量规包括整体性量规、基于标准的量规及基于维度-权重的量规。第三阶段（规划相关教学过程）一般包含准备、建构和应用三个阶段，每个阶段都可以安排相应的教学策略与教学活动。

第二节　中学信息技术课程教学设计的理论基础

理论是指人们关于事物知识的理解和论述。学习理论反映的是人们对学习的理解和看法，教学理论反映的则是人们对教学的普遍理解和看法。教学的复杂性决定了教学理论的独特性质和特点。

1. 学习理论

学习理论是指描述或说明人与动物学习的性质、过程和影响学习的因素的各种学说。各种学习理论的差异表现在如何回答以下几个核心问题。

1）学习的实质是什么？学习到底使学习者发生了怎样的变化？

2）学习是一个什么样的过程？经验如何导致了学习？

3）学习有哪些规律和条件？如何才能进行有效的学习？

2. 教学理论

教学理论是指研究教学情境中教师引导、维持或促进学生的行为，力求合理地设计教学情境，以期达成学校教学目的所建立的一套具有处方功能的系统理论。各种教学理论主要着力于回答以下几个核心问题。

1）教学的本质是什么？

2）教学及其过程的规律是什么？

3）为了达到培养社会所需人才的目的，最优化的教学途径与方法是什么？

与学习理论的描述性不同，教学理论的最大特点在于其处方性和规范性。教学理论的处方性和规范性表现在教学理论所关心的是怎样最好地教会学生想学的东西，它所关心的是促进学习而不是描述学习。学习理论关注的则是描述学习的本质及其发生过程，它本身并不特别关注应该如何激发和引导学习。例如，加涅认为教学是一种外部事件，教学理论应该努力将外部的教学事件与学习的结果联系起来，并指出这些事件是如何支持或促进内部学习过程的。教学理论研究的目的就是要在教学事件、这些事件对学习过程的影响以及这些学习过程所产生的学习结果之间，提出一种以理性为基础的关系。

一、中学信息技术教育相关的学习理论

（一）建构主义学习理论

建构主义学习理论认为，知识不是外在于人的心灵的存在，而是具有认知能力的个

体在具体情境中，通过与情境的相互作用建构生成的。学习过程是主动的建构过程，是对事物和现象不断解释和理解的过程，即对已有的知识体系不断进行再创造、再加工以获得新的意义和新的理解的过程。教学的本质是交往，是师生通过对话在交往与沟通活动中共同创造意义的过程。学习不再只是对既有知识的接受，而是个体对意义创生的不断追求。这一追求是以学生自主探究为主要方式的。因此，基于问题解决的研究性学习成为革新的教学理论对学习方式的必然选择。

建构主义学习理论认为，学生获取的知识不是通过教师传授得到的，而是学生在一定的情境下，借助于其他人（教师或学习伙伴）的帮助，利用必要的学习资源，通过意义建构的方式获得的。学生的学习过程实质上是学生从外界获取信息并进行意义建构，最后形成自身的知识结构的过程。教师是学生意义建构的帮助者、促进者，而不是知识的传授者与灌输者。学生是信息加工的主体，是意义的主动建构者，而不是外部刺激的被动接受者和被灌输的对象。学生要成为意义的主动建构者，在学习过程中发挥主体作用，要做到以下几点。

1）积极帮助、配合教师一起创设教学情境。

2）学习并掌握自主搜索、查询信息资料的技能。

3）博览群书、多见多识、多积累意义建构时所需的原始素材。

4）积极进行思索，尽量将新知识与已有知识建立联系。

5）积极与教师和同学进行协作及会话。

6）积极探索，仔细观察，善于发现问题，并寻求教师和同学的帮助。

信息技术教学中综合类的内容设计，应该在建构主义学习理论的指导下进行，在教学中引导学生主动进行知识意义的建构。信息技术教师要成为学生建构意义的帮助者，应在教学过程中从以下几个方面发挥指导作用。

为了使学生的意义建构更为有效，教师应为学生创设符合教学内容的情境，可以利用现代多媒体技术，以各种方式呈现信息，如图像、声音、视频、质感等，争取调动学生的多种感官进行参与，并使用交互性强的教学软件，强化学生的协作及会话，多让学生动手。教师应尽可能多地组织合作学习，尽可能多地与学生对话、交流，尽可能多地让学生与学生进行交流、会话，并对协作学习过程进行引导，使之朝着有利于意义建构的方向发展。教师应采用启发式教学，引导学生积极思考、探索，发现规律。教师应巧妙地让学生认识到自己的错误与片面，在不伤害他们的自尊心的前提下帮助他们改正错误，鼓励他们积极探索。教师应通过多种方式激发学生的学习兴趣，帮助学生形成学习动机，并很好地保持他们的兴趣。

建构主义学习理论提倡在教学设计时对教学情境的构建，倡导在一定的情境中，让学生完成对知识的意义建构。每个学生都在自己已有经验的基础上、在特定的情境下，以其独特的方式实现对知识的意义建构。每个人对事物都有自己独特的理解，不同人之间的交流可以影响学生的意义建构。因此，教师在进行教学设计时，要为学生的意义建构创设各种必要的条件和情境，以激发他们的学习动机，让他们积极地参与到学习过程中，真正地实现情境化教学。

美国心理学家维特罗克（Wittrock）是建构主义学习理论的代表人物之一。他在信息加工学习理论的基础上，提出了生成学习理论。生成学习理论有两个基本前提，分别是：①人对所学习的事物产生某种意义与先前的经验相结合；②人脑主动地对输入的信息进行加工并建构意义。

根据生成学习理论的两个基本前提，维特罗克提出学习的生成过程：学习者原有的认知结构——已经储存在长时记忆中的事件和脑的信息加工策略，与从环境中接受的感觉信息（新知识）相互作用，主动地选择信息和注意信息，以及主动地建构信息的意义。按照维特罗克的模式，学习过程不是从感觉经验本身开始的，而是从对该感觉经验的选择性注意开始的。生成学习理论模式的图式表征如图2.8所示。

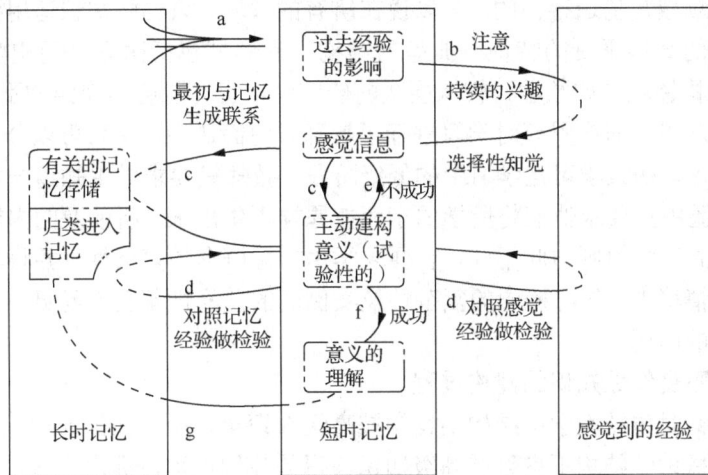

图2.8　生成学习理论模式的图式表征

学生实际的认知结构与教师认为他们应该有的认知结构之间的差异，造成了教学效果不理想的结果。为此，维特罗克特别强调信息加工策略对促进知识理解的作用。他认为，如果知觉的信息与长时记忆的初次试验性联系失败，则学生应该回到感觉信息，继而采用多种策略，尝试建构各种可能的联系。教学的过程就是引导学生借助生成过程建构意义和行动计划的过程。教学的关键是激发学生的生成活动，传授生成技术。其中，最有代表性的是"做笔记"技术。笔记有助于指引个人的注意，有助于发现知识的内在联系，有助于建立新知识与旧知识之间的联系。

（二）认知灵活性理论

美国学者斯皮罗（Spiro）等提出的认知灵活性理论（cognitive flexibility theory），试图从信息加工的角度解释建构性学习的过程，揭示学习者在实际情境中灵活应用知识的心理机制，从而发展出一套教学设计的原则，来培养学习者灵活应用知识的能力。

斯皮罗等从知识复杂性入手，具体分析了传统教学存在的问题。对于知识的复杂性问题，斯皮罗等认为，知识可以被划分为良构领域（well-structured domain）的知识和非良构领域（ill-structured domain）的知识。良构领域的知识是指有关某一主题的事实、概念、规则和原理，它们是以一定的层次结构组织在一起的。非良构领域（或结构不良领域）的知识则是指将良构领域的知识应用于具体问题情境中时产生的知识，即有关概念应用的知识。结构不良领域的知识具有以下两大特性：①概念的复杂性，知识应用的每个实例都同时涉及许多概念，这些概念都有其自身的复杂性，而且存在着相互作用；②实例的不规则性，每个实例涉及概念的数量和种类不同，而且这些概念的地位、作用及相互作用的模式也不尽相同。

（1）结构不良领域与学习

结构不良领域是普遍存在的，可以说在所有的领域，只要将知识运用到具体情境中去，就有大量的结构不良的特征。典型的结构不良领域包括医学、历史学、文学解释等。在一些良构领域（如数学）较深层次的研究中，也可能会出现结构不良的问题。

根据以上观点，斯皮罗等对学习进行了解释。他们认为，学习可以分为两种：初级学习与高级学习。初级学习是学习中的低级阶段，教师只要求学生知道一些重要的概念和事实，在测验中只要求他们将所学的东西按原样再生出来，所涉及的内容主要是结构良好的领域。高级学习则与此不同，它要求学生把握概念的复杂性，并将其广泛而灵活地运用到具体情境中，这时概念的复杂性及实例间的差异性都显而易见，因而大量涉及结构不良领域的问题。

（2）结构不良领域知识的建构过程

斯皮罗等针对传统教学中结构不良领域高级知识学习所存在的问题，结合高级知识获得的目标，探讨了结构不良领域高级知识获得的建构过程，提出了认知灵活性理论。

关于结构不良领域知识的建构过程，斯皮罗强调，建构包含两个方面的含义：①对新信息的理解是通过运用已有经验，超越所提供的表面信息而建构起来的；②从记忆系统中被提取出来的、用以支撑理解的先前知识，其本身也可能被再建构，而不单是被提取。建构既包含对新信息的意义的建构，又包含对原有经验的改造和重组。斯皮罗强调，学习者在学习过程中并不是发展起供日后提取出来以指导活动的图式或命题网络，相反，他们形成的对概念的理解应当是丰富的、有着经验背景的，这样在面临新的情境时，这些知识才能够灵活地发挥指导实践与活动的图式作用。显而易见，这样的知识必须以一种便于利用的方式获得和呈现，相应地，教师在教学设计过程中也要考虑知识的这个特点。

（3）适用于高级学习的随机通达教学

在分析了传统学习方式在解决结构不良领域问题方面的不足之后，斯皮罗提出教学过程必须能提供更大的认知灵活性，使学习者能够从不同复杂性的概念和实例中提取出知识，并在问题解决的过程中能够再次应用这些知识。斯皮罗反对对事物的简化处理，认为对事物的简单理解是妨碍学习在具体情境中广泛而灵活迁移的主要原因。因此他强调，对同一内容的学习要在不同时间多次进行，而且每次的教学目的不同，分别着眼于问题的不同侧面。这种反复绝不是为巩固知识技能而进行的简单重复，而是旨在形成学习者对概念的多角度理解，发展有利于问题解决的图式。

（三）情境学习理论

情境学习理论关注物理和社会的场景与个体的交互作用，认为学习不可能脱离具体的情境而产生，情境是整个学习中的重要而有意义的组成部分，情境不同，所产生的学习也不同，学习受具体的情境特征的影响。

情境学习理论认为，认知能力固然重要，但如果脱离具体的实践环境，那么认知能力将难以真正形成，即使形成也毫无用武之地。就学习者个体而言，学习的根本标志就是越来越容易地、有成效地参与团体重要的实践活动。也就是说，学习是一个不断增强其实践能力、不断社会化的过程。无论学什么，都以形成个体参与实践活动的能力，并在实践活动中对所在团体做出自己的贡献为根本目的。实践能力既表现为与物理环境的有效互动，也表现为与社会环境的有效互动。虽然各个成员在不同的情境中可能会以不同的方式进行互动，但成功的互动所需的基本成分是相似的，既需要一般的认知能力与态度倾向，如主动地发现、提出问题；建构假想或猜测，提供证据或事例等，也需要协作、讨论等社会交往能力与态度倾向，如与团体中的其他成员进行对话，做出解释或进行必要的争论，或者进行某种形式的合作与协调。个体在与环境的长期而真实的互动过程中，不但掌握了成功的实践活动所需的知识与技能，使知识与技能的应用发生于真实的背景中，而且接受了所在团体的价值信念与规范，成为团体中的一员，进而加速了个体的社会化进程。总之，情境学习理论认为，只有围绕着促进实践能力的形成、加速个体的社会化进程这样一种核心目标来探讨学什么的问题，才能真正地使个体学有所成、学以致用。

情境学习理论认为，脱离个体生活的真实环境来谈论学习或能力是毫无意义的，个体与环境的相互作用是形成能力及社会化的必经途径。情境学习理论特别强调个体与特定的社会团体之间的相互作用，这个团体不是因要完成某一项具体的活动而将大家临时聚在一起的松散结构，该团体的成员具有共同的文化与历史继承，有共同的目标、信念系统和实践活动。希拉里·麦克莱伦（Hilary Molellan）在《情境学习的观点》一书中罗列了情境学习模式的重要组成部分，包括以下几点。

（1）故事

故事对情境学习和知识的社会建构都是非常重要的，叙事在信息的迁移和发现中起着非常重要的作用。故事可以帮助人们记录他们发现过程的轨迹，为记忆所学过的东西提供一个有意义的结构。我们的一些思维存在于隐喻中，而有一些思维是通过故事习得的。人类具有一种从围绕故事的体验中学习的风格，故事成为人们记忆的重要媒介。约翰·西利·布朗（John Seely Brown）认为，故事是一种"专家系统"类型，当一个新的情境激活它时，这一"专家系统"便能存储、联结并快速地使用信息。

（2）反思

反思是情境学习的重要组成部分。经验性思维是迅速的，而没有反思性思维的深度。因此，我们需要对经验性认知和反思性认知进行整合，正如我们将信息技术迅速整合到教育和我们的日常生活中那样。在反思性认知发展壮大时，经验性认知已经占据了统治和支配的地位，而情境学习提供了一个将二者整合的绝好良机，使二者完美整合以达到平衡。情境学习提供了一种建构学习经验的方法，这种方法兼顾了经验性认知和反思性认知两个层面。因此，反思在情境认知与学习中的地位尤为重要。

（3）合作性学习

合作性学习是认知学徒制与情境学习的重要方面。合作性学习强调同伴互教、小组工作和团队工作。学习者只有具备合作技巧才能适应未来社会的发展。约翰·西利·布朗、阿伦·柯林斯与保罗·杜吉德在其论文《情境认知与学习文化》中识别出促进合作性学习的策略：合作性问题解决、显示多重角色、敢于面对无效策略和错误概念、提供合作的工作技能。

（4）辅导

在情境学习中，辅导是一个核心要素，辅导包括当学生完成任务时对他们的观察。当必要时，介入学习过程并提供支架；当没有必要时，则及时"隐退"，为学生提供主动和自主解决问题的机会，即让学生自己建构学习。教师只是学生学习过程的合作者和小队学习的指导者，对每个学生的认知发展和社会成长进行监控，并引导每个学生进入理解与能力发展的新领域。

（5）多种实践

多种实践是情境认知的核心特征。技能都是通过实践获得的，学生往往会在没有教师与教练的指导的情况下学会很多技能。学生的活动引导他们不断地进入新的工作状态和完全陌生的领域，当掌握一种技能之后，他们一定会将这种技能以新的方法运用到新的问题中去。实践的不断重复则在一种合作和反思的社会背景下，为技能的测验、修正和发展提供了一个专家网络系统。技能得到不断磨炼，学生习惯于将技能呈现出来，从而使这些技能变得根深蒂固，而且一旦有与之相关的机会时，便会自动激活。

（6）清晰地表达

清晰地表达包括两个方面：一方面指清晰地表达或识别出技能的组成部分，以便更有效地进行技能的学习；另一方面指要使学生在某一领域中，清晰地表达他们获得知识、推理、解决问题的过程。通过对思考和问题解决过程的清晰表述，学生不但可以更好地理解他们自己的思维过程，而且可以更好地向其他人表达他们的想法。

（7）技术

技术也是情境学习的核心要素，因为技术充分展示了它在支持情境学习的各种要素时作为资源的巨大力量和灵活性。在信息社会中，与技术相关的技能成为学习的主要内容。麦克莱伦认为，依据情境学习的模式，只有在情境中才能学到知识。情境可以是：真实的工作场景；高度真实的工作环境或真实的工作环境的"虚拟"代用品；可停留的环境，如影像或多媒体程序。互联网为情境认知与学习提供了更为丰富的技术支持。

二、中学信息技术教育相关的教学理论

教学理论的思维取向指导着教学实践的重点。当代教学理论的发展强烈地冲击着传统的教学观念与教学规范，并逐渐改变了教师与学生的行为。

我们通常所说的教学方式是指在教学过程中，为实现教学目标、完成教学任务而采取的教与学相互作用的活动方式的总称。也就是说，教学方式已经包含了师生之间、教与学之间的相互作用，而不仅仅是教师单方面的活动。现在人们经常提到学与教方式，认为它包含教师的教学方式和学生的学习方式。实际上，学与教方式就是真正意义上的教学方式，只不过更多地关注学生的学习罢了。它当前已经成为一个使用频率很高的概念，因此需要对它的内涵做出科学的界定。

根据《现代汉语词典》中的表述，"方式"是指说话做事所采取的方法和形式。因此，学与教方式是指在教学活动中所采取的方法和形式，是为完成特定的教学目标而在教学活动过程中所采用的方式、方法、手段、程序等因素的总体考虑。从教学设计的习惯出发，我们将对学与教方式的具体安排称为教学策略设计。

（一）有效教学：教学过程最优化的深化

有效教学是指教师遵循教学活动的客观规律，以尽可能少的时间、精力和物力投入，取得尽可能大的教学效果，从而实现特定的教学目标，满足社会和个人的教育价值需求。具体说，教学的有效性包括如下三重意蕴：一是有效果，指对教学活动结果与预期教学目标的吻合程度的评价；二是有效率，教学活动本身是一种精神性的生产活动，沿用经济学概念，可将教学效率表述为"教学效率=教学产出（效果）/教学投入"或"教学效率=（有效教学时间/实际教学时间）×100%"；三是有效益，指教学活动的收益、教学活动价值的实现，是教学目标与特定的社会和个人的教育需求是否吻合及吻合程度的评价。有效教学的基本理念包括以下几个方面。

1）有效教学关注学生的进步或发展。首先，要求教师有"对象"意识，教学不是唱独角戏，离开"学"，就无所谓"教"。也就是说，教师必须确立学生的主体地位，树立"一切为了学生的发展"的思想。其次，要求教师理解"全人"的概念，学生的发展是"全人"的发展，而不是某一方面（如智育）或某一学科（如英语、数学等）的发展。

2）有效教学关注教学效益，要求教师理解时间与效益的观念，不能简单地把"效益"理解为"花最少的时间教最多的内容"。教学效益不取决于教师教多少内容，而是对单位时间内学生的学习结果与学习过程的综合考虑。有效教学更多地关注可测性或量化，教学目标尽可能明确与具体，科学地对待定量与定性、过程与结果的结合，全面地反映学生的学业情况。

3）有效教学需要教师具备反思的意识，教师应不断地反思自己的日常教学行为，持续地追问："什么样的教学才是有效的？""我的教学有效吗？""有没有比我更有效

的教学？"有效教学也是一套策略，是指教师为实现教学目标或教学意图而采用的一系列具体的问题解决行为方式，教师需要掌握有关的策略性知识，以便于自己面对具体的情境时做出决策。

（二）布鲁纳教学理论

布鲁纳教学理论中的两个核心概念是知识结构和发现学习。知识结构是布鲁纳提出发现学习的理论来源之一，发现学习则是知识结构概念在教学中应用的重要形式。

1. 知识结构

（1）知识结构的内涵

布鲁纳认为，任何一门学科都有一个基本结构。所谓基本，是指一个概念或原理具有广泛适用于新情况的能力，它是进一步获得和增长新知识的基础；所谓结构，则指该学科的基本概念、基本原理及它们之间的联系。

布鲁纳认为，人们在知觉和认识世界的过程中，采用三种方式再现知识结构，即动作性表征、映像性表征、符号性表征。

1）动作性表征是指通过作用于事物的一组动作来认识和学习表征事物。

2）映像性表征是指通过一组简略的意象或者图像来表现他们所认识的事物。这些表征与其所知觉的事物的关系很像照片与现实的关系。

3）符号性表征是指通过一组符号或者逻辑命题来表征世界的一种方式。这些符号既不是直接的事物，也不必是现实世界的复制，而可以是抽象的、任意的。其中最重要的一种符号就是语言。

布鲁纳的知识结构理论对教学最有意义的一点在于，他相信当人们达到符号性表征阶段的时候，仍然会利用动作性表征和映像性表征，特别是当他们研究某种新事物的时候。例如，当你刚开始学习组装一个小型网络时，你必须连续做几次，一直到你对这个过程有一个很好的心理表征时为止。在这个过程中，你可能利用动作性表征来熟悉某个操作步骤，也可能利用映像性表征来研究网络组成的图解，最终形成的心理表征很可能是符号性的。

（2）知识结构的重要性

布鲁纳认为，知识总是有结构的，是人们对客观事物构造的一种主观模式。合理的知识的特点在于其结构能与客观事物相符，能很好地说明事物。他强调，无论教什么学科，务必使学生理解该学科的基本结构。

布鲁纳从以下四个方面论述了学习学科的基本结构的必要性。

1）懂得基本原理使得学科更容易被理解。不仅在物理、数学等学科中是这样，在社会学科和文学学科中也是这样。

2）结构化的知识更容易被记忆和保存。布鲁纳指出，如果没有完满的结构把获得的知识连在一起，那么其多半会被遗忘。一串不连贯的论据在记忆中仅有短促得可怜的寿命。学习普遍的或基本原理的目的，就在于保证记忆不会全部丧失，而遗留下来的东西将使我们在需要的时候把一件件事情重新构思起来。

3）领会基本原理和观念是达到训练迁移的重要方法。布鲁纳认为，基本原理和结构是迁移的基础。把事物作为更普遍事情的特例去理解，不仅学习了特定的事物，还学习了适合于理解其他类似事物的一种模式。

4）对教材结构和基本原理的理解能够缩小知识之间的间隙。布鲁纳认为，知识的相互联系体现在知识的整体性和层次性两个方面。从知识的整体性来看，任何学科的知识都是充满关系的有机整体，是一种经纬交织的知识网络。学习内容一旦被纳入这种知识结构，便会容易学习，也易于深化理解和记忆。从知识的层次性来看，学科知识在观念的抽象性、包摄性和概括性程度上不同，因而会呈现出类似金字塔形的结构。处在塔顶的是学科领域中的核心概念，这些核心概念是具体知识的基础，具体知识则是核心概念的特例。在一门课程的教学过程中，应该反复地回到那些基本概念，直到学生掌握了与这些基本概念相伴随的完全形式的体系为止。

2. 发现学习

发现学习就是要求学生在教师的指导下，能像科学家那样，通过自己的探索去"发现"事物变化的因果关系及其内在联系，形成概念，获得原理。具体而言，发现学习一般包括以下几个步骤。

1）带着问题观察具体事实。发现学习须先由教师提出问题或建立问题情境。发现学习在原则上是以掌握学科基本结构为内容的，因此教师必须提炼出最基本的知识结构，并转化为一定的问题呈现给学生。教师应通过演示活动把组成一般原理的基本因素展示给学生仔细观察；同时组织学生在观察的基础上进一步认清问题。

2）建立假设。在演示和组织提问的过程中，教师要充分向学生展示内容的对比因素。在寻求答案的过程中，提出假设，揭示各种可能。在这个环节中，教师应注意使学生了解各种可供选择的方法和不同的观点，激发学生探索的积极性。

3）形成抽象概念。教师应组织学生针对自身在情境中的发现及提出的假设，进行讨论和求证，并得出结论。学生通过这个过程能够提取出问题和案例中所隐含的一般原理或概念。

4）把学到的知识转化为能力。将学到的原理或概念应用到新的情境中去。这是检验和评价所获得的原理或概念等知识的准确性、有效性的一个过程，也是提高学生运用知识分析解决问题能力的过程。

三、合作学习及项目化学习

（一）合作学习

1. 合作学习的要素

美国明尼苏达大学合作学习中心的约翰逊兄弟两人对基于合作学习在课堂教学中

的具体实施提出了五个基本要素，该观点对我国的合作学习基本要素的研究产生了广泛的影响。这五个基本要素是积极互赖、直面互动、责任到人、社交技能、小组反思。

1）积极互赖，即要确保学生知道只有当自己和同伴都取得成功时，才算真正的成功，他们之间是荣辱与共的关系。

2）直面互动，即教师应最大限度地提供机会使学生互帮互助、互相支持、互相鼓励，并对彼此为学习而付出努力的行为给予赞扬。

3）责任到人，即每个学生都必须承担一定的学习任务，并为自己的学习负责，防止"搭便车"。这样做的目的在于促进每个学生积极地、独立地学习，获得最大程度的提高。

4）社交技能，是学生进行高质量合作学习的前提，也是合作教学的目标之一。

5）小组反思，即合作小组必须定期地评价合作活动的情况，保持小组活动的有效性。这样能促使学习小组维持良好的工作关系，有利于合作技能的学习，并为小组成员的积极行为和小组的成功提供手段。

2. 合作学习的特点

在合作学习的发展过程中，针对合作学习的特点，不同学者分别提出了自己的观点。

斯莱文（Slavin）认为，不同的合作学习，其方式存在差异，主要表现为以下六个主要特点。

1）具有小组目标。大多数合作学习都确定了一定形式的小组目标。例如，成绩分阵法、游戏竞赛法、小组辅助个别化、读写一体化、切块拼接法等都采用小组奖励的方式鼓励达成小组目标。

2）责任到人。责任到人通过两种形式来体现，一种是在小测验中先给出个人成绩，再统计小组平均分；另一种是在采用小组调查法等方法时分配给每个人特定的任务，要求每个人承担特定的责任。

3）公平的成功机会。根据每个人的实际水平承担相应的任务的方式，为每个人获得成功并为小组做贡献创造了平等的机会。

4）小组间竞争。采用组间竞争作为激励学生开展组内合作的手段。

5）任务专门化。将子任务分配给每个小组作为基本要求。

6）适应个别需要。大部分合作学习运用常规的班级群体教学情境，但是小组辅助个别化和读写一体化则主要根据学生的个别需要展开教学指导。

合作学习解决了传统的小组学习存在的责任不清等弊病。明确责任体现在三个方面：首先，每个人都要对自己的学习负责，学习成效如何同个人是否尽责直接联系在一起；其次，在有些合作学习中，通过把小组任务分解到个人，或者将全班任务先分解到小组，再分解到个人的方式，使得每个人都承担小组子任务中的特定责任；再次，在单元检查或学业小测验中，不能再依靠互助合作来证明每个人掌握学习内容、达成教学目标的程度。每个人都必须依靠自己的力量独立完成测验，在统计分数时先要计算个人成绩。

学生团队学习法

学生团队学习法的内容分析如表 2.1 所示。

表 2.1　学生团队学习法的内容分析

分组方式	必须设法安排，使各小组实力、性别及社会背景均相当			
运作方式	一般方式	小组游戏竞赛法（team game tournament，TGT）	学生小组成就区分法（student teams-achievement division，STAD）	第二代拼图法（jigsaw Ⅱ）
运作方式的要求	在课堂中，小组成员都要努力把教材学会，只有这样该小组的总体分数才能累进。每次小考或竞赛后，得分最高的小组的名字会被刊登在班刊上，以资鼓励。除此之外，还有其他形式不同的奖励	① 全班教学或阅读； ② 分组学习； ③ 游戏竞赛； ④ 学习表扬	① 全班教学或阅读； ② 分组学习； ③ 学习评量； ④ 学习表扬	① 全班教学或阅读； ② 专家小组学习（平行教材才可用，有先后顺序者不可用）； ③ 异质小组学习； ④ 学习评量； ⑤ 学习表扬
评鉴方式	① 学生成绩以个别的小考得分计算； ② 由异质团体共同学习后，个别接受测验，将成员测验得分相加形成小组成绩，并作为每位成员的成绩			
备注	① 强调小组内合作、小组间竞争的方式； ② 强调共同研读、共同分享个别努力的成果			

（二）项目化学习

1. 项目化学习的内涵

项目化学习也称项目式学习或基于项目的学习（project-based learning，PBL），是通过安排围绕项目的真实学习任务，综合各学科知识，在合作学习的环境下设计并实施一系列的探究活动，并对探究成果进行表达和交流的学习方式。提出问题、分析问题、解决问题是项目化学习的核心。项目化学习强调运用学科的基本概念和原理，把学生融入有意义的任务完成的过程之中，让学生积极地进行探究与发现，自主地进行知识的整合与建构，目标是使学生生成新知识和提高完成项目任务的能力。这是一种生成模式，要求学生明确创造的目的和最终产品的形式，并将研究结果以作品或产品的形式表现出来。这种产品可能是有形的物质形态，也可能是一种无形的精神产品。项目化学习在本质上是一种学习方式，基于研究、探究过程的项目化学习强调，教师不应把现成的结论告诉学生，而应要求学生自主发现问题，运用已有的知识分析和解决问题，强调探究和创新。

项目化学习实际上是一种基于项目或课题的研究性学习活动，有学校本土化的教育目的、教学目标和教学内容，为当前信息技术课程教学提供了一种新的教学与学习方式，有利于提高创新能力。项目是由一些有价值、有创造性的实践性情境问题形成的。一个科学而有价值的项目，可以激发学生的兴趣，激活学生的研究思维与提高学生的动手实践能力，培养学生的科学研究能力。强烈的问题意识和探究精神是现代社会独立健全人格的体现。

项目的选题主要考虑实用性、科学性和价值性，同时尊重学生兴趣，贴近学生生活，并特别注意选题的可行性。

2. 项目化学习的过程

（1）建构问题情境

项目化学习的过程在本质上是一个问题解决的过程，首先要求学生在教师的指导下建构问题情境，也就是问题解决的空间。良好的问题解决空间将为问题解决奠定坚实的基础。虽然研究性学习尊重学生的主体性，但任何知识的获得和能力的发展都不是在真空中进行的，都必须以一定的知识和技能为基础。因此，学生必须在基础知识、课题信息、学习观念、研究方法等方面做好准备。例如，可以开设讲座、组织参观访问、进行信息交流活动、介绍已有的研究性学习案例等，使学生尽快适应研究性学习的环境和方式，激活学生原有的知识储备，提供研究范围，激发探究动机。

教师要鼓励学生从多个角度分析和思考问题，指导学生建立研究性学习小组，邀请校内外指导教师共同参与研究活动，为学生的研究性学习活动提供帮助。小组及小组之间开展讨论，发现问题、提出问题并提出解决问题的初步想法，然后确定围绕解决问题所要进行学习的内容，制作出解决问题的研究方案。研究方案一般包括研究的目的和意义、研究的方法和步骤、研究的时间安排、明确的小组分工等。研究方案的制作应由课题小组成员通过共同讨论自主完成，教师可分析学生的初步研究方案并进行查漏补缺，引导学生制作出切实可行的研究方案。教师作为一名参与者平等地与学生讨论，对选题的社会价值、研究的可行性和课题的可研究性进行论证判断，共同确立具体题目，形成具体的研究方案。

（2）实践

实践是充分体现学生自主学习的阶段。当学生开始收集解决问题的相关信息时，教师要给学生提供必要的帮助与指导，如获取信息资料的基本方法、如何筛选信息资料并做价值判断等，避免学生产生过强的挫折感。学生根据小组预先确定的研究内容和分工，通过多种形式收集资料、信息，或进行实验、实践并总结经验。具体可以采用查阅文献资料、做实验、做调查、走访专家、实地考察等方法，对相关的、有价值的信息和数据进行分析处理，通过论证得出对所研究的课题有价值的结论。

经过信息收集的自主学习阶段，学生重新回到学习小组中，利用所学到的新知识重新对问题做出评估，通过设疑、质疑、交流、合作、研讨等，使问题得到解决。在这个阶段中，学生不是简单地表述自己已经学到什么，而是要应用所学到的新知识解决现实中的问题。学生通过解决现实中的问题，将所学知识进行外化，新知识在原有知识的基础之上得到巩固与应用，二者产生广泛的联结，从而牢固地构建起自己的知识体系。另外，学生在实践的过程中逐渐掌握与人交流、沟通的技巧，以科学的态度解决实际问题，最终形成记录实践过程的文字、音像、电子制品等多种形式的成果。

（3）评价学习成果

评价学习成果是项目化学习中不可缺少的一个环节，是前两个阶段的延伸和概括。在项目化学习中，学生获得的很多知识是内隐的，不为人的显性意识所察觉和控制，而通过语言的总结提炼及与他人的讨论交流，可以使内隐的知识外化，进入意识学习，加速学习进程，巩固学习效果。

项目化学习成果的表达手段有多种，各小组可以利用小论文、图表、模型、影像等形式，来展示和汇报实践结论及得出结论的过程，将实践过程中有价值的信息与数据进行归纳、综合、分析、提炼，找出规律性的成果，按理论与实践相结合的原则，形成书面和口头报告材料，撰写成研究论文或调查报告；还可以通过开辩论会、研讨会、做展板、出墙报、编刊物（包括电子刊物）等方式来表达。当项目化学习成果以各种各样的形式呈现时，评价者会提出多方面的、层次不一的问题，学生经过思考表达出自己的观点时，也就完成了对项目化学习成果的延展性、生成性体验。通过交流、研讨与他人分享项目化学习成果，学生将学会如何欣赏和发现他人的优点，学会认真对待他人的意见和建议，学会客观地分析和辩证地思考，勇于提出自己的观点并善于对自己的观点进行合理性阐释。

3. 项目化学习的基本环节

1）选定项目。学生根据教师的要求和自己的兴趣，讨论决定研究项目。必要时教师可以对学生选择的项目进行适当的调整，或建议学生对项目进行重新选择。

2）制订计划。学习小组对项目研究的时间和过程做出具体安排，如需要的资源、人员的分工、研究进度等。

3）开展项目。开展项目是项目化学习活动的主体。学生借助一定的研究方法和技术工具收集相关信息，并对收集到的信息进行处理和加工，在对最初方案进行修改的基础上得出最终方案。

4）制作成果。学生运用在项目过程中获得的知识和技能完成项目的最终作品，如调查报告、数据分析报告、图片、网站、模型作品等。

5）成果交流。教师组织各学习小组进行互相交流、成果展示，并相互分享在实验过程中的经历，一般以作品观摩和小组报告的形式出现。

6）活动评价。结合评价量表或量规对学习小组的研究活动进行评价。评价内容涉及项目选题、学生在小组学习中的表现、计划、时间安排、成果表达和成果技术水平等方面。

【拓展阅读】

学与教方式

学与教究竟是一种怎样的关系？是学重要，还是教重要？是学在先，还是教在先？这确实难以简单地下结论。一般来说，学与教处于同等重要的地位。不能说倡导"生本教育"就是将学生放在首要位置，而是要发挥教师与学生两个方面的积极性——"互为主客体"与"自为主客体"。从学习投入或者参与的方式上看，学习科学的研究已经证实：被动学习—主动学习—建构学习—交互学习是一个进化链，交互学习的效果最好，有利于培养深层次的能力与素养。参与程度或者投入程度越大，学习层级越高，学习深度越深，学习能力就越强大。

1. 学与教方式的构成要素

学与教方式包含教学内容的呈现方式（组织策略）、教学模式（传递策略）和教学活动的方式（管理策略）。教学内容的呈现方式实际上反映的是教学内容的结构化组织方式；教学模式的选择包含与之相对应的教学方法和教学组织形式的选择；教学活动的方式反映的是在教学过程中师生之间的主要交互方式。也就是说，学与教方式不但是教学方法和教学组织形式的体现，而且包含了教学内容的呈现方式、教学模式和教学活动的方式三个要素，它们共同组成一个立体结构模型。

在信息技术环境下的教学过程将更加关注学生的学习活动，因此学与教方式的三个要素在图2.9中分别用学习内容呈现方式、学习（教学）模式和学习活动方式三个维度来表示。也就是说，任何一种学与教方式，实际上都可以用学习内容呈现方式（即学习内容的结构方式）、学习（教学）模式和学习活动方式（与教学组织形式密切相关）三个维度来表示。有效的学与教方式应该根据学习目标、学习内容和学生特点从三个维度中进行选择和组合，并做出规范的表述。

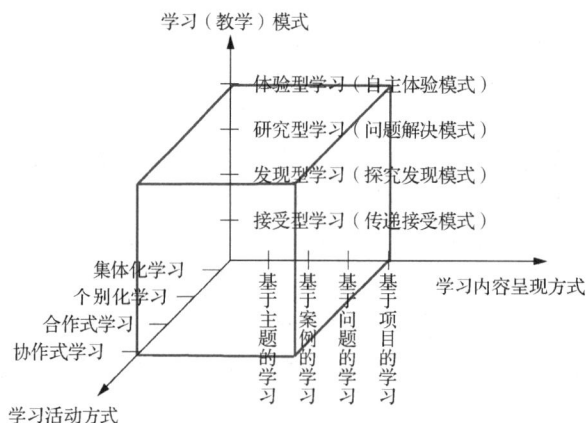

图2.9　学与教方式的模型

2. 技术支撑下学与教方式的发展

在知识经济时代，学习是关乎个人和社会的生存、进步与发展的，是无处不在的，是延续一生的行为。自然而然，学习发生的场所从课堂、学校延伸至社区、博物馆、企业和家庭等各种正式与非正式的环境，正式学习与非正式学习、学校中的学习与工作场所中的学习一起进入了研究者的视野。他们所做的研究为我们全景式地认识学习——这一人类发展的重要机制奠定了基础。这些研究者通过从不同的学科视角对人类学习进行全方位的研究，催生了一个全新的跨学科研究领域——学习科学。

学习科学的研究者对学习情境的强调，使他们自然地把在技术支撑下的，也可称被技术增强的（technology-enhanced），学习环境中的学习实践作为重要的研究对象之一。学习科学主要聚焦于两个方面的研究：一是对于学习发生过程的描述性研究，二是对于学习环境创设方法的设计研究。描述性研究对于学习环境的设计或者重构具有深刻的意义，但对学习环境的设计研究并不意味着把"学习的发生过程"研究中获得的解释性原则或原理简单地付诸应用，而是在理解那些原则或原理的基础上，通过设计及系统改变某一学习环境来研究和理解该学习环境中的学习，经过多次的迭代循环之后，发展出能推广到其他学校和课堂中去的新理论、人工制品和实践。

学习科学明确地将教育技术作为其基础之一，认为信息技术能承担起变革学习的强有力的角色，因为信息技术可以支持深层学习：计算机能够把抽象的知识用具体形象的形式进行表征；计算机工具可以让学习者以可视化、言语化的方式表达自己的知识；计算机能让学习者通过用户界面运用和修改正在学习的知识。计算机以一种复杂的设计过程支持同步的表达、反思和学习；计算机能支持视觉、听觉相结合的反思模式；互联网能让学习者分享、整合他们的理解，并从协作学习中获益。

【实践演练】

结合课程资源中的视频案例，结合相关的学习理论尝试进行分析。

第三章

中学信息技术教学内容与学习者分析

学习目标

1. 了解教学内容的分类。
2. 理解中学信息技术教学内容的组织与呈现方式、分析方法。
3. 初步掌握学习者特征分析方法等。

内容结构

```
中学信息技术教学内容                           信息技术教学典型内容分析
                    中学信息技术教学内容与学习者分析
学习者分析                                    尝试分析学习者特征
```

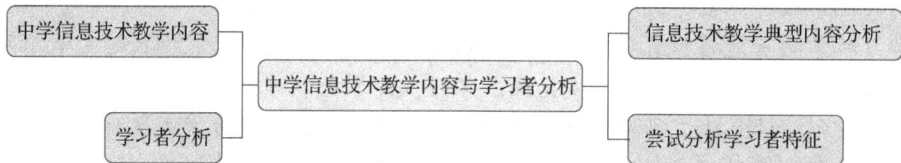

第一节 中学信息技术教学内容

　　教学内容是为实现教学目标，要求学习者系统学习的知识、技能、思想、行为的总和。在对教学内容进行分类时，人们通常以教学结果（学习结果）的形式为依据。分析教学内容须以课程标准为依据，经过选择内容和划分单元、安排单元顺序、确定单元目标、对教学内容进行分类、分析教学内容及评价等步骤，最后得出教学内容的知识和能力结构。分析教学内容的程序如图 3.1 所示。第一步为教学内容的选择与安排，包括选择内容和划分单元、安排单元顺序、确定单元目标三项内容，随之对各单元目标进行评价，观察各单元目标集合起来是否能够保证达到课程标准中规定的总教学目标的要求。如果有问题，则应及时修正解决。第二步为根据加涅对教学内容的分类方法对选定的教学内容进行分类，并针对分类后的教学内容进行评价，重点检查各类教学内容对应的教学目标是否是实现课程标准所必需的，是否有多余或重复的内容，是否有欠缺的内容，然后进行调整。第三步为对选定的教学内容进行详细的分析，得出这些教学内容所对应的知识点，以及它们之间的联系，并对所有的教学内容的分析结果进行组合和检查，删除与实现目标无关的部分，补充需要增加的内容。

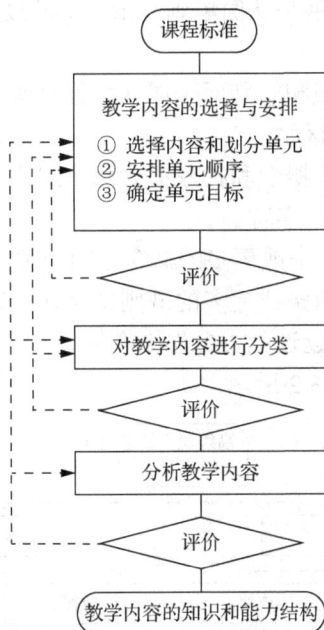

图 3.1   分析教学内容的程序

教学内容分析的目的是得出教学内容的知识和能力结构，它将作为对教学对象（学习者）进行分析和编写教学目标的基础。

必须指出的是，教学内容的知识和能力结构是由该学科本身的知识和能力的逻辑结构所决定的，它虽然和教材的顺序有关，但并不完全等于教材的结构。

一、教学内容的分类

在教育学中，人们通常把教学内容分为认知类、动作技能类和情感类。

1. 认知类教学内容

（1）言语信息

言语信息既是知识，也是能力。在知识方面，言语信息回答"是什么"的问题，而能力要求是培养学习者进行"记忆"。也就是说，言语信息是指学习者通过学习以后，能记忆事物的名称、符号、地点、时间、定义及对事物的描述等具体事实，并能在需要的时候将这些事实表述出来。

（2）智力技能

智力技能是运用符号办事的能力。在知识方面，智力技能回答"为什么"和"怎么办"的问题，而能力要求是培养学习者理解和运用概念与规则的能力，以及进行逻辑推理的能力。

　　加涅提出，智力技能的发展是从简单到复杂、从低级到高级的过程，学习层级可分为以下几类。

　　1）辨别学习。它包括连锁和辨别两个层次，指将刺激的一个特征和另一个特征或者一个符号和另一个符号加以区别。

　　2）概念学习。它包括具体概念和抽象概念两个层次，指在一系列事物中找出共同的特征，并给同类事物赋予同一名称。

　　3）规则学习。它是揭示两个或更多的概念之间的关系的一种学习。

　　4）高级规则学习。它把两条或更多的规则结合在一起，组成一个能解决问题的高级规则。它是学习者在解决问题过程中的思维产物。

　　智力技能的层级关系如图 3.2 所示。

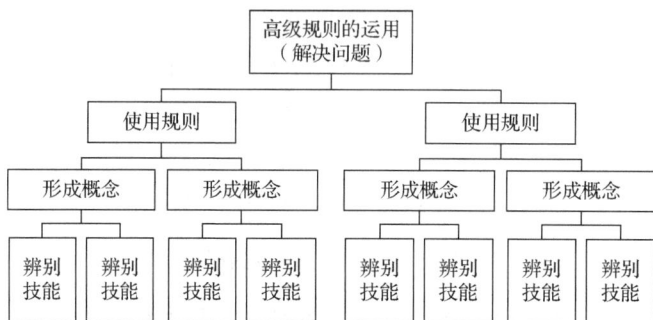

图 3.2　智力技能的层级关系

　　从图 3.2 中可以看出，智力技能从简单到复杂的学习是相互依存的。因此，合理地安排学习内容的顺序是具有明确意义的。在分析智力技能学习内容时，人们可以从选取的最高目标着手，依次向下进行；而在进行教学时，则从最基层开始，逐步达到最高目标。

　　如果把智力技能层级与加涅的累积学习层次相对照，就可以看出它们之间的对应关系，如图 3.3 所示。在安排教学时，教师可据此更好地选择教学内容和教学策略。

					高级规则	高级规则学习
				规则	规则	规则学习
			抽象概念	抽象概念	抽象概念	概念学习
		具体概念	具体概念	具体概念	具体概念	
	辨别	辨别	辨别	辨别	辨别	辨别学习
连锁	连锁	连锁	连锁	连锁	连锁	

图 3.3　智力技能层级与累积学习层次的对应关系

（3）认知策略

认知策略是个体对认知过程进行调节与控制的能力，即学习者调节自己的注意、学习记忆和思维等内部心理过程的技能。

图 3.4 所示为学习与记忆的信息加工模式，该模式是 S-O-R 公式形象化的表示。其中左侧的 S 代表外界刺激，右侧的 R 代表学习者的反应，中间的虚线框 O 代表学习者的内部心理过程。

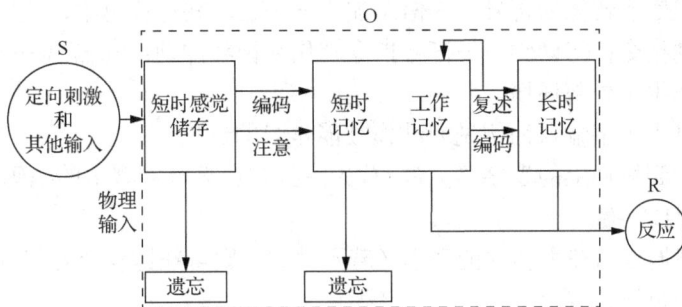

图 3.4　学习与记忆的信息加工模式

从这个学习与记忆的信息加工模式可知，学习过程由下面三个阶段组成。

1）短时感觉储存。学习者在学习时，每个瞬间都有大量的刺激作用于感官。其中有学习的内容（定向刺激），也有其他干扰。这些刺激在大脑中引起短时感觉储存。但这些刺激并不都能进入记忆状态，只有那些受到注意、引起知觉的内容才能进入人的意识领域，其他刺激很快就消失了。短时感觉储存的时间很短，最长为 1 秒。

2）注意与选择性知觉。短时感觉储存中的信息只有在受到注意以后才能进入意识，进而形成短时记忆。当注意力集中以后，学习者便会产生选择性知觉，即只对与学习有关的信息引起感觉，而对其他刺激无动于衷。

如何保持注意，获得选择性知觉，加强记忆、减少遗忘，这正是认知策略所研究的问题。

3）记忆。记忆分短时记忆和长时记忆。当经过选择的信息进入意识后，便会形成短时记忆，并由此产生反应。只有对短时记忆的信息反复刺激或采取一定的加工策略，才能形成长时记忆，由此得到的反应是永久性的。学习过程是信息的收集、加工、储存和在需要时提取出来加以运用的过程。信息的收集涉及的心理过程是"知觉"；信息的加工、储存和提取涉及的心理过程是"记忆"。"注意"不是一种独立的心理过程，但它总是伴随于人的全部心理活动中，它是学习活动赖以产生的前提。为了促进有效学习，教师应在教学活动中通过各种方式影响学生的知觉、记忆和注意，促进学生对信息的获得。

2. 动作技能类教学内容

动作技能是一种习得的能力，学习的结果表现为迅速、精确、流畅和协调的动作。动作技能与反射性动作不同，也与简单的肌肉反应所引起的一般动作不同。它必须是经过学习、训练以后得到的身体协调一致的动作。

动作技能教学有两种不同形式。一种要求使用某种装置，如绘画、打字、打球、操作实验仪器、演奏乐器、骑自行车、开汽车等；另一种不要求使用任何装置，如跑、跳、游泳、唱歌、跳舞等。不管是否使用装置，动作技能教学中总是包含着精细的肌肉控制。从信息加工的观点来看，人的任何操作或动作都可以分解成 S-O-R 过程。从刺激（输入）到反应（输出），中间共经过五个步骤：①输入——环境刺激引起神经冲动；②编码——识别信息，并把信息转化为符号；③信息加工——运用联想和思维，从信息中推导出以符号陈述的行动指令；④译码——符号指令转化为神经冲动；⑤输出——将神经冲动引起的肌肉反应作用于外部环境。

现在以计算机汉字输入为例说明动作技能学习的过程。

第一步：看到稿件上的汉字"大"，首先想到它在五笔字型中的编码是 DDDD，需要按键盘上的"D"键。

第二步：根据键盘在大脑中的表象（若不熟悉，则可在键盘上寻找），确认"D"键在第二排第三号位置。

第三步：根据键盘指法，确定这个键应由左手中指来操作。

第四步：学习者指示自己的左手中指移向"D"键。

第五步：因为"大"字是字根，所以用手指按 D 键两次，屏幕上出现"大"字，完成操作。

在开始时，这些过程是一步一看地进行的；经过一段时间后，就可以达到眼睛不看键盘，只凭手的感觉即可输入稿件。

动作技能学习往往与认知学习交织在一起，并受内部心理的控制。一项动作技能可分解为若干项从属的基本动作技能。对动作技能学习内容进行分析时，要剖析实现教学目标所需掌握的各项基本技能，揭示它们之间的联系，列出学习这些技能所须掌握的相应的知识。

3. 情感类教学内容

情感类教学内容可分为态度类和品德类两种。

（1）态度类

态度是通过学习形成的影响个体行为选择的内部状态。态度中包含认知成分、情感成分和行为成分。

态度的认知成分是指个体针对态度对象所具有的带有评价意义的观念和信念。

态度的情感成分是指伴随态度的认知成分而产生的情绪或情感，这是态度的核心成分。

态度的行为成分是指行为的准备或行动的预备倾向。

一般来说，态度的认知成分、情感成分和行为成分是一致的。但有的时候，态度的行为成分可能和其他成分相分离。

（2）品德类

品德是个人依据一定的社会道德行为准则行动时，表现出来的某些稳定的特性。品德由道德观念、道德情感和道德行为三个部分构成。

道德观念是个体通过学习所获得的关于道德的概念、命题和规则等，它是个人品德的核心部分。道德情感是人的道德需要是否得到满足而引起的一种内在体验，它渗透在道德观念和道德行为中。道德行为是道德观念的外在表现，是衡量品德的重要标志。

（3）态度与品德的关系

一般来说，态度所涉及的范围比较大，包括对国家、对集体、对他人、对劳动、对物品、对个人的看法或情感倾向等。有的态度涉及社会道德规范，有的则不涉及。只有涉及道德规范的那部分稳定的态度才能被称为品德。因此，人们有时也用态度类学习来称呼情感类学习。

把教学内容按照认知类、动作技能类和情感类分类以后，应着重评价各类教学内容所对应的教学目标是否都是实现课程总教学目标所必需的，有没有多余或欠缺的内容。要注意的是，动作技能类和情感类的教学内容中都含有认知成分，因此在教学设计过程中一定要注意分析和掌握。

【拓展阅读】

三种知识与五种学习结果分类的对应关系

不同的学者对于教学内容（学习结果）的分类有着不同的方法，除了加涅的分类方法外，还有梅瑞尔（Merrill）成分显示理论中的业绩-内容矩阵（事实、概念、程序、原理）分类；布鲁姆（Bloom）认知新目标中的事实性知识、概念性知识、程序性知识和元认知知识的分类；豪恩斯坦（Hauenstein）的教育目标整合新分类中的认知、情感、心理动作、行为的分类；安德森的陈述性知识和程序性知识的分类；肯普（Kemp）的扩展二维分类中的内容维（事实、概念、原理、程序、态度、人际交往）的分类；罗米索斯基（Romiszowski）的认知技能、反应技能、人际技能、动作技能的分类；等等。这些分类方法都得到了广泛的认可。

祖克（Zook）将学习结果分为陈述性知识、程序性知识和策略性知识三种类型，它们与加涅的学习结果分类的对应关系如图3.5所示。

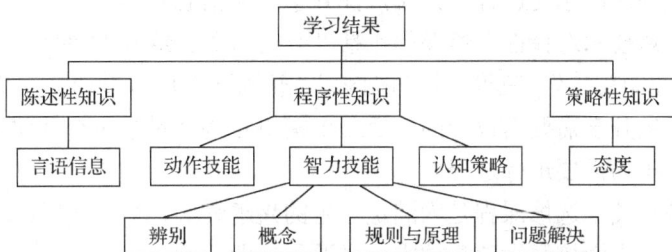

图3.5 三种知识与五种学习结果分类的对应关系

二、中学信息技术教学内容的组织与呈现方式

信息技术的快速发展创造了现实空间与虚拟空间并存的社会环境，生活于其中的人们越来越自觉地利用信息技术解决生活、学习、工作中的问题。为了帮助人们更好地适应这种全新的生活环境，普通高中信息技术课程坚持立德树人的课程价值观，围绕信息技术学科核心素养，精炼学科大概念，吸纳学科领域前沿成果，构建具有时代特征的课程内容。该课程强调为学生提供多样的学习机会，让学生参与信息技术支持的沟通、共享、合作与协商，体验知识的社会性建构，理解信息技术对人类社会的影响。提高他们参与信息社会的责任感与行为能力，发展学生的数字化生存能力，培养合格的数字化公民。

1. 普通高中信息技术课程结构

按照《普通高中信息技术课程标准（2017 年版 2020 年修订）》设置的课程结构，为满足不同学生的学习需求，普通高中信息技术课程由必修、选择性必修和选修三类课程组成。普通高中信息技术课程的模块设计如表 3.1 所示。

表 3.1　普通高中信息技术课程的模块设计

类别	模块设计	
必修	模块1：数据与计算 模块2：信息系统与社会	
选择性必修	模块1：数据与数据结构 模块2：网络基础 模块3：数据管理与分析	模块4：人工智能初步 模块5：三维设计与创意 模块6：开源硬件项目设计
选修	模块1：算法初步 模块2：移动应用设计	

普通高中信息技术必修课程包括"数据与计算"和"信息系统与社会"两个模块。"数据与计算"模块主要针对数据在信息社会中的重要价值分析数据与信息的关系，强调数据处理的基本方法与技能，发展学生利用信息技术解决问题的能力。"信息系统与社会"模块主要针对信息社会生存与发展的需要，分析信息系统的基本知识与技能，强调利用信息系统解决问题的过程与方法，提升学生的信息素养。

普通高中信息技术选择性必修课程包括"数据与数据结构""网络基础""数据管理与分析""人工智能初步""三维设计与创意""开源硬件项目设计"六个模块。前三个模块是为满足学生升学需要而设计的，后三个模块是为满足学生个性化发展而设计的，学生可以根据自身的需要进行选择。

普通高中信息技术选修课程是为满足学生的兴趣爱好、学业发展、职业选择而设计的自主选修课程，为学校开设信息技术校本课程预留空间。

2. 义务教育阶段信息科技课程内容

依据信息科技课程核心素养的指标，按照学生的认知特征和信息科技学科的知识体系，义务教育阶段以数据、算法、网络、信息处理、信息安全、人工智能六条学科主线贯穿全学段信息科技课程内容。

1）数据：数据来源的可靠性→数据与信息的关联→数据对现代社会的重要意义。

2）算法：大问题的步骤分解→算法的描述、执行与效率→解决问题的策略或方法。

3）网络：数字化成果分享→网络搜索与辅助协作学习→互联网到物联网的发展与价值。

4）信息处理：文字、图片和声音等信息处理→使用编码建立数据间内在联系的原则与方法→互联网中信息的编码、呈现、传输和加密的原理。

5）信息安全：文明礼仪、行为规范、个人隐私保护→规避原则、安全观→防范措施、风险评估。

6）人工智能：应用系统体验→机器计算与人工计算的异同→伦理挑战与发展方向。

义务教育阶段信息科技课程的模块设计如表 3.2 所示。

表 3.2　义务教育阶段信息科技课程的模块设计

学段年级	课程模块	学段年级	课程模块	学段年级	课程模块
1~4 年级	语言与交流（信息交流与分享）	5~6 年级	数据与编码	7~9 年级	互联网与创新
	人文与社会（在线学习与生活）				物联网与探究
	艺术与审美（数字艺术）		过程与控制		人工智能与智慧社会
	科学与技术（身边的人工智能）				

在 3~8 年级，单独设置信息科技课程，主要包括"六三"学制第二学段的"在线学习与生活""数据与编码"，"六三"学制第三学段的"身边的人工智能""过程与控制"，以及"六三"学制第四学段的"互联网与创新""物联网与探索"，共六个课程模块。在 1、2、9 年级，设计与"语文""道德与法治""科学""综合实践活动"等课程的融合模块，扩大并丰富学习手段，改变学习方法，落实数字化学习理念。1、2 年级主要包括第一学段的"信息交流与分享""数字艺术"两个课程模块，9 年级主要包括第四学段的"人工智能与智慧社会"课程模块。

信息科技跨学科主题学习充分体现综合性和实践性，结合不同学段学生的认知水平与学段特征，融合不同学段的信息科技模块内容，映射信息科技大概念，从而通过真实情境化的实践活动展开跨学科主题学习。提供的四大主题分别是数字设备体验、数据编码探秘、小型系统模拟、互联智能设计，每个大主题下分设多个子主题供教师弹性选用。

【案例分析】

高中必修课程模块 1 的结构与内容

以信息技术必修课程模块 1 中"数据与计算"的结构为例,按照"明晰核心概念—突出学科方法—关注工具应用—促进素养形成"的思路,从数据与信息、数据处理与应用、算法与程序实现三个方面设计本模块的内容结构。"数据与计算"模块内容结构如图 3.6 所示。

图 3.6　"数据与计算"模块内容结构

数据不仅是信息的载体,还是人们提取信息、做出决策的重要依据,正逐步成为社会发展的一项重要资源。人们合理选用技术工具处理数据可以提高数据的应用效能,发现其中隐含的信息,精准解决生活与学习中的问题。这部分内容遵循数据存储的基本原理,依据学生的学习经验,将数据与信息的概念与特征数字、文本、声音、图像等的编码技术,数字化学习工具的应用方法,以及学习策略等内容融入内容要求中。

(1)数据与信息的内容要求

1)在具体感知数据与信息的基础上,描述数据与信息的特征,知道数据编码的基本方式。

2)在运用数字化工具的学习活动中理解数据信息与知识的相互关系,认识数据对人们日常生活的影响。

3)针对具体学习任务体验数字化学习过程,感受利用数字化工具和资源的优势。

(2)数据处理与应用的内容要求

1)通过典型的应用实例,了解数据采集、分析和可视化表达的基本方法。

2)根据任务需求,选用恰当的软件工具或平台处理数据,完成分析报告,理解对数据进行保护的意义。

(3)算法与程序实现的内容要求

1)从生活实例出发,概述算法的概念与特征,运用恰当的描述方法和控制结构表示简单算法。

2)掌握一种程序设计语言的基本知识,使用程序设计语言实现简单算法。通过解决实际问题,体验程序设计的基本流程,感受算法的效率,掌握程序调试与运行的方法。

3）通过人工智能典型案例的剖析，了解智能信息处理的巨大进步和应用潜力，认识人工智能在信息社会中的重要作用。

高中必修课程模块 1 的内容结构体现了《普通高中信息技术课程标准（2017 年版 2020 年修订）》的特征，在内容组织上围绕核心概念进行，既有概念、名词术语的相关论述，也有术语与概念的关联、概念的应用场景、对生活实际的影响与关系。学生要在典型应用场景、生活场景中以体验、尝试运用、梳理归纳等方式进行学习。

三、中学信息技术教学内容的选择原则及分析方法

（一）中学信息技术教学内容的选择原则

1）信息技术学科核心素养是课程培养的总体目标，要紧密围绕、依据学科核心素养来选择和组织教材的内容，通过对计算思维的渗透，让学生逐步具备数字化学习与创新的能力，形成良好的信息意识，加强信息社会责任感，从而达到关注学生终身发展的目的。

2）高中阶段所学习的知识对学生的终身发展起到重要的作用。知识性内容与基本概念、基本原理的相关性越高，实现迁移的可能性就越大，其时效性就越长久，对学生终身学习和发展的价值就越大。因此，教师应该把学科中与关键性、基础性的概念、原理和方法密切相关的内容，以及其背后所蕴含的基本思想和方法作为教学的重点。

3）中学信息技术教学内容的选择与组织要密切联系实际，结合学生的现实生活和学习实践，以及当地的社会发展，适度设置基于真实情境的学习任务、典型案例或研究性项目活动，以引导学生在动手操作、自主探究和解决问题的过程中将"学技术"与"用技术"有效融合，主动理解知识、掌握技能、发展能力。

4）中学信息技术教学内容应体现时代性，能够体现信息技术最新研究成果和发展趋势，并具有独特价值的创新内容、应用和案例，特别是能反映我国信息技术和信息社会发展新面貌的内容，拓展学生的知识面，激发学习兴趣，从而引导学生正确认识信息技术在生活、学习中的作用。中学信息技术教学内容要展现出信息技术在发展、创新和应用中蕴藏的人文精神，要始终渗透相关社会责任感的培养，并有意识地设计相关的人文、社会教育项目活动，引导学生在信息技术应用过程中，不断内化与信息技术应用相关的伦理道德观念与法律法规意识，逐步养成负责、健康、安全的信息技术使用习惯。

5）中学信息技术教学内容要依据课程标准的要求，处理好不同课程模块之间的关系，以适应不同需求和不同志趣学生的需要。必修课程的模块内容既要考虑面向全体学生信息素养的培养，也要为后续课程的学习提供必要的基础；既要处理好和相关学科（如数学、物理、通用技术等）的关系，又要在纵向上处理好与本学科各学段（如初中、大学）内容之间的关系，避免重复，从而为学生的后续发展指明方向。

（二）中学信息技术教学内容的分析方法

教学内容分析也被称为教学任务分析，它的目的是揭示教学目标规定的、需要学生形成的能力或倾向的构成成分及其层次关系，据此确定促使这些能力或倾向习得的有效教学条件。

在我国各级学校内，各门课程的教材都是预先选定的。尤其是中小学，大多使用统编教材。这些教材都是由学科专家和专门人员编写，经过相应的教材委员会审定的。信息技术教材的编制也是如此，因此，若我们要对教学内容进行分析，则须对选定的教材内容进行分析、研究，从而确定知识的逻辑组织结构。

信息技术教材中教学内容的结构如图 3.7 所示。

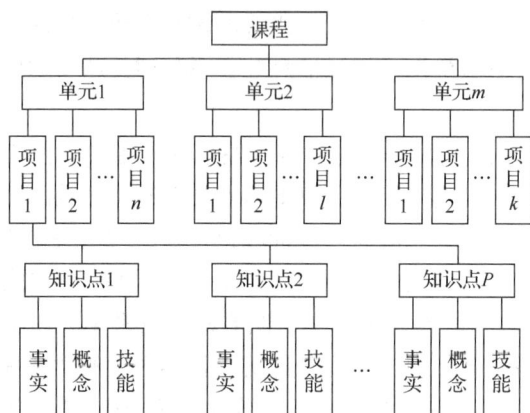

图 3.7　信息技术教材中教学内容的结构

从图 3.7 中可以看出，一般课程都分成若干单元，每个单元可能由几节组成，单元中设计的学习项目，就是通常我们在教材中见到的"节"或"课"；而在项目下，一般分设知识点，它有时和教材中的"目"重合，但多数情况需要在认真分析、研究教学内容的基础上加以确定。

教学内容分析的起点和终点同学生学习的起点和终点正好相反。学生学习的起点是他的初始能力，学习的终点是达到教学目标；而教学内容分析一般从学生学习的终点——达到教学目标开始，采用逆向设问的办法，反复提出并回答问题，即学生要掌握该水平的知识或技能，他们需要预先获得哪些比较简单的知识或技能？一直分析到学生学习的起点。也就是说，学生学习的起点是教学内容分析的终点。

常用的中学信息技术教学内容的分析方法有归类分析法、层次分析法、信息加工分析法、境脉性分析法。

1. 归类分析法

归类分析法主要用于对各种言语信息的分类。当确定分类的标准后，把实现教学目标需要学习的知识归纳成若干方面，从而确定教学内容的范围。

信息技术必修模块 2 中"信息系统的基础设施"部分的内容分析如图 3.8 所示。

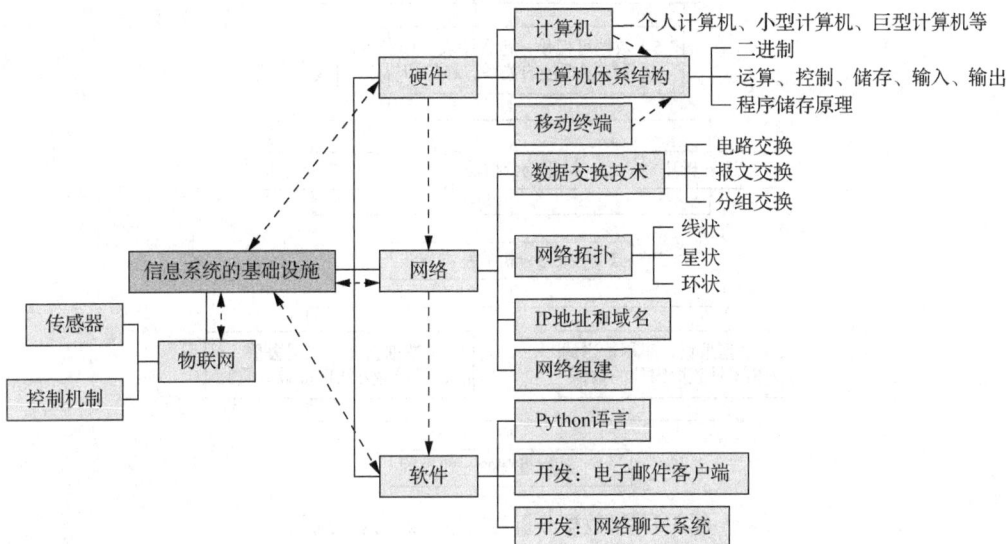

图 3.8 "信息系统的基础设施"部分的内容分析

2. 层次分析法

层级分析法是利用教学目标的层次关系，对教学内容进行分析的一种方法。它揭示了为达到教学目标必须学习的知识和技能。层级分析法采用自上而下的分析方法，从最终教学目标向下一级一级分析，直至基础的教学内容；而在实际进行教学时，则是自下而上的，从实现最基础的教学目标开始，逐级实现高级教学目标。例如，当学习"数据分析与决策"这一单元的内容时，用层次分析法可做如图 3.9 所示的分析。教学目标规定的能力（7）的学习以（2）、（3）、（4）三项从属技能的学习为先决条件；技能（5）的学习以技能（4）的学习为先决条件；技能（2）、（3）、（4）的学习以技能（1）的学习为先决条件。

3. 信息加工分析法

信息加工分析法又被称为程序分析法，是指对学生学习的终点——达到教学目标进行分析，以揭示顺利完成该目标所具有的外显过程和内隐过程。例如，图 3.10 所示的计算存款收益的循环算法实现，从左向右可以看出各教学内容的主要知识技能点与分类，图形结构与连线表示需要有逻辑思考，矩形图案表示需要学习的内容与顺序。

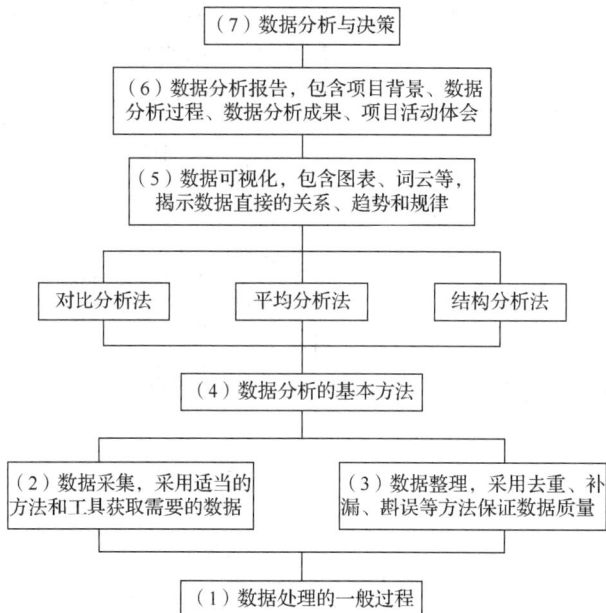

图 3.9 "数据分析与决策"的内容分析

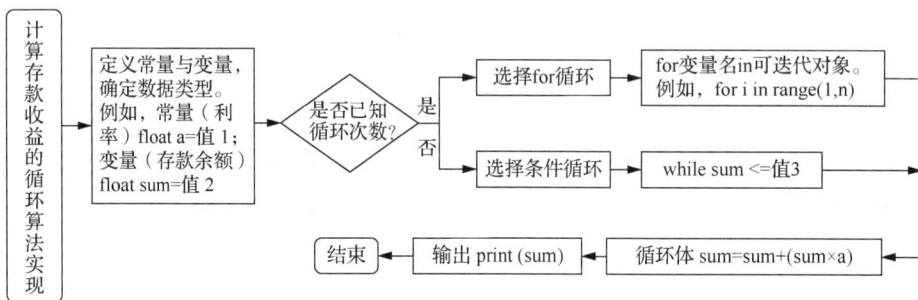

图 3.10 计算存款收益的循环算法实现

4. 境脉性分析法

境脉性分析法着眼于知识所置身的境脉，尤其关注存在于给定境脉中学生会遇到的复杂问题，境脉性分析法按照与解决问题相关的结构组织学习内容，要求学生通过运用复杂的问题导向的策略来运用这一知识。境脉性分析的最终结果是按照教学模块之间的境脉关系，将领域信息结构化为一套教学模块。具体分析步骤如下。

1）境脉描述。描述所要学习知识的运用境脉。描述将知识运用于个人或组织的目标、价值取向及其他的境脉标准。

2）复杂问题分析。首先识别并标记境脉中存在的复杂问题，然后识别与标记包含在每个复杂问题中的概念（或规则、原理、价值取向等），最后重新安排问题顺序，把有共同概念的问题放在一起，形成簇。在每簇内，按照参与概念增加的数目顺序排列问题，这个排列结构会对后面的步骤有帮助。

3）模块组织。把问题和概念分组形成教学模块，复杂性等级排序及在复杂问题分析中所揭示的概念的公共性将表明簇内概念的适当联系。

4）模块排序。把用于表征的模块排序，注意先决条件。因为呈现信息的次序与学生已有知识库的结构有显著的相互作用，所以这一步十分重要。

境脉性知识的分析可以将陈述性知识和程序性知识结合为指导学生学习的问题解决技能，开发出更有效的教学。在一个意义丰富的"脉"中呈现复杂问题，使学生改变解决方法和允许他们看到他们决策导致的结果。境脉性知识情境设计的条件可划分为三个类别：①必要知识——需要用陈述性知识、程序性知识和境脉性知识来完成认知过程；②模拟——应使用必要知识，并且应是纵向的，允许增加情境的难度；③学习环境——合作性学习，当学生分析由本组其他成员得出的给定模拟条件下的不同解释时，问题解决中的组内互动有助于认知复杂性的发展。

【拓展阅读】

分析结果的可视化

对经过分析的教学内容进行组合和检查，与课程标准相对照，删除与实现教学目标无关的部分，补充需要的内容。最后完成教学内容分析的任务，得出教学内容的知识和能力结构框架。将这种结构以概念图示的形式进行可视化表达，能够比较直观清晰地表示知识和能力结构的层级或关联，便于教师在后续提炼教学目标、明确教学起点与教学顺序、设计评价内容与方式时参照。这样的概念图示对于学生而言是一种清晰的学习顺序示意、学习评价时的自我对照，可作为学生学习的评价工具之一。

内容结构的概念图示是利用直观的形式来揭示教学内容之间的相互联系的一种可视化结果。常用的可视化工具有思维导图、概念图软件等，也可使用在线工具生成概念图。"数据处理与应用"内容结构图如图 3.11 所示，"信息安全"单元内容示意图如图 3.12 所示。

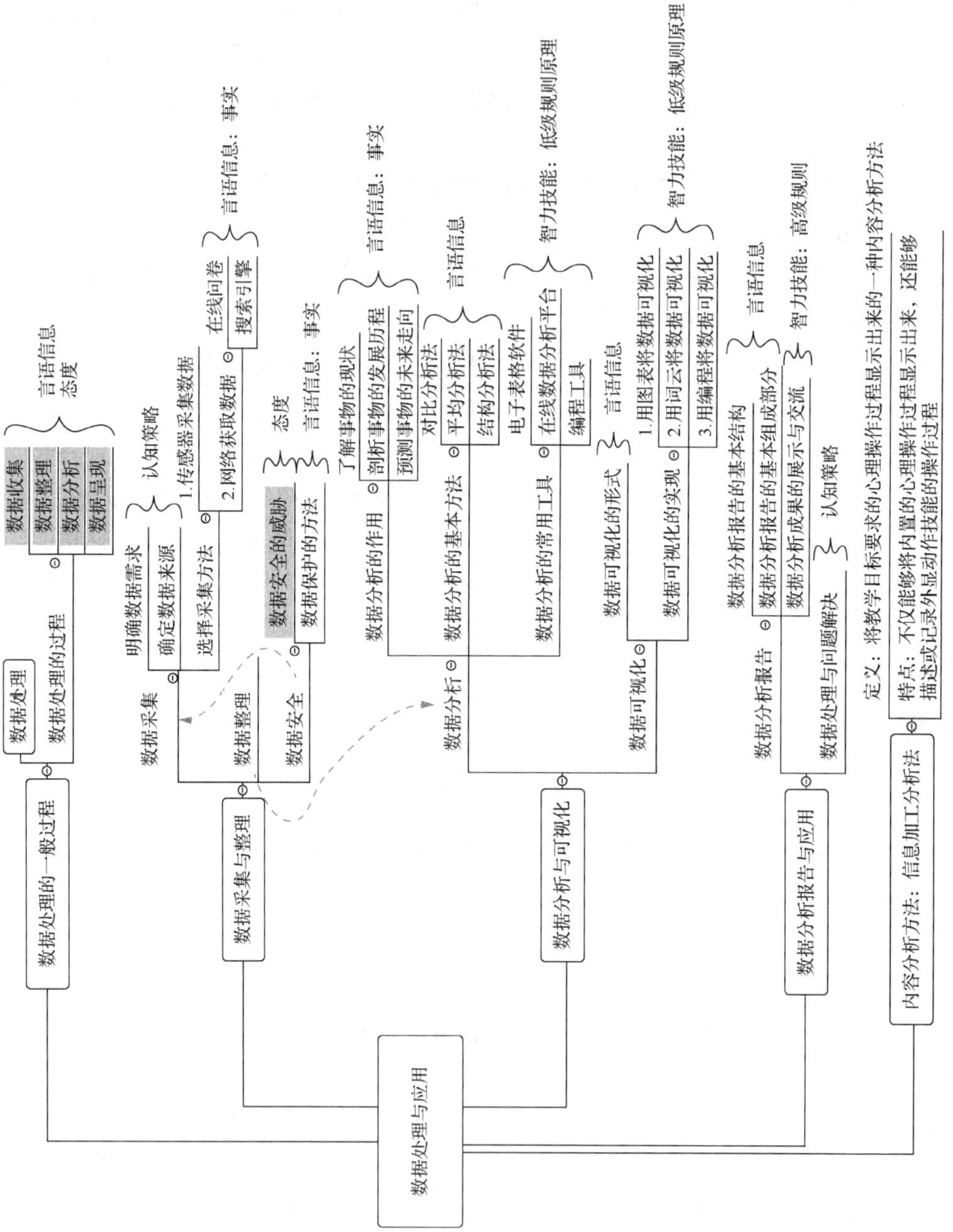

图 3.11 "数据处理与应用"内容结构图

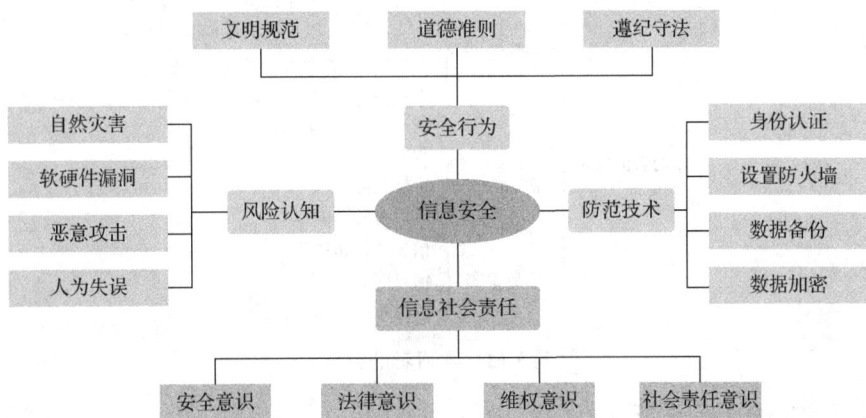

图 3.12　"信息安全"单元内容示意图

【实践演练】

尝试用可视化工具对所选定的信息技术单元内容进行分析，并生成概念图。

第二节 | 学习者分析

学习者既是教学的对象（客体），又是教学活动中学习和自我教育的主体，具有双重的身份。教学目标的实现是由学习者在学习活动中逐步体现出来的。

要使学习者在学习结束时达到教学目标的要求，则须对学习者在学习中受哪些因素的影响进行分析，以便在进行教学设计时加以考虑和解决。

对学习者分析的目的是了解学习者的学习准备情况。学习准备是指学习者在从事新的学习时，原有的知识水平和心理发展水平对新的学习的适应程度。

对学习者的学习准备的讨论分为三个方面：第一，一般特征，是指影响学习者学习的心理特点；第二，初始能力，是指学习者在从事特定学科内容的学习时，已经具备的有关知识和技能的基础，以及对有关学习内容的认识与态度；第三，信息素养，是指学习者所具备的外显的信息能力和内隐的信息意识、情感、态度。因此，学习者的特征如图 3.13 所示。

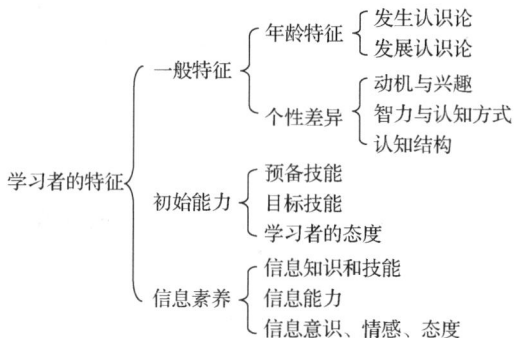

图 3.13　学习者的特征

一、学习者的一般特征分析

学习者的一般特征是指影响学习者学习的心理特点和社会特点。这里只讨论年龄特征和个性差异。学习者在不同的年龄阶段具有不同的心理发展状态。

（一）发生认识论

皮亚杰（Piaget）在《发生认识论原理》一书中将儿童认识的形成分为四个阶段、六种水平。

（1）感知运动阶段（0～2 岁，相当于婴儿时期）

感知运动阶段应通过各种活动使婴儿的感官（眼、耳、口、鼻、手等）充分接受外界的信息（光、声、味、嗅、触等），建立起越来越多的认知图式。

（2）前运演阶段（2～7 岁，相当于学前时期）

前运演阶段可以分成两种发展水平，即第一水平（2～4 岁，相当于幼儿园小班）和第二水平（5～7 岁，相当于幼儿园中班、大班）。

前运演阶段的儿童已经掌握口头语言，能讲完整的句子，也能做一些智力动作，但不能做智力运演。这一阶段儿童的特点：思维具有单向不可逆性；以自我为中心；能够反映静止的知觉状态，不能进行转化；能够进行简单的推理，但有时是不合逻辑的。

（3）具体运演阶段（7～11 岁，相当于小学时期）

具体运演阶段可以分成两种发展水平，即第一水平（7～8 岁，相当于小学低年级）和第二水平（9～11 岁，相当于小学中、高年级）。

具体运演阶段的儿童可以进行一些初步的运演。在第一水平时期，儿童能看到真实事物，不能依靠抽象、假设进行运演；在第二水平时期，儿童的认知结构中已经具有抽象概念，因此能够进行逻辑推理。这一阶段儿童的特点：思维具有多维性、可逆性；不完全以自我为中心；能够反映事物的转化过程；能够进行具体的逻辑推理。

（4）形式运演阶段（11～15岁，相当于初级中学时期）

在形式运演阶段，少年儿童已能够在具体运演的基础上进行形式运演，即可以根据语言、文字进行假设、演绎和推理。

形式运演阶段的少年儿童已能够进行假设，具有演绎思维、抽象思维和系统思维，但仍然需要从形象到抽象、从具体到形式来进行思维和运演。

（二）发展认识论

在发生认识论的基础上，我国教育学家查有梁提出了发展认识论。他把青年以上人的认识的形成过程分为四个阶段。

（1）直觉运演阶段（15～18岁，相当于高级中学时期）

直觉运演阶段的青少年已具备直觉思维能力，这是发展创造性思维的第一步。

直觉思维是以整个知识为背景的，其特点是整体的、跳跃的、猜测的、非逻辑的。

（2）结构运演阶段（18～22岁，相当于大学时期）

在结构运演阶段发展智力，关键是要重视学科知识结构。要求学习者对所学专业、学科有完整的理解，只有掌握了学科知识结构，才能有效地解决涉及该学科的问题，进而进行"转换"。

（3）综合运演阶段（22～28岁，相当于研究生时期）

在综合运演阶段发展智力，关键是要重视多学科的综合。需要在系统的基础上采用综合分析的方法。

（4）体系运演阶段（28岁以后，相当于专家时期）

体系运演阶段的关键是要形成自己的思想体系，在继承人类已有成果的基础上，勇于创新，提出新的见解，建立新的思想体系。

（三）个性差异

个性也被称为人格，是指一个人的整个精神面貌，即具有一定倾向性的心理特征的总和。它包括能力、气质、性格和活动倾向等。这些特征决定着人的外显行为和内隐行为，从而使他（她）与别人的行为有稳定的区别。

造成人的个性差异的原因是多种多样的，但归根结底，是先天的遗传因素和后天的学习因素相互作用的结果。无论单独强调哪个方面的作用，都是片面的。

对学习有重大影响的个性特征有：动机与兴趣、智力与认知方式、认知结构等。

1. 动机与兴趣

动机与兴趣是在社会生活条件下和教育的影响下逐渐形成的。由于社会的复杂性和教育的多样性，反映在学习者头脑中的动机与兴趣是多种多样的。

根据研究的结果，动机与兴趣主要反映在成就动机上。所谓成就动机，是指按个人意愿去做,完成自己认为重要的或有价值的事情,并力求达到完美的一种内在的推动力量。

成就动机主要由认知内驱力、自我提高内驱力和附属内驱力构成。

（1）认知内驱力

认知内驱力是指一种掌握知识与技能、阐明并解决学业问题的需要，即一种指向学习任务的动机，是求知的欲望。实验证明，这种内驱力主要是从好奇的倾向（如探究、操作、理解外界事物奥秘的欲求）及为应对环境提出的众多问题等有关心理因素中派生出来的。

然而，这些好奇心与探究环境的倾向最初只是潜在的动机力量。这种潜在因素只有通过在实践活动中不断取得成功，才能逐渐形成和稳固下来。例如，学生对某门学科的认知内驱力或兴趣不是与生俱来的，而是在学习过程中，多次获得成功体验到满足需要的乐趣逐渐巩固了最初的求知欲从而形成的。

认知内驱力既与学习的目的性有关，也与认知兴趣有关。因为当一个人清晰地意识到自己的学习活动所要达到的目标与意义，并以它来推动自己的学习时，这种学习的目的就成为一种有力的动机。具有认知兴趣或求知欲强烈的人常常会废寝忘食、津津有味地去学习，并从中获得很大的满足。

在学习过程中，学生能够不断获得成功的学习经验；而成功的学习经验又会使他们期望在随后的学习中获得进一步的满足。由此可见，认知内驱力与学习之间的关系是相互促进的。认知内驱力对学习起推动作用，学习又转而增强认知内驱力。这种针对获得知识本身的认知内驱力在学习中是一种最重要和最稳定的动机，它对学习起很大的推动作用。因为这种动机指向学习任务本身（为了获得知识），满足这种动机的奖励（实际获得知识）是由学习本身提供的，所以也被称为内部学习动机。

（2）自我提高内驱力

自我提高内驱力是指个体因自己的胜任能力或工作能力而赢得相应地位的一种需要。这种需要是由人的基本需要——自尊和自我提高的需要所派生出来的。这种需要在学龄前儿童期开始萌芽，入学后日益发展，逐渐起重要作用，成为成就动机的主要组成成分之一。自我提高内驱力既可促使学生把自己的行为指向当时学业上可能达到的成就，又可促使学生在这一成就基础上把自己的行为指向今后在学术和职业方面的目标。

自我提高内驱力与认知内驱力不一样，它并非直接指向学习任务本身，而是把一定成就看作是赢得一定地位和自尊心的根源。因为一个人赢得的地位通常是与他的成就水平或能力水平相称的，成就的大小决定着他所赢得地位的高低，同时又决定着自尊需要满足与否，所以自我提高内驱力显然是一种外部动机。在学习中，认知内驱力（内部动机）固然重要，但适当激发学生的自我提高内驱力（外部动机）也是必要的。

不可忽视的是，和学业上的失败相联系的丧失自尊的威胁也可以促使学生在学业上做出艰苦努力，因而也是调动学生学习动机的一种策略。正如有的心理学家指出的那样，"考核的动机力量，更多的是在于失败的威胁而不是在于成功的希望"。教师中肯而又切合实际的批评也会成为激发学生进一步努力学习的动力，但是不可走向极端，不应让学生在学业上屡遭失败。如果考试一直得低分，学生就会产生焦虑，从而严重伤害学生的自尊心。经常失败的体验还会导致志向水平的降低，最终将引起回避和退缩反应，以致丧失学习的信心。当然，过分强调自我提高内驱力的作用也是不恰当的。如果学生的学习动机主要着眼于取得个人的名誉、地位，就会影响他对学科学习的社会价值的认识，不会产生持续而深入学习的愿望。

（3）附属内驱力

附属内驱力是指一个人想获得自己所附属的长者（如家长、教师）的赞许或认可，取得应有的赏识的欲望。也就是说，学生努力求得学业成就，并不把这种成就看作是赢得地位的手段，而是为了从长者那里得到赞许或认可。

研究表明，具有高度附属感的学生一旦得到长者的肯定或表扬，就会进一步努力学习，取得良好的成绩。如果他们的某些努力暂时得不到长者的赞许，则会导致学习积极性下降，甚至丧失信心。

显然，附属内驱力不是直接指向学习任务的，也不是使自己提高的，而只是为了满足教师、家长的要求，从而保持自己得到教师、家长的赞许或认可的需要而已。它也是一种外部动机。

成就动机中的三个组成部分，即认知内驱力、自我提高内驱力和附属内驱力，在动机结构中所占的比重通常随年龄、性别、人格结构、社会地位、文化背景等因素的变化而变化。在儿童早期，附属内驱力最为突出，他们努力学习以求得好成绩主要是为了得到父母、教师的肯定和表扬。到了儿童后期和青年期，附属内驱力不但在强度上有所减弱，而且开始从父母转向同龄伙伴。在这期间，来自同伴的赞许就成为一种强有力的动机因素。

2. 智力与认知方式

（1）智力

智力是一个人能够为着某些目标而行动、能够理智地思考和有效地适应环境三种能力的综合表现。平常人们评价一个人是否聪明，指的就是智力的高低。

1）智商理论。为了定量地描述一个人的聪明程度，心理学家制作了各种智力量表，是根据语言阅读、计算能力和推理能力进行测量的。智力测验的重要概念是智商，简称IQ（intelligence quotient）。

$$IQ = \frac{智力年龄}{实际年龄} \times 100$$

研究结果表明，人类的智商水平符合正态分布，如图 3.14 所示。

2）建构主义的观点认为，每个学生都有自己的经验世界。不同的学生可以对同一问题形成不同的看法，通过合作解决问题、小组讨论、意见交流，学生可以看到问题的不同侧面和解决途径，从而对知识产生新的领悟。因此，建构主义主张"在问题解决中学习"。教师要积极地创设问题情境，引发学生的认知冲突，学生则要积极地搜索旧有的认知结构，查阅有关信息资料，分析解释当前的问题，形成自己的假设和解决方案，建构起与问题解决相应的知识经验，实现冲突过程的同化和顺应。教师可以在此基础上进行提炼和概括，使学生建构的知识更明确、更系统。

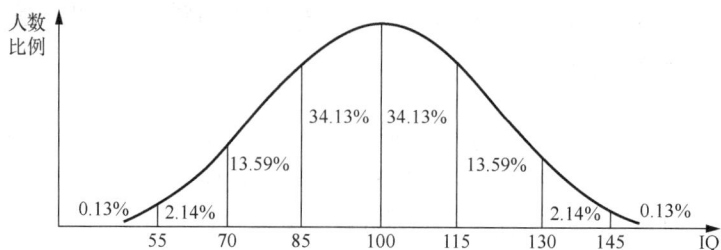

图 3.14　人类的智商水平分布图

3）20 世纪 80 年代，美国哈佛大学心理学教授加德纳（Gardner）提出了多元智能理论，并在《心智的结构：多元智能理论》一书中对"智能"的概念做了全新的界定：智能是在某种社会或文化环境的标准下，个体用以解决自己遇到的真正难题，或生产及创造出有效产品所需要的能力。多元智能理论指出：首先，个体智能以多元的方式整体存在，即每个人都同时拥有相对独立的九种智能；其次，个体智能的组合具有差异性；再次，个体智能是在某一特定文化或特定环境中的表现；最后，个体智能的实质是个体的实践能力和创造能力。在多元智能理论指导下的教育追求全面而富有个性的发展，重视学生与现实生活的关联，注重培养学生的实践能力与创造能力。这与我国当前广泛开展的素质教育改革特别是基础教育课程改革的精神高度契合。多元智能理论认为，每个人的身上都同时存在言语/语言智力、逻辑/数理智力、视觉/空间智力、身体/运动智力、音乐/节奏智力、人际交往智力、自我内省智力、自然观察智力和存在智力，只是这些智力在每个人身上以不同的方式、不同的程度组合存在，这使得每个人的智力各具特色。

① 言语/语言智力指的是人对语言的掌握和灵活运用的能力，表现为个人能够顺利而有效地利用语言描述事件、表达思想并与他人进行交流。

② 逻辑/数理智力指的是对逻辑结构关系的理解、推理、思维表达的能力，主要表现为个人对事物间各种关系（如类比、对比、因果和逻辑等）的敏感性，以及通过数理进行运算和逻辑推理的能力。

③ 视觉/空间智力指的是人对色彩、形状、空间位置等要素的准确感受和表达的能力，表现为个人对线条、形状、结构、色彩和空间关系的敏感，以及通过图形将它们表现出来的能力。

④ 身体/运动智力指的是人的身体协调、平衡的能力，以及运动的力量、速度、灵活性等，表现为用身体表达思想与情感的能力和动手的能力。

⑤ 音乐/节奏智力指的是个人感受、辨别、记忆、表达音乐的能力，表现为个人对节奏、音调、音色和旋律的敏感，以及通过作曲、演奏、歌唱的形式表达自己的思想和情感的能力。

⑥ 人际交往智力指的是对他人的表情、说话、手势动作的敏感程度，以及对此做

出有效反应的能力，表现为个人觉察、体验他人的情绪、情感并做出适当反应的能力。

⑦ 自我内省智力指的是个体认识、洞察和反省自身的能力，表现为个人能较好地意识和评价自己的动机、情绪、个性等，并且有意识地运用这些信息调适自己生活的能力。

⑧ 自然观察智力指的是人们辨别生物（植物和动物）及敏锐感知自然界其他事物的特征（如云朵、石头等的形状）的能力，表现为能够认识到其他物种或类似物种的存在，能够把几种物种之间的关系罗列出来，等等。

⑨ 存在智力指的是寻找生命的重要性、死亡的意义、身体和心理世界的最终命运，以及沉浸在艺术领域内的种种深奥经验中给自己定位的能力。

人们常用的是多元智能理论的前八种智力，八种智力的不同组合使学习者形成了智力差异，同时形成了丰富多彩的发展潜力。对学习者进行分析就是要了解学习者不同的智力结构，以便采用不同的学习策略。

（2）认知方式

认知方式又称认知风格、学习风格，是指学习者所喜爱的信息加工方式。

1）场独立型与场依存型。场独立型的人在对客观事物做判断时，常常利用自己内部的参照，不易受外来因素的影响和干扰；在认知方面独立于他们周围的背景，倾向于在抽象的和分析的水平上加工，独立对事物做出判断。场依存型的人对物体的知觉倾向以外部参照作为信息加工的依据。他们的态度和自我知觉易受别人特别是权威人士的影响和干扰，没有自己独立的见解。

2）沉思型与冲动型。在解答问题时，有的人倾向于深思熟虑、错误较少；而有的人则迅速做出反应、常常出错。前一种属于沉思型，而后一种属于冲动型。

3）格雷戈克的认知方式分类。格雷戈克（Gregorc）按照不同的认知方式，把学习者分成四种类型。①具体—序列型，这种类型的学习者喜欢通过直接的动手经验进行学习，希望把教学组织得逻辑有序。采用学习手册、程序教学、演示和有指导的实验，会使这类学习者的学习效果最好。②具体—随机型，这种类型的学习者能通过试误法，从探索经验中迅速得出结论。他们喜欢教学游戏、模拟，愿意独立学习。③抽象—序列型，这种类型的学习者善于理解以逻辑序列显示的信息，喜欢阅读和听课的教学方法。④抽象—随机型，这种类型的学习者善于从对方的言谈中抓住要点，理解学习内容。他们愿意通过参加小组讨论、听穿插问题的讲授、看电影和电视进行学习。

4）阿姆斯特朗的多元智力理论与学习风格。阿姆斯特朗（Armstrong）认为，任何学生都有其自身的智力优势和不足，若用较为狭隘的言语/语言智力和逻辑/数理智力来衡量所有的学生，我们就无法发现存在于每个学生身上的闪光点。阿姆斯特朗将每个学生的智力强项或优势与学习方式结合起来，期望建立一套与每个学生的智力强项相匹配的学习风格。

5）拉齐尔的多元智力理论与学习风格。拉齐尔（Lazear）认为，对学生来说，以测验为本的学习是一种不公平的学习方式，以发展学生言语/语言智力和逻辑/数理智力为核心的学习方式只能使具有这两种智力优势的学生受益。为此，拉齐尔提出，单一的学习方式应转向多元化的学习方式，这种多元化的学习方式就是学生的求知方式。他把多元智力理论和学生的学习风格联系起来，认为运用适合学生智力特点的学习风格，学生就会以个人的学习方式来学习和理解学科内容，发挥自身的智力潜能。

3. 认知结构

认知结构是指学习者头脑中的知识结构。从广义角度讲，认知结构是学习者已有观念的全部内容及其组织；从狭义角度讲，它是学习者在某一学科的特殊知识领域内的观念的全部内容及其组织。

个人的认知结构是在学习过程中通过同化、顺应作用，在心理上不断扩大并改进所积累的知识结构而形成的，学习者的认知结构一旦建立，就成为他学习新知识的极重要的能量或因素。

学习者原有的认知结构是影响他学习新知识的重要因素。奥苏贝尔（Ausubel）提出了三个主要影响有意义学习和迁移的认知结构变量：观念的可利用性、观念的可辨别性和观念的稳定性与清晰性。

1）观念的可利用性。原有观念的抽象和概括水平越高，越适合同化新的知识，观念的可利用性也就越强。

2）观念的可辨别性。新旧观念之间的异同辨析得越清楚，越能防止新旧知识之间的干扰，越有助于新知识的保持和迁移。

3）观念的稳定性与清晰性。原有观念越稳定、越清晰，越有助于新知识的学习、保持和迁移。

每个学习者的知识都是以独特的方式组织的，从而构成其个同的认知结构。过去的经验之所以影响当前的学习，是因为它改组了认知结构的有关变量，而不是因为它同新的学习任务中刺激与反应的成分有直接的相互作用。

二、学习者的初始能力分析

初始能力是指学习者学习特定学科内容时，已经具备的有关知识和技能的基础，以及对有关教学内容的认识与态度。

对于学习者初始能力的分析，主要从以下三个方面进行。

1）对预备技能的分析——了解学习者是否具备了进行新的学习所必须掌握的知识和技能。

2）对目标技能的分析——了解学习者是否已经掌握或部分掌握了教学目标中要求学会的知识和技能。

3）对学习态度的分析——了解学习者对新的学习所持的态度，是否存在着疑虑、偏爱和误解等。

（一）学习者的初始能力与教学起点

对于教学内容的分析是从总的教学目标开始的，逐步从复杂到简单，剖析为实现各级教学目标所需掌握的从属知识和技能。例如，某一教学目标经过层级分析后，得出了知识和技能的结构框架，如图 3.15 所示。

图 3.15 教学起点的确定

在图 3.15 中，最上面一行是某数据分析单元的教学目标：学会使用 if 函数判断空气质量做出决策。要达到这个目标，学习者必须掌握 if 函数表达式和逻辑值对应的知识技能；为了达到这个层次的目标，学习者首先需要学会辨别逻辑值和关系表达式。

假如经过测试和了解，学习者已经掌握了辨别逻辑值和关系表达式的能力，则新的教学就可以从图中虚线处开始。该处反映了学习者学习新的知识和技能的初始能力，因此把它称为教学起点。

（二）学习者的初始能力的预测

了解学习者的初始能力可采用测试、访谈、调查问卷等方法进行，其中，测试为最常采用的预测方法。

1. 对预备技能的测试

为了了解学习者的现状，我们可利用教学内容分析的最终结果——知识和能力结构图，在上面设定教学起点，如图 3.16 所示。

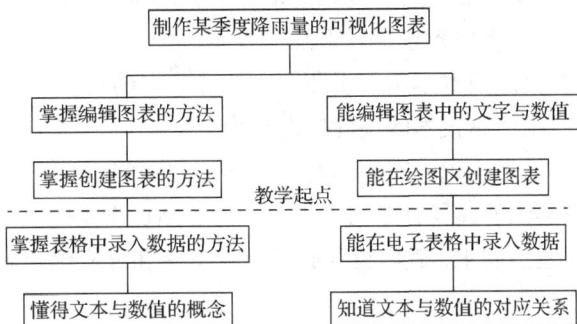

图 3.16 预备技能的测试

在进行预备技能测试时，我们可根据设定的教学起点下各层次目标编制试题，同时针对教学起点的目标编制少量的试题。当测试结束后分析测试结果，如果学习者已经掌握了教学起点下的知识和技能，对教学起点上的目标要求没有掌握或掌握得很少，则设定的教学起点是合适的。若学习者能够把根据教学起点上的目标所编制的试题都做出来，或不能达到教学起点下的目标，则须考虑向上或向下调整教学起点。

2. 对目标技能的测试

教学设计强调，教学效果的评价是以预先确定的目标为依据的。因此，如果能把学习结束后的评价试题分别用于预测和后测，则两次测试成绩的差距可反映真实的教学效果。

3. 了解学习者的态度

学习者对所学内容的态度直接影响着学习兴趣和动机，因而也决定着教学效果。因此，对学习者的态度的了解、分析，是对学习者分析的重要方面。

因为态度是难以测量的，所以在了解、分析学习者的态度时，可以采用问卷调查的形式，也可以当面交谈或侧面了解。

三、学习者的信息素养分析

随着教育信息化的发展，学习者具备的信息素养低将会成为制约学习效果提高的重要因素。对学习者信息素养分析的结果可以作为选择教学策略的依据之一。

信息素养是指一个人运用信息技术的知识和技能解决生产及生活中实际问题的能力与对信息技术的意识、态度，以及对应该承担的社会责任的理解。信息素养的内涵如图3.17所示。信息素养的知识要素包含了信息的内涵、信息技术的知识、信息设备操作的程序和方法；能力要素包含了运用信息技术进行表达、交流、合作的能力，以及运用信息技术解决问题的能力；情意要素包含了信息意识、对信息的态度、信息道德和应该遵守的法律法规。这三个方面的内容构成了信息素养的全部内涵。

学习者信息素养的分析内容包括以下几个方面。

1）了解学习者对信息技术基本知识和基本技能掌握的程度。

2）了解学习者运用信息技术解决问题的能力。

3）了解学习者的信息意识、态度和对社会责任的理解。

新课程标准强调学生的体验性学习，因此，为了贴近学生的学习和生活经验，适应和满足学生的学习和生活需求，教学设计必须充分考虑和分析学习者已有知识技能基础与学习的相关经验。

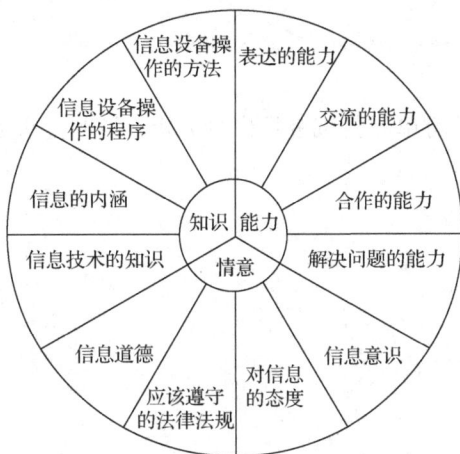

图 3.17 信息素养的内涵

【案例分析】

学习者特征分析的案例

（1）一般特征分析

1）高中阶段的学生大多数已经处于形式运演阶段，其思维水平已经基本成熟，能够摆脱具体事物的束缚，进行抽象的逻辑思维，即能运用符号进行命题演算，并根据假设进行逻辑推理。

2）高中阶段的学生已经具备了一定的创新和实践能力，能够根据已有的知识和信息完成一定的创作任务。

（2）初始能力分析

1）高中阶段的学生已经掌握了有关数据与信息的基本知识。

2）高中阶段的学生已经具备了一定的逻辑推理与数据分析能力，能够将搜集到的信息进行整理和分析。

3）高中阶段的学生已经具备了一定的小组讨论交流基础和合作意识。

（3）信息素养分析

1）高中阶段的学生可以进行简单的文字处理、多媒体演示文稿制作、基本的图片图像处理。

2）高中阶段的学生已经基本具备了使用浏览器检索、下载、保存信息的能力，以及用表格整理信息的能力。

3）高中阶段的学生已经具备了编程能力。

4）高中阶段的学生已经具备了一定的信息责任意识。

【实践演练】

选择一个信息技术学习单元尝试进行内容分析，说明分析方法与理由，并进行小组讨论或线上展示交流。

第四章

中学信息技术学习目标及教学目标

```
中学信息技术学习目标 ─┐                                        ┌─ 信息技术学习目标的确定
                     ├─ 中学信息技术学习目标及教学目标 ─┤
中学信息技术教学目标 ─┘                                        └─ 尝试分析修改学习目标
```

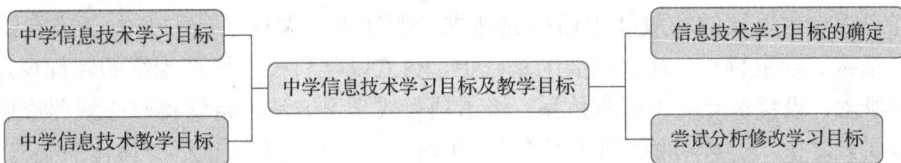

第一节 中学信息技术学习目标

　　科学技术革命引发了生产工具的变革，也使得整个科学范式发生了根本性转变。在此过程中，如果缺少从核心素养层面对人、科学技术与社会发展一致性的思考，忽视技术的工具性、科学性和人文性的综合教育，就很可能引发技术生存环境的潜在危机。当前，社会上存在的青少年网络成瘾、沉迷手机等社会问题也时时提醒着信息技术教育者不仅要关注学生信息知识与技能的学习，还要帮助学生理解人、科学技术与社会发展的内在关系，通过批判性思维分析信息现象，做出合理决定，解决相关问题。面向学科核心素养的信息技术课程设计就是要用学科核心素养统领课程各要素，以跨学科、综合、多样化的方式描述科学技术与社会发展的关系，将学生的个人生活、科学技术与社会发展结合起来，实现人、科学技术与社会发展的一体化设计。欧盟教育专家团队在数字素养与终身学习研究中指出，ICT（information and communication technology，信息与交流技术）课程教育不仅要学习者学习信息技能，还要发展先进的数字素养，把数字技能应用于其他学科的学习，开展跨学科整合（如"技术+社会+商科"），培养学习者跨学科的视角和合作技能，创造性地应用数字技术。可见，承担着培养数字化公民重任的中小学信息技术课程需要树立以信息技术学科核心素养为纲的科学课程观，把信息技术学科核心素养渗透到教学目标、教学内容和教学方法之中，实现知识技能学习、学科思维发展、问题解决能力培养和社会责任意识养成的统一。

一、中学信息技术课程架构与课程学习目标

1. 面向学科核心素养的中学信息技术课程架构

学生发展学科核心素养是一个多维度的结构，不仅仅包括知识和技能，更强调能力、情感、态度等多个方面，是对三维目标的综合体现，是作用于同一个学生的整体效应。面向学科核心素养的中学信息技术课程要避免目前存在的三维目标相对割裂和标签式的做法，在关注学生需要学习哪些内容时，也要引导学生理解为什么要学习这些内容、怎样学习这些内容及如何运用这些内容进行社会交流，进而加强相互之间的内在联系。也就是说，综合发展学生"了解学科对个体发展的根本目的，掌握学科专业的探究方法，懂得学科专业的交流方式，利用学科知识进行自我发展"等基本能力。因此，面向学科核心素养的信息技术课程设计与开发既不能脱离基本知识和技能而空谈学科核心素养，也不能忽视学生发展的一般能力而孤立地讲专业知识。课程设计与开发者应在综合分析学科结构、学生特点、社会需要的基础上，树立以学科核心素养为纲的课程观，建构学科大概念，设置多元需求课程体系，渗透项目式学习方法，将学科核心素养渗透在课程的各要素之中，对学科课程的学习缘由、知识内容和探究方法进行一体化的架构设计。面向学科核心素养的中学信息技术课程架构如图 4.1 所示。

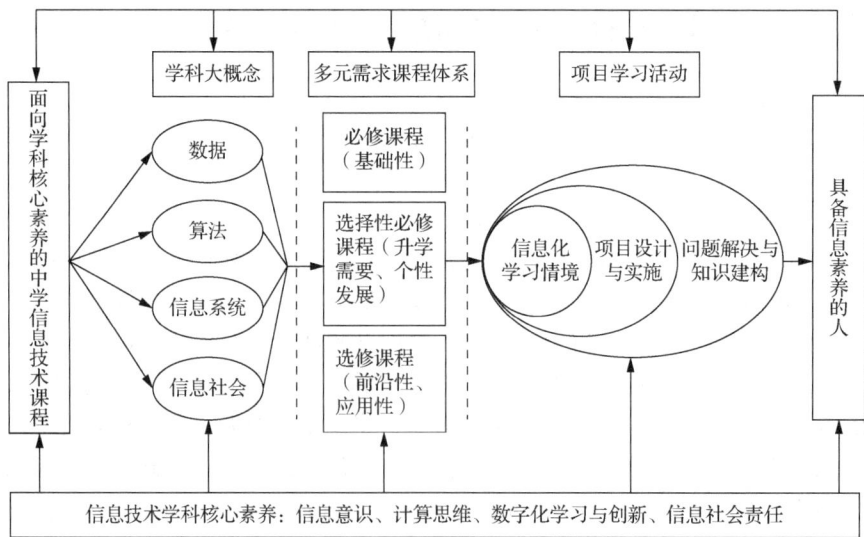

图 4.1　面向学科核心素养的中学信息技术课程架构

2. 基于信息素养的中学信息技术课程学习目标

互联网使得信息的双向传播变得更加快速便捷，越来越多的人使用互联网进行协作，产生了大量的数字化信息。与此同时，可穿戴设备正在实时地捕捉个体的大量信息，智能物联网正在让线上的数据分析直接反馈到线下的智能设备上，让物理空间变得更加智能化、个性化。人工智能在机器学习与深度学习方面也有了进展。随着信息技术的普及，信息技术教育正在从工具操作层面上内容的传授，转变为正确价值观、必备品格和关键能力的发展，提升人适应信息化时代的能力，从而符合新时代对"具有信息素养的人"的基本诉求。

在新技术环境下，高中信息技术课程目标在综合考虑信息技术学科核心素养和学科大概念的基础上，按照学生认知能力确定的学科育人目标，是学生在信息技术学科学习过程中形成的基础知识、关键能力和情感态度与价值观等方面的综合表现。高中信息技术课程学习目标为全面提升全体高中学生的信息素养。高中信息技术课程通过提供技术多样、资源丰富的数字化环境，帮助学生掌握数据、算法、信息系统、信息社会等学科大概念，了解信息系统的基本原理，认识信息系统在人类生产与生活中的重要价值，学会运用计算思维识别与分析问题，能够抽象、建模与设计系统的解决方案，理解信息社会特征，自觉遵循信息社会规范，在数字化学习与创新过程中形成对人与世界的多元理解力，负责、有效地参与到社会共同体中，成为数字化时代的合格中国公民。

在《普通高中信息技术课程标准（2017年版2020年修订）》中，信息素养是用学科核心素养来解释的。该课程标准指出，学科核心素养是学科育人价值的集中体现，是学生通过学科学习而逐步形成的正确价值观念、必备品格和关键能力。中学信息技术学科核心素养由信息意识、计算思维、数字化学习与创新、信息社会责任四个核心要素组成。它们是学生在接受信息技术教育的过程中逐步形成的信息技术知识与技能、过程与方法、情感态度与价值观的综合表现。四个核心要素互相支持、互相渗透，共同促进学生信息素养的提升，具体内涵表述如表4.1所示。

表4.1 信息素养目标

学段	信息意识	计算思维	数字化学习与创新	信息社会责任
初中 （7~9年级）	认识互联网与物联网的内在联系，理解万物互联对社会的影响，能按照一定的需求主动获取信息；认识到物质与虚拟世界的融合，能够根据信息价值合理安排自己的注意力；针对信息问题，能根据来源的可靠性、内容的真伪性和表达的目的性对信息进行判断	能够主动尝试应用技术工具来表达自己的思维过程；了解信息科技的基础概念与理论知识，知道信息加工处理的过程与方法，熟悉其在学习、生活中的应用；了解机器学习"从数据中获得知识"的基本原理，知道人与计算机解决问题方法的异同	具有利用信息技术进行自主学习、合作学习的能力；能依据学习任务进行学习资源的需求分析，利用网络获取学习资源；能利用不同的数字化平台与工具，结合项目的需求收集和交换数据，完成相关应用的开发	在信息活动过程中，理解信息开发、传播、使用之间的关系；认识到网络对其他领域的影响及其带来的安全问题，能采用恰当的策略和方法保护个人信息，安全使用信息设备；树立正确的信息社会责任观，学习并遵守相关的法律和法规

续表

学段	信息意识	计算思维	数字化学习与创新	信息社会责任
高中	在日常生活中，按照一定的需求主动获取信息；能够区分载体和信息；针对简单的信息问题，能根据来源的可靠性、内容的真伪性和表达的目的性对信息进行判断	在日常生活中，认识数字化表示信息的优势；针对给定的简单任务，能够识别主要特征，并用流程图画出完成任务的关键过程；了解对信息进行加工处理的价值、过程和工具，并能够根据需求选择适当的工具	在利用信息技术支持学习的过程中，认识到网络和相关资源的教育优势；依据学习任务进行学习资源的需求分析，利用网络获取学习资源；能利用简单的数字化工具完成作品的设计与创作	认识信息技术发展对社会进步和人们生活带来的影响；在信息技术应用过程中，认识信息技术可能引发的一些潜在问题；在信息活动过程中，能采用简单的策略和方法保护个人信息；安全使用信息设备，遵守基本的信息法律法规，按照社会公认的信息伦理道德规范开展信息活动

二、中学信息技术学习目标的确定依据

中学信息技术学科核心素养是学生在接受信息技术教育过程中逐步形成的信息技术知识与技能、过程与方法、情感态度与价值观等方面的综合表现，也是确定学习目标的依据。

确定中学信息技术学习目标，要围绕单元学习的项目主题，依据课程标准要求，结合单元学习内容深入讨论分析，厘清单元各学习主题（子项目）之间的关系，立足学科核心素养发展，明确学生应该学习的内容和达到的水平标准，整体设计单元目标。分析学生已有学科水平，在知识、能力、观念、态度各个维度的发展点，以及现阶段思维特点和发展需求上，明确表述本单元学习的核心素养整体目标及其单元内每个课时的目标。目标要针对学科核心内容，指向基础性、关键性问题的解决。

单元学习目标的特征：①重点突出，学习目标的表述明确、简洁；②一致性，与学业质量要求一致；③结构化，与其他单元的学习目标相互关联、支撑；④发展性，既符合学生实际，又指向学生未来发展。

学习目标描述了学生应学习的知识，以及如何得知他们是否学到了这些知识。学习目标指向的是最终的目的，而不是学习过程。学习目标的描述框架：学生将会在什么情况下做/说什么事情到什么程度；或从什么角度思考什么问题，如何呈现并展示交流，形成/发展什么素养，达成哪项核心素养或学科素养。

【案例分析】

案例1："数据分析与可视化"学习目标与核心素养分析

"数据分析与可视化"学习目标与核心素养分析如图4.2所示。

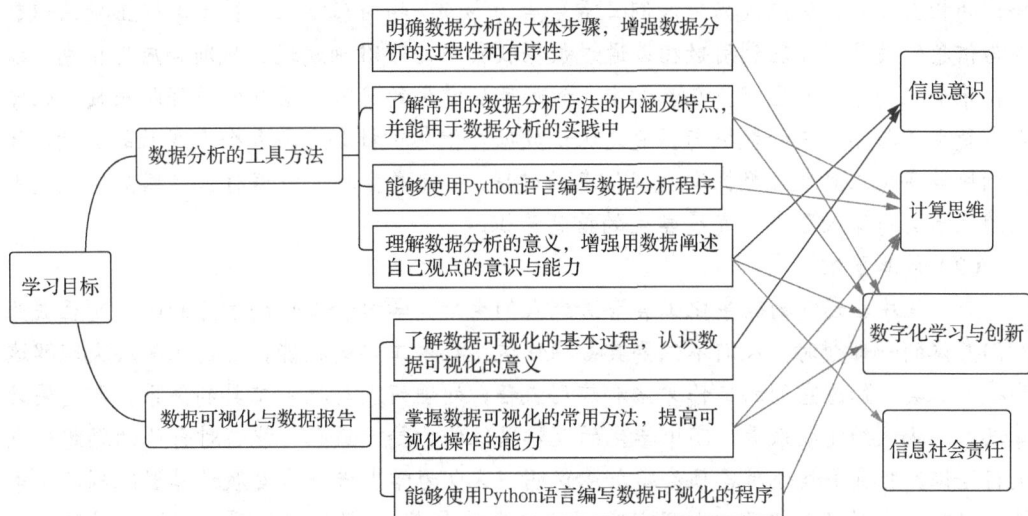

图 4.2 "数据分析与可视化"学习目标与核心素养分析

案例 2："利用智能工具解决问题"的学习目标

了解人工智能平台中的智能工具，体会人工智能对我们生活的影响。（信息意识）

探索卷积神经网络识别图像的过程，了解利用人工智能解决问题的本质，理解利用计算机解决问题的方法。（计算思维）

经历使用智能工具解决问题的过程，掌握利用智能工具解决问题的一般方法，树立用人工智能为社会创新服务的理念。（计算思维、数字化学习与创新、信息社会责任）

【拓展阅读】

"数据与计算"模块学科核心素养与学业要求

1. "数据与计算"模块学科核心素养

信息技术学科核心素养是在学生发展核心素养的总体要求下，综合考查人与信息技术关系后确定的，包括信息意识、计算思维、数字化学习与创新、信息社会责任四个核心要素。结合"数据与计算"模块的特征阐述内容标准，将学科核心素养渗透其中。

（1）信息意识

信息意识会随着学生融入信息社会的紧密程度和认识的深刻性的变化而不断发展。从认知发展来看，高中学生能够比较客观地看待自我，能明确地表现自我，形成理智的自我意识。高中阶段是学生信息意识发展的一个关键期。针对学生在信息社会的发展需要，"数据与计算"模块设计了"在运用数字化工具的学习活动中，理解数据、信息与知识的相互关系，认识数据对人们日常生活的影响"的内容要求，引导学生正确认识数据与信息的关系，合理利用数据，通过数据收集与处理准确发现、甄别和应用信息，以此指导个人的学习和生活。在教学中，教师可从学生的日常生活和学习经验出发，让学生感受生活与学习中的数据与信息，认识数据与信息对社会发展和个人成长的影响，体验利用数字化工具处理数据和发现信息的过程，引导学生对大数据时代数据如何改变人们的生活进行深入思考，发展学生的信息意识。

（2）计算思维

当"程序驱动"的数字化工具渗透到人们生活、学习和工作的方方面面，甚至成为人们身体的一部分时，人们不仅要具备操作这些技术工具的技能，还要从深层次理解这些技术工具，知道它们的工作方法和应用流程，处理好人与技术工具的关系，即发展计算思维。从认知发展来看，高中学生的逻辑思维能力趋于成熟，能够对自己的思想观点进行论证，能有条理地对各项经验加以说明，这也为学生进一步发展计算思维创造了条件。针对学生的认知水平，按照计算思维的发展要求，"数据与计算"模块设计了"从生活实例出发，概述算法的概念与特征，运用恰当的描述方法和控制结构表示简单算法""掌握一种程序设计语言的基本知识，使用程序设计语言实现简单算法"等内容要求，通过相应目标的达成，促进学生计算思维的发展。

（3）数字化学习与创新

在信息社会中，现实空间与虚拟空间相互交织形成了一个全新的社会环境，它在改变人们生活、工作与学习的同时塑造出一种全新的生存与发展方式，数字化学习逐步成为终身学习的一种重要形式。为帮助学生拓展学习方式，便捷地获取和分析数据，获得有效信息，并将其转化为个人知识，促进个人终身发展，"数据与计算"模块通过设计"针对具体学习任务，体验数字化学习过程，感受利用数字化工具和资源的优势"等内容要求，将数字化学习与创新这一学科核心素养渗透到课程模块之中。在教学过程中，教师可借助数字化学习环境，引导学生体验数字化学习与创新活动，掌握数字化学习策略，通过整合跨学科的学习任务，帮助学生学会运用数字化工具表达思想、建构知识，养成数字化学习与创新的习惯。

（4）信息社会责任

信息社会的成员在享有信息技术带来的充分便利时，也被赋予了新的社会责任。高中信息技术课程既要加强信息技术基础知识与基本技能的学习，提高学生应用学科方法与技术工具解决问题的能力，也要培养学生的信息社会责任。因此，"数据与计算"模块还设计了"根据任务需求，选用恰当的软件工具或平台处理数据，完成分析报告，理解对数据进行保护的意义"等数据安全方面的要求。在教学过程中，教师可根据实际情况组织学生参观学校（或社会场所）的信息中心，观察信息中心的组织和运行模式，听取专业人员介绍数据应用与保护的方法，认识数据安全的重要性，培养学生的信息社会责任。

信息技术与社会各领域的交互融合引发了数据量的迅猛增长，数据对社会生产和人们生活的影响日益凸显。"数据与计算"模块依据学科核心素养和本学科的特征，构建数据、信息、算法、程序等核心概念体系，融入了利用信息技术解决问题的学科方法和技术工具，发展学生利用信息技术解决问题的能力，并将学科核心素养渗透其中，培养合格的数字公民。

2. "数据与计算"模块学业要求

通过"数据与计算"模块的学习，学生能够描述数据与信息的特征，知道数据编码的基本方式；掌握数字化学习的方法，能根据需要选用合适的数字化工具开展学习（信息意识、数字化学习与创新）。了解数据的采集、分析、可视化表达的基本方法，能利用软件工具或平台对数据进行整理、组织、计算与呈现，并能通过技术方法对数据进行保护，在数据分析的基础上，完成分析报告（信息社会责任、计算思维）。依据解决问题的需要，设计和表示简单算法；掌握一种程序设计语言的基本知识，利用程序设计语言实现简单算法，解决实际问题（计算思维）。了解人工智能技术，认识人工智能在信息社会中的重要作用（计算思维、信息意识）。对应内容要求，"数据与计算"模块学业质量水平如表4.2所示。

表4.2 "数据与计算"模块学业质量水平

水平	质量描述
1	依据一定的任务需求，比较不同信息获取方法的优劣，知道数据与信息的关系，确定合适的信息获取方法；认识人工智能在信息社会中的重要作用。 针对典型的数据问题，利用软件工具或平台对数据进行整理、组织与计算，通过技术方法对数据进行保护；在数据分析的基础上，能利用合适的统计图表呈现数据分析结果；依据解决问题的需要设计算法，采用流程图的方式描述算法，掌握一种程序设计语言的基本知识，能编写简单程序用以解决问题；了解人工智能。 能对学习过程中所使用的资源与工具进行初步评估；针对特定的问题，能运用合适的数字化工具进行信息处理。 具有保护信息安全、尊重知识产权的意识，能自觉遵守相关法律法规和伦理道德准则；不随意泄露个人信息或获取他人隐私
2	依据不同的任务需求，自觉、主动地比较不同的信息源，确定合适的信息获取策略，明晰数据与信息的关系。 对于日常生活中常见的问题，利用软件工具或平台准确而有序地对数据进行整理、组织、计算与呈现，并妥善做好数据保护；在对数据进行综合分析的基础上，撰写解决问题的分析报告；依据问题解决的需要设计算法，运用算法描述方法和三种控制结构合理表示算法，利用一种程序设计语言实现简单算法，解决问题。 在解决生活和学习中的问题时，能评估常见的数字化资源与工具对特定学习任务的价值，对其做出合理的选择；针对不同的问题，采用自主或协作的方式，运用合适的数字化工具进行信息加工与处理，进而建构知识、表达思想、解决问题。 在与他人进行信息交流时，能有效保护个人或他人的隐私；区分虚拟社会身份与现实社会身份的差别，能在虚拟社会中与其他成员安全、负责任地交流

三、布鲁姆的教学目标分类

布鲁姆认为完整的教学目标应分为三大类：认知类教学目标、动作技能类教学目标和情感类教学目标。信息技术教学目标中基本不含动作技能类教学目标，故略去。

（一）认知类教学目标

1. 布鲁姆的认知类教学目标分类体系

布鲁姆按照学生学习的进程，将认知类教学目标从低到高分成知识、领会、运用、分析、综合、评价六个层次。

（1）知识

知识是指对具体事物和普遍原理的回忆，对方法和过程的回忆，或者对一种模式、结构或框架的回忆。为了便于测量，可以把回忆的情境作为适当的材料。虽然可能需要对这种材料做一些变动，但这种变动只是记忆任务中相对较小的部分。知识的目标十分强调记忆的心理过程，但它也涉及其他有关的过程。

（2）领会

领会是低层次的理解，它是指学生在进行交流时知道交流什么内容，并能够利用材料或材料中所包含的观念。

领会这一目标中包括转换、解释、推断三种行为。

1）转换是指学生能把交流内容转换为其他术语或另一种交流形式。转换过程要具有严谨性、准确性，也就是说，尽管交流的形式变了，但交流的内容不变。

2）解释是指对交流内容的说明或总结。要求学生在头脑中对交流材料进行重新排列、重新整理或提出新的观点。

3）推断是指根据最初交流中所描述的条件，在超出用以确定各种内涵、后果、必然结果和效果等既定资料之外的情况下，延伸各种趋向或趋势。也就是说，推断是根据对交流内容给定的内涵、结果、可描述的趋势、倾向或条件的理解而做出的估计或预测。

（3）运用

运用是较高层次的理解，是指在某些特定的和具体的情境下使用抽象概念。这些抽象概念可能是以一般的观念、程序的规则或概括化的方法等形式表现出来的，也可能是那些必须记住的和能够运用的专门性的原理、观念和理论。

运用比领会更进一步。领会的标志在于，当需要说明抽象概念的用途时，学生能使用该抽象概念。运用的标志是在没有说明问题解决模式的情况下，学生会正确地把该抽象概念运用于适当的情境。

（4）分析

分析是指将交流内容分解成各种组成要素或组成部分，以便弄清各种观念的有关层次，或者弄清所表达的各种观念之间的关系。这些分析旨在澄清交流内容，表明交流内容是怎样组织的，指出设法传递交流内容的效果、根据和排列的方法。这是一种对问题、信息或解题方法进行分析的能力。

分析技能处于比领会技能和运用技能更高的水平：领会技能注重掌握材料的意义和含义；运用技能注重回忆适当的抽象概念或原理，并把它们运用于特定的和具体的情境；分析技能注重把材料分解成多个组成部分，弄清各组成部分之间的相互关系及其构成的方式。

（5）综合

综合是指把各种要素和组成部分组合成一个整体，它是对各种片段、要素和组成部分等进行加工的过程，也是一个对已有经验中各个组成部分与新材料的重新组合，把它们改组成一个新的、更清晰的整体的过程。

综合比领会、运用和分析更加强调创造性。但是应当指出的是，教师一般要求学生在特定的问题、资料范围内，或者在某种理论框架和方法论框架范围内进行综合，因此，这种综合不是完全自由的创造性表现。

（6）评价

评价是指为了达成特定的目的，对观念、作品、答案、方法和资料等的价值做出判断，还包括用准则和标准对这些材料和方法做出定量和定性的判断。用来评价的准则和标准可以是学生自己制定的，也可以是别人制定的。

把评价放在最后一个层次的原因是，评价涉及对知识、领会、运用、分析和综合等行为的某种组合，还涉及包括价值在内的准则。但是评价并不一定是思维或解决问题中的最后一个步骤，有时是新的分析和综合的开端。

2. 我国的认知类教学目标分类体系

我国教育工作者参照国外的研究成果，结合我国的具体情况，提出了我国的教学目标分类体系，并已在全国推广使用。我国的认知类教学目标体系可分为五级。

1）记忆：能够记住学过的材料。

2）理解：能够解释学习材料；能够将学习材料从一种形式转换成另一种形式；并能对学习材料做简单的判断。

3）简单应用：能把学过的材料用于新的具体情境中去解决一些简单的问题。

4）综合应用：能对问题的各组成部分进行辨认；进行部分之间的关系分析；并能识别组成这些部分的原理、法则，综合运用，解决问题。

5）创见：能突破常规的思维格式，提出独到的见解或解题方法；能按自己的观点对学习材料进行整理分类；能自己设计方案，解决一些实际问题。

认知类教学目标层次对照如表4.3所示。

表4.3 认知类教学目标层次对照

我国体系	A	B	C	D		E
	记忆	理解	简单应用	综合应用		创见
布鲁姆体系	1	2	3	4	5	6
	知识	领会	运用	分析	综合	评价

3. 教学内容-目标二维模型

为了客观地确定教学目标层次，我们把教学内容与教学目标相对应，形成如图 4.3 所示的模型。

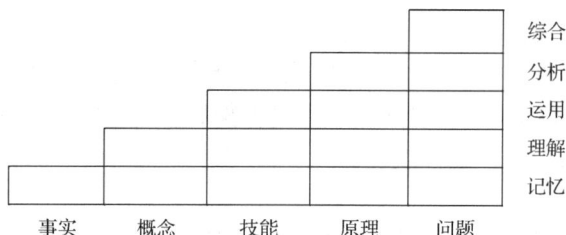

图4.3 教学内容-目标二维模型

图4.3 中的横轴表示教学内容，依次是事实、概念、技能、原理、问题；纵轴表示教学目标的层次，从低至高依次为记忆、理解、运用、分析、综合。每种教学内容的学习可达到的教学目标层次：事实的学习只需达到记忆的层次；概念的学习可达到理解的层次（概念的应用属于技能的学习）；技能的学习可达到运用的层次；原理的学习可达到分析的层次；而问题的学习可达到综合的层次。

教学内容-目标二维模型的两个维度都是由简单到复杂、由低层次到高层次，强调了学习的内在联系和学习的迁移效果，符合认知学习的规律。由于学习结果是累积的，每个学习结果都包含了它的低层次目标的实现，这就保障了教学设计的灵活性。面对不同的学生可利用该二维模型的不同目标层次，呈现不同的教学内容，这体现了因材施教的特点。

（二）情感类教学目标

情感类（加涅称之为态度类）的学习实际上是一个价值标准不断内化的过程。也就是说，学生经过接受、反应及评价等连续内化的过程，将外来的价值标准转化为自己信奉的内在价值，只有这样情感类教学才得以完成。应该注意的是，各门学科的教学都包含着情感类教学的内容，因为任何知识、技能、行为、习惯都不能离开一定的价值标准而存在。

1. 克拉斯沃尔的情感类教学目标分类体系

（1）接受

接受（注意）是指学习者感受到某些现象和刺激的存在，具有接受这些事物的愿望。

（2）反应

学习者除愿意接受外，还有主动参与的行为反应。也就是说，学习者不但愿意接受现象，而且在受到充分的驱动后积极地注意，并开始产生某种行为。这种行为中包含着复杂的心理活动，主要是爱好、兴趣、愉悦，同时包含动机和意志的成分。

（3）评价

评价（价值的评价）是指学习者除要有主动参与的反应外，还需要对这些事物的价值有所认识。

（4）组织

组织表明学习者已能将某些价值概念化，并能用它来阐明不同价值之间的相互关系，或把它们作为进行判断的基础。当学习者连续内化各种价值观念时，他会遇到不止一个与有关价值观念相对应的情境。因此就有必要把各种价值观念组成一个系统，确定价值之间的相互关系，树立起那些起支配作用的价值观念。

（5）性格化

性格化（价值与价值体系的性格化）是指价值、信仰、观念、态度等已在人们的思想和表现中达到了内在的一致，在形成价值体系的基础上进一步奠定了人生观和世界观。

在这个层级上，各种价值已在学习者的价值层次结构中占有一席之地，并被组织成一种内部一致的体系，控制着学习者的行为，使他始终根据他已经内化了的价值来行事。这种控制深入到学习者的许多行为中，以致成为他独特的个性。

2. 我国的情感类教学目标分类体系

1）接受：在适当的环境中，注意对象的存在；有意识地注意对象；集中注意教师的讲解或演示。

2）思考：能遵照教师的指示做出反应；能与过去的经验发生联系；能有意识地和人打交道。

3）兴趣：有深入研究的愿望；能很高兴地和人打交道；不愿立即停止自己的思考和行动。

4）热爱：关心对象的存在和价值；把价值内化为自己坚定的信念；认识到对象的美好，成为自己的理想。

5）品格形成：将依据自己的价值观所形成的信念内化为自己的品格，并用于指导自己的言论与行动。

情感类教学目标层次对照如表 4.4 所示。

表 4.4　情感类教学目标层次对照

我国体系	A	B	C	D	E
	接受	思考	兴趣	热爱	品格形成
克拉斯沃尔 （Krathwohl）体系	1	2	3	4	5
	接受	反应	评价	组织	性格化

在实际教学中，认知类、动作技能类、情感类教学目标体系往往是并存的。例如，知识本身不仅是认知的结果，还包含着情感、态度等因素；而很多技能的训练，又包含了基本知识的学习，以及情感（态度）内容的学习。不论是知识的学习，还是技能的训练，都必须有正确的学习态度，这就要求情感类学习应为其他学习奠定基础。因此在进行教学设计时，设计者按照教学内容的分类制定教学目标，并综合考虑三类目标体系。

我国当前在各种大型考试、测评中，都使用我国的五级目标体系。因此，在进行教学设计时，设计者应采用我国的目标分类体系，以建立符合中国教育教学实际的教学设计体系。

【拓展阅读】

目标制定的 SMART 原则

确定教学目标时可参考绩效目标制定的 SMART 原则。S 代表具体（specific），指绩效考核要切中特定的工作指标，不能笼统；M 代表可衡量（measurable），指绩效指标是数量化或者行为化的，验证这些绩效指标的数据或者信息是可以获得的；A 代表可实现（attainable），指绩效指标在付出努力的情况下可以实现，避免设立过高或过低的目标；R 代表相关（relevant），指绩效指标与工作的其他目标及本职工作是相关联的；T 代表有时限（time-bound），指完成绩效指标须有特定期限。

绩效指标制定的五大原则如下。

1. 具体性

所谓具体就是要用明确的语言清楚地说明要达成的行为标准。示例：目标——"增强客户意识"。这种对目标的描述就很不具体，因为增强客户意识有许多具体做法。例如，减少客户投诉，过去客户投诉率是 3%，把它降低到 1.5%或者 1%；或者提升服务的速度，使用规范礼貌的用语，采用规范的服务流程。

2. 可衡量性

可衡量性是指目标应该是明确的，而不是模糊的。应该有一组明确的数据作为衡量是否达成目标的依据。如果制定的目标没有办法衡量，就无法判断这个目标是否实现。例如，对所有学习者进行关于某个主题的培训，并且在这个课程结束后，学习者的评分在85分以上，低于85分就认为效果不理想，高于85分就是所期待的结果。这样使目标变得可以衡量。

3. 可实现性

目标要能够被执行人所接受，目标设置需要每个人参与并及时沟通，使拟定的目标在组织及个人之间达成一致。既要使内容饱满，也要具有可达性。可以制定出跳起来"摘桃"的目标，不能制定出跳起来"摘星星"的目标。

4. 相关性

目标的相关性是指实现此目标与其他目标的关联情况。如果制定的目标与其他的目标完全不相关，或者相关度很低，那么这个目标即使被达到了，意义也不是很大。

5. 时限性

时限性是指目标是有时间限制的。例如，需要在2023年5月31日之前完成某事，5月31日就是一个确定的时间限制。没有时间限制的目标没有办法考核，或者带来考核的不公。

目标管理以制定目标为起点，以目标完成情况的考核为终结。工作成果是评定目标完成程度的标准，也是人事考核和奖评的依据，是评价管理工作绩效的唯一标志。至于完成目标的具体过程、途径和方法，上级并不过多干预。因此，在目标管理制度下，监督的成分很少，而控制目标实现的能力却很强。

第二节 中学信息技术教学目标

中学信息技术教学目标一般可以分为行为性目标、生成性目标、表意性目标和三维目标。

（一）行为性目标

行为性目标也称操作目标，是指用可以观察和测量的学生行为来陈述的目标，是用预期学生学习之后将产生的行为变化来陈述的目标。

行为性目标是以具体、可操作行为的形式陈述的课堂教学目标。它指明教学过程结束后学生身上所发生的行为变化。这种目标具有精确性、具体性、可操作性的特点，适合用于知识与技能目标的表述。行为性目标应当包含课堂教学目标的四个要素，即对象（audience）、行为（behavior）、条件（condition）、程度（degree），简称ABCD要素。

1. 对象

对象即学生，它是目标表述句中的主语。根据新课程教学的理念，在制定课堂教学目标时，无论是一般的行为性目标，还是具体的行为性目标，在描写时都应指向学生的学习行为而不是教师的教授行为。教学目标一般不描述教师的教学程序或活动的安排，如"为学生……""使学生……""让学生……""提高学生……""培养学生……"等。规范的行为性目标开头应当清楚地表明达成目标的行为主体是学生，如"初中一年级学生……""高中一年级学生……"等。有的目标虽然省略了教学对象，但在这种目标中教学对象仍然是学生。

2. 行为

行为要表明学生通过学习之后能够达到什么，是目标表述句中的谓语和宾语，是目标表述句中最基本的成分，不能省略。在新课程改革中，教学的具体目标应采用可观察、可操作、可检验的行为动词来描述，这样可以增强教学目标的可观察性和可测性。传统使用的"掌握""理解""体会"等概括的、含糊的、难以观察到的、仅表示内部心理过程的动词，往往难以测量、难以检验。采用"尝试""模仿""练习""使用""独立操作""熟练操作""描述""体验""分析""评价""参与""讨论""交流""养成"等能直接反映学生活动的行为动词，则意义明确、易于观察、便于检验。

课程标准中的水平要求及对应的行为动词如表4.5所示（另附表4.6，可参看）。

表4.5 课程标准中的水平要求及对应的行为动词

学习目标	掌握水平	各水平的要求	内容标准中使用的行为动词
知识性目标	了解水平	再认或回忆事实性知识；识别、辨认事实或证据；列举属于某一概念的例子；描述对象的基本特征等	描述、列举、列出、了解、熟悉
	理解水平	把握事物之间的内在逻辑联系；在新旧知识之间建立联系；进行解释、推断、区分、扩展；提供证据；收集、整理信息等	解释、比较、检索、知道、识别、理解、调查
	迁移应用水平	归纳、总结规律和原理；将学到的概念、原理和方法应用到新的问题情境中；建立不同情境之间的合理联系等	分析、设计、制定、评价、探讨、总结、研究、选用、选择、学会、画出、适应、自学、发现、归纳、确定、判断
技能性目标	模仿水平	在原型示范和他人指导下完成操作	尝试、模仿、访问、解剖、使用、运行、演示、调试
	独立操作水平	独立完成操作；在评价和鉴别基础上的调整与改进；与已有技能建立联系等	获取、加工、管理、表达、发布、交流、运用、使用、制作、操作、搭建、安装、开发、实现
	熟练操作水平	根据需要评价、选择并熟练操作技术和工具	熟练操作、熟练使用、有效使用、合乎规范地使用、创作
情感性目标	经历（感受）水平	从事并经历一项活动的全过程，获得感性认识	亲历、体验、感受、交流、讨论、观察、（实地）考察、参观
	反应（认同）水平	在经历基础上获得并表达感受、态度和价值判断；做出相应的反应等	关注、借鉴、欣赏
	领悟（内化）水平	建立稳定的态度、一贯的行为习惯和个性化的价值观等	形成、养成、确立、树立、构建、增强、提升、保持

表 4.6　高中必修模块 2 "信息系统与社会" 学习内容与目标双向细目表示例

学习内容	知识点及操作要点	学习目标								
		知识性目标			技能性目标			情感性目标		
		了解	理解	迁移应用	模仿	独立操作	熟练操作	经历	反应	领悟
描述信息、数据、知识的内涵与关系	信息、数据、知识的概念		√							
	大数据与应用	√								
列举人工智能的应用实例	人工智能的主要应用（如在社会生活、学习、工作等方面）	√								
	人工智能的影响	√								
了解信息技术的历史和发展趋势	信息技术的组成	√								
	五次信息技术的重大发展历程	√								
	信息技术的发展趋势	√								
学会根据问题确定信息需求和信息来源	信息需求的确定			√						
	信息来源的渠道			√						
选择适当的方法获取信息	获取信息的方法			√						
	采集信息的工具			√						
掌握信息价值判断的基本方法，学会鉴别与评价信息	从信息来源进行价值判断			√					√	
	从信息价值取向进行价值判断			√						
	从信息时效性进行价值判断			√					√	
能利用现代信息交流渠道广泛地开展合作，解决学习和生活中的问题	利用各种现代信息交流渠道开展合作的方法			√		√		√		
增强自觉遵守与信息活动相关的法律法规的意识，负责任地参与信息实践	信息安全及系统维护		√							√
	信息安全法律法规		√							
在使用因特网的过程中，认识网络使用规范和有关伦理道德的基本内涵；能够识别并抵制不良信息；树立网络交流中的安全意识	网络道德规范（如《全国青少年网络文明公约》等）		√							√
	有关伦理道德的基本内涵			√						√
	学会识别和抵制不良信息			√						√
	树立网络交流中的安全意识			√						√

3. 条件

　　条件要表明学生的行为是在什么情况下产生的，是目标表述句中的状语。所谓条件，是指影响学生学习结果的特定的限制或范围，表明学生在什么情况下或什么范围内完成指定的学习活动。例如，"借助网络资源，交流分析……""在网上搜集相关内容，体验……""通过调查研究得出结论""通过实际操作探究……""通过小组合作完成作品"
"在小组内进行评价"等。

4. 程度

程度即要明确行为的标准，是教学目标设计中学生应当达到的最低表现水平，用来评价学生课堂学习结果的达成度。例如，"至少完成两个任务""分析归纳出五个要点""能正确使用软件画出图表""能根据主题进行内容设计"等。这样就限定了教学目标水平的表现程度，以便检测学生学习结果所要达到的程度。

运用行为性目标的 ABCD 要素进行信息技术教学目标的表述：通过实例（条件），学生（对象）能描述（行为）信息、数据、知识的内涵与特点，能描述并解释（行为）大数据的含义与特征（程度）；通过操作实践探究（条件），学生（对象）能总结并归纳出（行为）文本信息的加工要点（程度）。在具体编写教学目标时，并不一定要把四个要素全部表述出来。有一些约定俗成的，或是大家都能明白的内容，就不必一一列出了。

（二）生成性目标

所谓生成，是指教师依据学生的兴趣、经验和需要，在与环境交互作用中进行有效的动态性调整，以引导学生生动、活泼、主动地进行新知识的探究活动。生成性目标是在教育情境之中随着教育过程的展开自然而然生成的课程目标，它是伴随课程的实施而不断达成的。生成性目标以发展的、动态的观点看待课程目标的地位、作用，以及目标的实现过程。学生的个性化表现往往体现在生成性目标的出现过程之中。如果说行为性目标是在教学过程之前预先设定的，那么生成性目标是在教学过程中随机生成的，其最根本的特点是过程性。生成性目标不以事先预定的目标为中心，它着重考虑学生学习兴趣的变化、学习能力的形成等。

例如，学生通过体验因特网搜索信息的过程，学会运用因特网浏览、搜集信息的方法，熟练使用网络信息检索的几种主要策略与技巧，能够合法地获取网上信息。

又如，学生能够根据任务需求，利用网络获取信息，熟练使用文字处理工具加工信息、制作电子报刊、呈现主题、表达意图，并能够合理评价自己和别人的作品，从而提高自己的信息获取能力、文字处理工具的使用能力、客观评价能力、创新和审美能力。

（三）表意性目标

表意性目标是指学生在具体的教育情境、教学活动和学习活动中的个性化表现，旨在培养学生的创造性，强调学习及其结果的个性化。表意性目标重视学生的内部感受性，适合用于情感、态度及价值观领域目标的表述。

表意性目标不是规定学生在教学过程结束后应该展示的行为结果，而是强调学生在此情境中获得的个人意义。由于人的情感变化并不是通过几次教学活动便能看出的，教师也很难预期当进行一定的教学活动后学生的心理会出现什么变化。这种目标要求明确规定学生应参加的活动，但不精确规定每个学生应从这些活动中习得什么。

例如，学生通过实际操作或实地考察，认识数据管理的普遍性及其重要意义，感受数据管理的重要性及其对社会发展、科技进步和日常生活学习的影响，探讨各种数据管理的合理性问题，养成良好的数据管理习惯。

（四）三维目标

当我们使用知识与技能、过程与方法、情感态度与价值观三维目标表述教学目标时，知识与技能、情感态度与价值观目标可用目标的分类层次和编写方法进行表述，过程与方法目标则需要把握其实质，不能写成教学的过程和采用的教学方式、方法。

过程与方法目标的实质是发展学生的能力，这就需要我们用"能力"的概念来描述这一目标。采用图 4.4 的步骤进行分析，有助于过程与方法目标描述语句的形成。

学业成绩　→　学习过程的特点　→　学科思想方法或学习过程中的学习能力

图 4.4　过程与方法目标的编写

在编写过程与方法目标时，首先要对照该知识点的知识与技能目标的层次，即学习业绩。不同的学习业绩对学习过程的要求是不同的。例如，要获得"理解"的学习业绩就不能仅靠机械记忆来获得。因此，从知识与技能目标中的学习业绩出发，分析为实现这一业绩所需要的学习过程；通过分析该过程中的思维活动特点，可以明确在这一过程中所体现的学科思想方法或相应的学习能力。

规范的过程与方法目标的描述应该包括三个要素：学习的知识内容（或研究课题的内容、实践活动的内容）、学习的方式、能力发展的内容。

描述学习的知识内容的语句是"在……过程中"。例如，"在获得密度概念的过程中""在研究艺术的发展和人类的生存与发展的关系的过程中""在对社区的公共服务设施进行社会调查的过程中"等。

描述学习方式的语句是"通过……"。例如，"通过分析与概括""通过实验探究""通过文献研究""通过采访调查"等。

描述能力发展的内容的语句是"发展……的能力""了解（体会、掌握）……的学科方法（学习策略）"。例如，"发展在真实情境中进行选择性编码和选择性组合的信息加工能力""发展进行多种方式编码的精加工记忆策略的能力"等。

【案例分析】

案例 1：城市映像——文本数据的可视化表达

（浙江省嘉兴市元济高级中学　周加峰）

[学科核心素养]

1）运用基本算法设计解决问题的方案，能使用编程语言或其他数字化工具实现这

一方案。（计算思维）

2）针对特定的学习任务，运用一定的数字化学习策略管理学习过程与资源，完成任务，创作作品。（数字化学习与创新）

[课程标准要求]

1）通过典型的应用实例，了解数据采集、分析和可视化表达的基本方法。

2）根据任务需求，选用恰当的软件工具或平台处理数据，完成分析报告，理解对数据进行保护的意义。

[学业要求]

了解数据采集、分析和可视化表达的基本方法，能够利用软件工具或平台对数据进行整理、组织、计算与呈现。

[教学内容分析]

文本数据处理是大数据处理的重要分支之一，目的是从大规模的文本数据中提取出符合需要的、感兴趣的、潜在的、有用的、隐藏的信息。本课在"探究文本可视化，创意城市金名片"主线的引领下，历经文本数据采集、分词、特征提取、数据分析、结果呈现（标签云）、价值应用（创意名片）的过程，在实践过程中掌握文本数据处理的一般过程和方法。本课为学生进一步研究数据可视化和大数据应用提供理念、方法和素养支撑。

将收集的文本数据制作成标签云，快速提取文本中的关键信息制成名片，彰显价值。

[学情分析]

通过前面的学习，学生能认识到数据在信息社会中的重要价值，掌握 Python 程序设计语言的基本知识，并能通过程序设计实现简单算法。在学习本课之前，学生了解了大数据处理的架构，通过身边的"百家姓"实例尝试了编程处理数据，理解利用 Python 分析数据的实践知识，具备本课学习中需要的一些知识和技能。

文本数据可视化对学生来说是一个全新的概念，是学习的疑难点。考虑到学生个体之间存在学力差异，本课提供"搜索抓取、中文分词与标签云生成"软件，借助教学平台，辅助教学。

[教学目标]

1）对比文本和标签云，感受文本可视化的特点、价值和意义。

2）在小组合作探究文本变成标签云的过程中，理解原理，掌握方法，逐步形成运用计算机解决问题的思维方式。

3）运用标签云制作金名片，挖掘标签云的应用价值，树立大数据时代"数字原住民"的信息意识与社会责任意识。

案例 2：探索——智能地图"实时显示拥堵"

（四川省成都树德中学　廖力紫）

[学科核心素养]

1）能够采用计算机领域的学科方法界定问题、抽象特征、建立结构模型、合理组

织数据。（计算思维）

2）通过判断、分析信息资源，运用合理的算法形成解决问题的方案。（计算思维）

[课程标准要求]

1）通过典型的应用实例，了解数据采集、分析和可视化表达的基本方法。

2）掌握一种程序设计语言的基本知识，使用程序设计语言实现简单算法。通过解决实际问题，体验程序设计的基本流程，感受算法的效率，掌握程序调试与运行的方法。

[学业要求]

了解数据采集、分析和可视化表达的基本方法，在数据分析的基础上，完成分析报告。依据解决问题的需要，设计和表示简单算法；掌握一种程序设计语言的基本知识，利用程序设计语言实现简单算法，解决实际问题。

[学情分析]

高中学生已经了解了一些大数据的概念，掌握了一些基本的编程知识，有一定的程序设计经验，但是不了解大数据在生活中的应用，不清楚大数据的收集、分析、处理。

[教学目标]

1）通过了解智能地图"实时显示拥堵"这一功能的原理，理解数据处理的过程和方法。

2）模拟智能地图"实时显示拥堵"的实现过程，使用计算机编程模拟智能地图的实现。

案例 3：探秘信息系统——信息系统的组成与功能

（浙江省绍兴市教育教学研究院　邵红祥）

[学科核心素养]

1）根据解决问题的需要，自觉、主动地寻求恰当的方式获取与处理信息。（信息意识）

2）总结利用计算机解决问题的过程与方法，并迁移到与之相关的其他问题解决中。（计算思维）

3）适应数字化学习环境，养成数字化学习与创新的习惯。（数字化学习与创新）

4）对于信息技术创新所产生的新观念和新事物，具有积极学习的态度、理性的判断、负责行动的能力。（信息社会责任）

[课程标准要求]

通过分析典型的信息系统，知道信息系统的组成与功能，理解各要素在信息系统中的作用。

[学业要求]

1）通过案例剖析，理解信息系统的定义和组成要素。

2）通过分析信息系统的应用实例，认识信息系统的功能。

[教学内容分析]

本课教学内容来源于必修模块 2 "信息系统与社会"。通过分析具体案例，结合生活经验，知道信息系统的组成与功能。本课内容是学生了解了信息系统的概念以后，对信息系统进行逐步深入学习的必备内容，与后续的支撑技术、系统安全及系统搭建等内容都有非常直接的内在关系，在整个模块中起到统领的作用。

[学情分析]

高中学生在日常的生活、学习中都通过各种渠道直接或间接使用过信息系统，对信息系统应用有一定的生活经验和感性认识，对其组成和功能有零星的了解。这是对学习本课有利的方面。但信息系统对学生而言比较抽象，之前他们可能没有意识到自己使用过的设备、工具或平台等都与信息系统相关，学生对信息系统的认识不够系统和深入，缺乏对信息系统的整体认知。因此，要让学生实现由抽象到具象、由感性到理性的转变，培养批判性思维，提升创新能力，这些都是本课需要重点突破的方面。

[教学目标]

1）知道信息系统的组成与功能。

2）能够剖析典型的信息系统。

3）通过信息系统实例的体验和探究，掌握剖析典型信息系统的一般方法。

4）经历小组合作、自主探究，产生继续学习信息系统的欲望。

【实践演练】

请选择一个中学信息技术教学选题，依据学科核心素养编写学习目标。

【拓展阅读】

《21 世纪教育目标新分类》：安德森认知能力完善分类学

盛群力等编著的《21 世纪教育目标新分类》对安德森认知能力完善分类学做了系统的梳理。

安德森在修订布鲁姆教学目标分类体系的过程中，提出了需要认真考虑的四个问题，以增强教育目标的效力，它们分别是：①在时间有限的学校和课堂里，学什么对学生是最重要的？（学习问题）②怎样计划和传递教学内容才能让大多教学产生高水平的学习？（教学问题）③怎样选择和设计评估工具、程序能提供学生学习效果的正确信息？（评估问题）④怎样确保目标、教学和评估三者之间保持一致？（一致性问题）

安德森修订的分类体系可以用一个二维表格来表示，如表 4.7 所示，强调认知的教育目标都应该被归于该表的一个或多个方格中。

表 4.7　分类体系

知识维度	认知过程维度					
	记忆	理解	应用	分析	评价	创造
事实性知识						
概念性知识						
程序性知识						
元认知知识						

事实性知识是指学生为了掌握特定学科知识或解决问题而需要了解的基本事实。事实性知识主要包括：有关术语的知识，指具有特定含义的具体言语和非言语的符号，如数字、符号、图片等；描述特定事物的要素和细节的知识，指事件、地点、人物、信息源等方面的知识。

概念性知识是指一个整体结构中基本要素之间的关系，表明某个学科领域的知识如何组织、如何发生内在联系、如何体现出系统一致性等。概念性知识主要包括：分类和类别的知识，如地质时期的周期、商业物权的形式等；原则和规律的知识，如毕达哥拉斯定理、供给与需求的关系等；理论、模型和结构的知识，如进化论、国会的组织结构等。

程序性知识是指做事的方法，探究的方法，应用技能、算法、技术或方法的规范等。程序性知识主要包括：特定学科的技能和算法的知识，如利用水彩笔画图的技能、整数除法等；特定学科的技术和方法的知识，如访谈技术、探究方法等；决定何时应用适当方法的规则，如决定何时应用牛顿第二定律的规则、决定应用特定方法评估商业成本的可行性的规则，这种规则也被称为"条件性知识"或"产生式规则"。

元认知知识是指关于一般认知的知识，以及关于个体自己特定认知的意识和知识。元认知知识主要包括：关于认知任务的情境和条件的知识，如关于教师采用的特定考试类型的知识、关于不同任务对认知加工的需求的知识；策略性知识，如通过列提纲把握教科书中学科单元结构的知识、利用启发式规则的知识。

根据对四类知识的解释，我们可以很清楚地看到：事实性知识和概念性知识构成通常所理解的"知识"，即关于特定学科对象的陈述性知识；程序性知识则既包括由特定学科的技能、算法和技术构成的"技能"，也包括决定何时应用适当方法的规则或解题技巧；元认知知识与通常理解的"知识"在概念上有很大的差别，它既包括属于过程与方法目标的策略，也包括支持情感态度与价值观目标的价值判断。

在新修订的布鲁姆教学目标分类体系中，虽然安德森等对知识和认知过程两个维度进行了区分，根据与知识的联系方式，将认知过程分为两种类型：第一种类型包括记忆、理解、应用三种认知过程，它们与特定知识直接关联，强调准确、规范，可以被称为刚性过程；第二种类型包括分析、评价、创造三种认知过程，不但可以整合各种知识，而且可以促进记忆、理解、应用，强调灵活、实用，可以被称为柔性过程。显然，刚性过程是较低水平的认知过程，对应知识与技能目标；柔性过程是更高水平的认知过程，对应过程与方法目标。需要强调的是，在柔性过程中，以记忆、理解、应用等刚性过程作为加工对象，并促进这些过程的分析、评价和创造是建立在元认知知识的基础之上的，是包含认知过程和元认知过程的综合性过程。

在新修订的布鲁姆教学目标分类体系中，知识与技能不是两个目标领域，而是认知领域内的两种不同知识类型：知识对应陈述性知识（事实性知识与概念性知识），技能对应程序性知识。在这一分析框架下，知识与技能目标被界定为个体对事实性知识、概念性知识、程序性知识进行记忆、理解、应用等刚性加工的能力。由于刚性加工是以特定知识类型为对象的，知识与技能目标实际上只包括三类：记忆事实性知识、理解概念性知识、应用程序性知识。按照我国教师的习惯表达，前两类为知识目标，后一类为技能目标。

所谓应用，是指利用某种方法或程序完成特定的任务。从有意义的教育目标的角度来看，应用主要针对程序性知识。根据完成任务的要求不同，应用程序性知识可以分为"执行"和"实施"两种情况。学习者面对的是一个熟悉的任务，要利用标准化的技能或算法完成这一任务。标准化的技能或算法有以下两个特点：一是其步骤遵循固定的程序；二是只要正确地执行，其结果是可以准确地预料的。在实施的情况下，学习者需要选择和运用一个适当的程序以完成一个不熟悉的任务，由于面临的是一个不熟悉的问题，学习者难以立即知道哪一个程序是适用的；在多数情况下，没有一个程序是完全适合的，或多或少要做出一些调整。实施同应用技巧或方法类的程序性知识有关：一是程序并非固定，而是一组有不同"决策点"的流程；二是正确应用程序时不存在单一的、固定不变的答案。

第五章

中学信息技术学习策略、教学策略及学习资源

学习目标

1. 了解学习策略、教学策略的内涵特征。
2. 能够根据信息技术内容与目标恰当地选择学习策略及教学策略。
3. 了解中学信息技术学习资源的功能及选择方法。
4. 能够结合学习任务设计学习任务单。

内容结构

```
中学信息技术学习策略 ─┐
                      ├─ 中学信息技术学习策略、─┬─ 信息技术教学策略的选择
中学信息技术教学策略 ─┤    教学策略及学习资源    │
                      │                          └─ 信息技术学习策略的选择
中学信息技术学习资源 ─┘
```

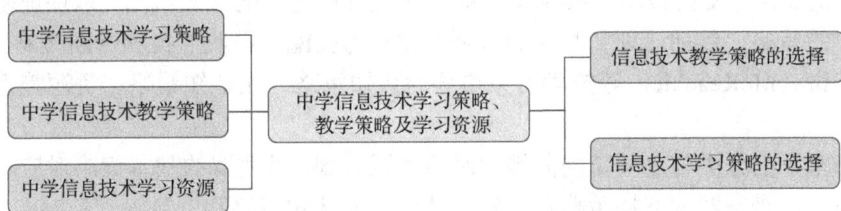

第一节 中学信息技术学习策略

任何一门学科的有效学习都离不开学习者的"会学"。也就是说，学习者必须掌握一定的学习策略，并且在学习过程中能够有效地运用这些策略，只有这样才能保证学习的有效进行。在信息技术学科的学习过程中，可供使用的学习策略有很多。它们既有一般性的，也有具体性的。本节将从学习策略的概念入手，介绍中学信息技术学习策略。

一、学习策略概述

1. 学习策略的概念和特点

学习策略通常是指学生为了提高学习的绩效，对信息进行编码、分析和提取的智力活动，是选择、整合、应用学习技巧的一套操作过程。其中包括有目的、有意识地制定

的有关学习过程的复杂方案——由规则、方法、技能等构成的学习计划。学习策略主要有以下五个特点。

1）计划性。学生采用学习策略都是有意识的心理过程。在开始学习时，学生先要分析学习任务和自己的特点，再根据这些条件制订适当的学习计划。

2）主动性。学生总是有意识、有目的地思考着完成学习任务的计划，主动地采取有效的学习策略。

3）有效性。良好的学习策略可以促进学生有效地学习，提高学习的效果和效率。

4）过程性。学习策略是有关学习过程的策略。它规定学习时做什么、不做什么，先做什么、后做什么，用什么方式做，做到什么程度等方面的问题。

5）程序性。学习策略是学生制订的学习计划，由规则、方法和技能构成。每次学习都有相应的计划，针对学习内容的不同，选用的学习策略也不同。

2. 学习策略的分类

常用的学习策略分类方法有两种，具体内容如下。

丹塞罗（Dansereau）根据学习策略所起的作用，把学习策略分为基本策略和支持策略两类。基本策略是指直接操作材料的各种学习策略，主要包括信息的获得、贮存、检索和应用的策略。支持策略主要是指帮助学习者维持适当的认知氛围，以保证基本策略有效操作的策略，包括计划和时间的筹划、注意力分配、自我监控和诊断策略。

麦基奇（McKeachie）等把学习策略分为认知策略、元认知策略、资源管理策略三种形式。

把丹塞罗的分类与麦基奇的分类相对照可以看到，丹塞罗的基本策略对应着麦基奇的认知策略，丹塞罗的支持策略对应着麦基奇的元认知策略和资源管理策略，如图 5.1 所示。按照麦基奇的分类，我们认为学习策略由认知策略、元认知策略和资源管理策略三个部分组成。

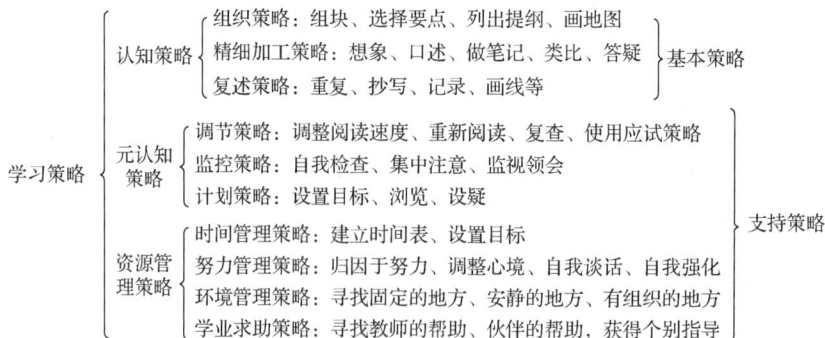

图 5.1　学习策略的分类

（1）认知策略

认知策略的概念最早是由布鲁纳提出来的，后来加涅把认知策略看作一种智慧技能。我们在这里所讲的认知策略，主要是指在信息加工过程中为了更好地获得、储存、提取、运用信息等而采用的各种方法和技术。它包括组织策略、精细加工策略和复述策略。

（2）元认知策略

在学习的信息加工系统中，存在着一个对信息流动的执行控制过程，它监视和指导认知活动的进行，负责评估学习中的问题，确定用什么学习策略来解决问题，评价所选策略的效果，并且可以改变策略以提高学习效果。这种执行控制功能的基础就是元认知。因此，元认知策略包括调节策略、监控策略和计划策略。

（3）资源管理策略

资源管理策略包括时间管理策略、努力管理策略、环境管理策略和学业求助策略。

当学生在学习中遇到问题且不能通过自己思考解决时，他们会尝试寻求各种帮助，如查工具书、询问教师、上网搜索等，即使用各种学习资源帮助自己学习。

二、常用的中学信息技术学习策略

中学信息技术学习中既有用于处理外部信息的认知策略，也有用于调控认知过程的元认知策略；既有情绪自我调控策略，也有时间管理策略。下面结合案例具体介绍常用的中学信息技术学习策略。

（一）问题解决策略

在信息技术学科的学习内容中，包括陈述性知识、程序性知识和问题解决。与现代认知心理学的分类方法相对应，认知学习策略分为陈述性知识的学习策略、程序性知识的学习策略和问题解决策略三类。与一般学科学习策略相同，对于陈述性知识的学习，一般采用四类策略，即复述策略、精加工策略、组织策略和做小结策略；对于程序性知识的学习，根据程序性知识获得的不同阶段，可以采用概念形成策略、概念同化策略等。根据信息技术课程特点，我们重点介绍问题解决策略。

问题解决是个体在面对问题情境而没有现成的方法可以利用时，综合运用陈述性知识和程序性知识，将已知情境转化为目标情境的认知过程。问题解决过程需要知识的综合运用，从而生成新的思维产品，因此往往与创新联系在一起。这符合信息技术课程标准的要求。

1. 不同问题的解决策略

现代认知心理学通常把问题分为两类，一类是界定良好的问题，另一类是界定不良的问题。前者指解决问题的目标已得到明确表述，解决问题需要的所有信息都已呈现，只有一个正确答案的问题。例如，学生使用 Python 的 turtle 库编写函数，根据输入的边数，绘制正多边形，那么小海龟旋转的角度一定是固定的。后者指问题解决的目标不清楚，或者解决问题所需要的信息不足，或者可能存在多个答案。例如，让学生通过收集文本数据，提取关键信息，为城市制作创意名片，这就是存在多个答案的问题。在学科学习中，学生所面临的大多数问题是界定良好的问题；在现实生活中，学生所面临的问题更多地属于界定不良的问题，解决问题的策略多种多样。根据概括和适用的程度，问题解决策略可分为两类：一般策略和具体策略。前者指具有普遍适用性、不针对任何具体学科问题的策略，又被称为启发式策略，如尝试-错误策略、手段-目标分析策略、逆向推理策略等；后者指由专门领域的知识所构成的针对具体学科问题的策略，又被称为算法，如加法、四则混合运算法等。

一般来说，对于界定良好的问题，如果个体明白了题意，只要找到合适的算法，亦即解决问题所需要逐步排列出来的程序，就可以使问题得以解决。例如，学生使用 Python 的 turtle 库编写函数，根据输入的边数，绘制正多边形。对于这一问题，如果学生掌握了多边形内角的计算公式，知道正多边形一个内角的角度是$(n-2)\times180/n$，那么就可以得出小海龟的旋转角度，问题就很容易被解决了。因此，要解决界定良好的问题，关键条件是具备相关的背景知识和具体策略（算法）。

对于界定不良的问题，人们更多地需要使用一般策略。根据信息加工心理学的观点，界定不良的问题主要有三种类型。

1）问题的起点和目标明确，也知道有若干种解决问题的办法，但不知道采用哪种办法最好。例如，必修课程模块 1"数据与计算"中，让学生设计方案实现"实时显示拥堵"，在这样的问题中，起点是交通状况，终点是实时显示拥堵的方案，而要达到这一终点可以采用浮动车模型、实地采集、视频检测等多种方式，但是采用哪种方式最好需要学生自己探讨。

2）问题的起点和目标明确，但是不知道解决问题的办法。例如，选择性必修课程模块 5"三维设计与创意"中，让学生开展"创意杯子设计"活动，引导学生联系实际并展开想象，设计并利用三维打印机实现实物化打印。问题的起点是联系实际设计杯子，终点是一个创意杯子，但是可以从哪些方面进行创新设计则是不明确的。

3）只有问题的起点明确，问题解决的目标和达到目标的途径与方法都不明确。例如，选择性必修课程模块 3"数据管理与分析"中的"复杂网络数据分析"，教师只提出对复杂网络数据分析的任务，分析哪些系统、挖掘数据可视化后有什么应用价值都是不明确的。

研究表明，对于第一类问题，首先需要对若干种解决问题的方法进行比较、分析，然后结合可行性，尝试选择合适的问题解决方法。教师要帮助学生分析各种问题解决方法的优缺点，鼓励学生做出最优的选择。对于第二类问题，比较适合采用头脑风暴法，即采用集体探究的方式，鼓励学生踊跃发言，提出多种多样的问题解决方案，然后经过尝试-错误策略，改进、补充、合并各种解决方案，找到一种最佳的问题解决方法。对于第三类问题，往往需要像科学家那样采用目标-手段分析策略来解决问题，即先限定一个子目标，找到这个子目标的解答，再限定第二个子目标，找到这个子目标的解答，这样一步步接近总目标。

2. 问题解决的过程

对于自主学习者来说，仅仅知道不同类型问题的解决策略是不够的，在实际解决问题的过程中，还需要明确解决问题所要遵循的基本程序。只有这样，才能在问题解决过程中做到自我指导和自我监控。现代认知心理学认为，无论采用什么策略解决什么样的问题，都要经过如下五个过程。

1）发现问题。发现问题就是觉知问题的存在，其心理实质是察觉现有状态与预想状态之间存在的差异。发现问题是问题解决的第一步，也是极为重要的一步。斯腾伯格（Sternberg）指出，学生不能探究问题、解决问题经常是因为没有意识到问题的存在。研究表明，发现问题在很大程度上受四个因素的制约：①是否具有主动探究问题的习惯和好奇心；②是否具有充分的相关背景知识；③是否投入了足够的时间深入考虑问题的实质及其已有的答案；④是否具有一定的发散思维能力。研究还表明，训练学生解决已经准备好的问题并不能培养他们发现和选择问题的能力。因此，在自主学习过程中，个体应该注意深入思考问题，形成发散思维。

2）界定和表征问题。当发现问题后，要对问题进行分析。这包括确定问题的性质，分析解决问题所需要的条件及已有条件，明确问题解决的最终目标，等等。从自主学习的角度看，界定不良的问题可能更具价值，因为它更为复杂、困难，更能激发个体的探究欲望。

3）确定问题的解决策略。如果把问题确认为界定良好的，则一般需要选取以规则为基础的问题解决策略。例如，利用 Python 语言编写温度转换程序时，学生会利用温度转换的计算公式来解决问题。如果学生把问题确认为界定不良的，由于没有合适的策略保证问题得到解决，则需要选择一般策略，如尝试-错误策略、手段-目标分析策略等。例如，在进行多功能创意窗设计时，常常选用手段-目标分析策略。

4）执行策略。策略的执行是否成功在很大程度上取决于个体对问题的界定和表征是否合适，选取的策略是否适当。对于界定良好的问题，只有选取正确的问题解决策略才能够顺利地执行。在策略执行过程中，还要随时监控策略的执行情况。对于界定不良的问题，如果执行尝试-错误策略，则一般要求尽可能地多尝试，并监控进步情况；如果执行手段-目标分析策略，则一般要求事先把问题分解为若干小问题，再逐步寻求每个小问题的解决方法。

5）评价问题解决的结果。当策略执行完后，还要核查执行的结果与预定的目标是否一致。如果解决的问题是界定良好的，则标准答案是评价的依据；如果解决的问题是界定不良的，则问题解决的程度是评价的依据。

（二）元认知策略

在学科核心素养的引领下，信息技术学科强调元认知策略的学习。

元认知是对认知的认知，它具有两个独立但又相互联系的成分：关于认知过程的知识和观念；对认知行为的调节和控制。元认知知识是指对有效完成任务所需的技能、策略及其来源的意识——知道做什么，是在完成任务之前的一种认识；元认知控制则指运用自我监视机制确保任务能成功地完成——知道何时做、如何做，是对认知行为的管理和控制，指主体在进行认知活动的全过程中，将自己正在进行的认知活动作为意识对象，不断地对其进行积极、自觉的监视、控制和调节。因此，元认知控制过程包括对目前认知任务的认识、制订认知计划、监视计划的执行及对认知过程的调整和修改。

1. 元认知认识策略

元认知认识就是人们对于某些因素影响人的认知活动的过程与结果、这些因素是如何起作用的、它们之间又是怎样相互作用的等问题的认识。元认知认识主要包括以下三个方面。

（1）对个人作为学习者的认识

在完成某一任务时，学习者首先要对自己或他人作为学习者（或思维者）的特征有一定认识。具体来说，这部分认识可分为三个方面：①关于个体内差异的认识，如正确地认识自己的兴趣、爱好、学习习惯、能力及其限度，以及如何克服自己在认知方面存在的不足，并且认识自己的学习观和知识观，等等；②关于个体间差异的认识，如知道人与人之间在认知方面及其他方面存在种种差异；③关于主体认知水平和影响认知活动的各种主体因素的认识，如知道记忆、理解有不同的水平，知道注意在认知活动中的重要性，知道人的认知能力可以改变。

（2）对任务的认识

在认知材料方面，学习者应当认识到，材料的性质（如图形材料与文字材料）、材料的长度（如一段短文与一篇长文）、材料的熟悉性（如熟悉的材料与不熟悉的材料）、材料的结构特点（如论述文与叙述文）、材料的呈现方式（如听觉呈现与书面呈现）、材料的逻辑性（如有组织的材料与无组织的材料）等因素都会影响我们的认知活动的进行和结果；在认知目标和任务方面，学习者应当知道，不同认知活动的目标和任务可能是不同的，有的认知活动可能有更多、更高、更难的要求。例如，"优化语言模型准确识别语音"比"操作实现语音识别技术产品"困难得多。

（3）对有关学习策略及其使用方面的认识

对有关学习策略及其使用方面的认识涉及的内容很多。例如，进行认知活动有哪些策略、各种认知策略的优点和不足是什么、它们应用的条件和情境如何、对于不同的认知活动和不同的认知任务什么样的策略可能是有效的等。

2. 元认知调节策略

元认知调节是指根据对认知活动结果的检查，发现问题并采取相应的补救措施，根据对认知策略效果的检查，及时修正、调整认知策略。

元认知调节策略与元认知监控策略有关。例如，当学习者意识到自己忘记了某个算法的步骤时，他们就会退回去阅读有困难的段落，在阅读难以理解的部分时放慢速度。在编写一个复杂程序时，他们会先编写简单的部分，再解决困难的部分。元认知调节策略能帮助学生矫正他们的学习行为，使他们补救理解上的不足。

3. 元认知监控策略

元认知监控是指在认知活动进行的实际过程中，根据认知目标及时评价、反馈认知活动的结果与不足，正确估计自己达到认知目标的程度、水平；并且根据有效性标准评价各种认知行为、策略的效果。

元认知监控策略包括在阅读时对注意加以跟踪、对材料进行自我提问，在考试时监视自己的速度和时间。这些策略使学习者警觉自己在注意和理解方面可能出现的问题，以便找出来并加以修改。

领会监控就是一种元认知监控策略。熟练的学习者在阅读时自始至终都持续着这一过程。他们在头脑里有一个领会的目标，如发现某个细节、找出要点等，他们为了实现该目标而浏览课文。随着这一策略的执行，如果找出了这个重要细节，或者抓住了课文的要点，则学习者会因达到目标而体验到一种满足感。但是，如果没有找到这个细节，或者不懂课文，则学习者会产生一种挫折感。如果领会监控最终显示目标没有达到，则学习者会采取补救措施，如重新浏览材料或更仔细地阅读课文。

跟踪注意也是一种元认知监控策略。有效地选择课本或讲演中的重要信息加以注意，是某些学习者常常使用的一个策略。有研究表明，速度快的学习者常常使用一些比较好的方法来选择恰当的信息加以注意。

4. 元认知计划策略

元认知计划是指根据认知活动的特定目标，在一项认知活动之前计划各种活动、预计结果、选择策略、想出各种解决问题的方法，并预估其有效性。

元认知计划策略包括设置学习目标、浏览阅读材料、产生待回答的问题及分析如何完成学习任务。给学习做计划就好比足球教练在比赛前针对对方球队的特点与出场情况提出对策。不论是为了完成作业，还是为了应付测验，学生在每节课都应当有一个一般的"对策"。优秀的学生并不只是听课、做笔记和等待教师布置检查的材料。他们会预测完成作业需要多长时间，在写作前获取相关信息，在考试前复习笔记，在必要时组织学习小组，以及使用其他方法。换句话说，优秀的学生是积极的而不是被动的。

元认知策略的这四个方面总是相互联系在一起的。学习者一般首先认识自己的当前任务，然后使用一些标准来评价自己的理解、预计学习时间、选择有效的计划来学习或解决问题，最后监控自己的进展情况，并根据监控的结果采取补救措施。

元认知策略总是和认知策略共同起作用的。如果一个人没有使用认知策略的能力和愿望，他就不可能成功地进行认识、调节、监控和计划。认知策略是学习内容材料必不可少的工具，有助于我们将新信息与已知信息整合在一起，并且存储在长时记忆中。元认知策略则监控和指导认知策略的运用，有助于估计学习的程度和决定学习的过程。

（三）资源管理策略

信息技术课程资源管理策略强调时间管理策略、努力管理策略、环境管理策略、学业求助策略等。

1. 时间管理策略

（1）统筹安排学习时间

每天能够自由支配的学习时间有限，而学习活动可能较多。因此，我们必须合理分配学习时间，尽量减少无计划、无节制、无意义的时间。在安排活动时，我们要分清哪些事情必须做，哪些事情可做可不做。每天都要列出一张活动优先表，要按事情的重要性程度来选择活动，确保每天都在做最重要的事情。这样，即使没有做完某些事，也不值得后悔。

在制订学习计划时，要注意将学习计划落实在学习成果上。也就是说，要明确当学习结束时有什么看得见的结果，而不只是规定"读完第二章"，可以规定"读完第二章，标出重要部分，生成一张框架结构图"。

（2）高效利用最佳时间

在不同的时间里，人的体力、情绪和智力状态是不一样的，学习的质量也是不一样的。因此，要在不同的时间里安排不同的学习活动。例如，要在人生理功能旺盛、精力充沛的时候从事最重要、最紧张的学习活动，以便最有效地利用学习时间。

（3）灵活利用零碎时间

生活中存在很多零碎时间，如课余、饭前饭后、等人等车、乘车乘船等，应充分利用这些时间。利用零碎时间可以处理学习上的杂事，拓展阅读增加知识面，寻找算法灵感，也可以进行讨论和通信，与他人进行交流，有助于创造性思维的生成。

2. 努力管理策略

系统性的学习大多是需要意志努力的。为了使学生维持自己的意志努力，需要不断地鼓励学生进行自我激励。

（1）激发内在动机

对学习本身有兴趣、好奇心和求知欲是一种重要的内在学习动机，它可以使人持续学习，敢于克服障碍，迎接挑战，从学习活动中获得快乐。学习的内在动机是可以自我培养的，随着应用和学习，自己会感到知识上的不足，而后愿意得到更多的相关知识。

（2）树立为了掌握而学习的信念

每个人在学习时都带有不同的目的，这些学习目的大致可以归为两类。一类是为了追求好成绩，即所谓的绩效目标，带有这种目的的人一般特别注重自己在别人心中的地位和形象，生怕别人觉得自己不够优秀。另一类则特别注重自己是否真正掌握，即所谓的掌握目标，带有这种目的的人敢于迎接学习挑战，克服在学习上遇到的困难，从而掌握某一门知识。

（3）选择有挑战性的任务

在挑选学习任务时，要挑选那些具有中等难度的任务。中等难度的任务比太易或太难的任务更能激励自己。

（4）调节成败的标准

随着学习的深入和自己能力的变化，要不断调整自己的成败标准。如果标准一直过高，自己总不满意自己，则会造成自责、自卑和情绪低落。如果标准一直过低，自我感觉过于良好，则会造成盲目的自信，学习也会受到影响。因此，只有适时调整自己内在的成败标准，才能维持学习的自信心。

（5）正确认识成败的原因

学习有成功，但也难免失败。人在成功或失败时肯定会产生相应的情绪反应。因此，在反应过后，需要冷静下来，客观而正确地认识自己成败的原因，以便获取下一次成功，避免下一次失败。

（6）自我奖励

当获得了满意的效果后，要设法对自己进行奖励。奖励的方式多种多样，可以暗示自己"我真行""我成功了""坚持就能成功"等，也可以从事一些自己喜欢的活动等。

3. 环境管理策略

1）学习环境是可以人为地选择、改善与创设的。设置学习环境是为了使周围的环境更有利于学习活动的展开。首先要注意调节自然条件，其次要设计好学习的空间，如果条件允许，则应当有一个相对固定的学习场所，形成一个相对安静的学习环境。

2）学习工具是学习中必不可少的学习资源。学会有效利用学习工具在人的一生中都是非常重要的。

3）社会性人力资源的利用策略。学习总是需要与人交流的，教师和同学是学习的最重要的社会性人力资源，必须善于利用。因此，在学习中我们可以取得教师的帮助，进行同学间的合作与讨论，以及争取社会上其他人的帮助。

4. 学业求助策略

学业求助策略是学生在学习过程中提高学习效率与学习目标达成度的有力支撑，除求助人力资源外，还可以有效地使用各种支持工具、资源，这些是学习中必不可少的物化学习资源，如由教师提供的学习支架、评价标准或工具、网络资源、学习范例等资料。我们也可借助学习任务单更好地把握学习进度，提升学生的学习元认知策略水平。

第二节 中学信息技术教学策略

教学策略主要解决教师"如何教"和学生"如何学"的问题，是教学过程设计的重点。不同的专家对教学策略的认识是不同的，有的专家认为，教学策略包含教学模式、教学方法，属于宏观的概念；有的专家则认为，教学策略是在教学模式、教学方法的指导下所采用的具体的操作方式，属于微观的概念。这两种看法都是从具体"操作"的狭义层面上来看待教学策略的。实际上，教学策略不但是教学过程的具体操作方法，而且是教学内容的组织和呈现的深层次加工的操作程序。也就是说，应该从广义层面来看待教学策略。因此，我们认为，教学策略是为完成特定的教学目标，而在教学活动过程中所采用的方式、方法、手段、程序等因素的总体考虑。

从性质上来区分，教学策略可以分为预设型和生成型两种。

1）预设型教学策略强调教师的作用，由教师设计教学方案，在教学过程中严格按照教学方案实施教学活动。这种策略的优点是教学效率高，有利于学生对基础知识和基本技能的掌握，学习策略有局限的学生容易获得成功；而缺点在于学生的智力投入不足，信息处理的深度不够，容易导致被动地接受。因为教师把教学过程安排得过于周到、细致，对学生而言缺乏挑战性，所以可能造成学生的学习动机不强。

2）生成型教学策略强调教学活动是在教学过程中形成的而不是预先设计的，学习目标、学习内容、学习进度、学习顺序，以及对信息的加工方式等都应该由学生根据自己的情况做出安排。学生是主动的探索者和知识意义的建构者，教师是学生学习的支持者和帮助者，因此学习活动主要由学生进行控制，通过自主探究活动来进行学习。这种策略的优点是可以充分体现学生的主体作用，发挥学习的主动性、创造性；而缺点在于容易忽略教师的主导作用，使学习变得不够系统，影响学生的全面发展。

由此可见，单独强调哪一种教学策略都是片面的。正确的做法应该是：依据现代教学理念，把两种教学策略的优势结合起来，克服其局限性，科学地进行教学设计，既要考虑"如何教"更好，又要考虑"如何学"更有利。在教学过程中，根据具体情况对教学设计方案进行调控、修正，做到既有章可循，又灵活多变，创造出丰富多彩的课堂教学情境。

一、中学信息技术学习活动方式

信息技术学科的学习方式不是学生的个体行为，而是教师和学生共同的活动。在学习过程中，学生通过活动积极探索知识、锻炼技能，形成解决问题的能力；教师通过教学设计提出要达到的学习目标、为学生创设必要的学习情境、提供学习资源、设计学习活动，并对学生的活动进行及时的监控和评价。

《教学设计》（高等教育出版社出版，李龙编著）一书中提出：任何一种学习方式，实际上都是由学习内容呈现方式（内容结构）、学习（教学）模式和学习活动方式（组织形式）三个方面组成的。具体内容可以参照学与教方式的模型（图2.9）。有效的学习方式应该根据学习目标、学习内容和学生的特点，从学习内容呈现方式、学习（教学）模式和学习活动方式三个不同的维度中进行选择及组合，并做出规范的表述。在学科核心素养和大概念视角下，依据课程标准、学习内容及学习者特点，信息技术课程的学习活动在学习内容呈现方式上以项目化学习为主；学习（教学）模式维度以体验型学习为主；学习活动方式维度以合作式学习为主。

（一）项目化学习

项目化学习是以学习/研究某种或多种学科的概念和原理为中心，以制作作品并将作品推销给客户为目的，在真实世界中借助多种资源开展探究活动，并在一定时间内解决一系列相互关联问题的一种学习活动。

1. 项目化学习的构成要素

项目化学习主要由内容、活动、情境、结果四个要素构成。

1）内容。项目化学习的主要内容是在现实生活和真实情境中表现出来的各种复杂的、非预测性的、多学科知识交叉的问题，其中包括学科的核心概念和原理。

2）活动。项目化学习的活动主要是指学生采用一定的技术工具和研究方法对问题求解所采取的探究行动。在活动中要设计生动有效的学习策略，如有一定难度的问题、收集资料的途径、对收集到的资料进行加工和完成作品的建议等。

3）情境。项目化学习注重促进学生之间的合作学习，同时支持学生的个别化学习。在设计情境时，要注意促进学生个人与个人、个人与社会团体之间的合作，鼓励学生使用技术工具。

4）结果。项目化学习强调促进学生掌握丰富的工作技能并将这些技能运用到终身学习中。学习成果主要包括作品（研究报告和其他成果）、运用知识的技能和策略，以及成功开展工作的态度和信念。

2. 项目化学习的基本特征

项目化学习的基本特征主要表现为以下几点。

1）有一个驱动性的问题。该问题是用来组织学习活动的，而学习活动是完成有意义的项目化学习的基础。

2）有最终完成的作品。项目化学习要完成一个或一系列作品，学生在作品完成的过程中要进行交流和讨论，这样会不断得出结论和产生新的问题，学习将会随之不断地深入。

3）多种学科知识的交叉。在学习和完成作品的过程中，面对来源于现实生活的问题，需要综合运用多学科知识来解决，促进学生综合能力的发展。

4）强调在学习活动中合作。在学习活动中，教师、学生及涉及该项活动的其他人员组成一个"学习共同体"，形成了一种密切合作的关系。

5）在现实情境中进行探究。项目化学习要求学生对现实生活中的问题进行探究，通过探究使学生获得学科知识的核心概念和原理，并掌握一定的技能。

6）运用多种认知工具和信息资源。在学习过程中，学生使用各种认知工具和信息资源来表达观点、支持学习，有利于学生信息素养的提高。

3. 项目化学习的操作程序

项目化学习的操作程序有六个步骤：项目选定→计划制订→活动探究→作品制作→成果交流→评价反思。

（二）体验型学习

体验型学习（experience learning）是学生在一定的学习环境中，通过真实亲历（或虚拟亲历）和反思来获得知识、技能和态度的一种学习模式。

信息技术的迅速发展为学习提供了丰富的学习资源、便捷的信息检索与查询工具、多种通信工具和网上模拟实践，因而为体验型学习的开展提供了良好的学习环境，使得原先不能真实亲历的学习过程可以通过仿真环境得以虚拟亲历，拓展了体验型学习的广度和深度。现代心理学认为，体验是指由身体性活动与直接经验而产生的感情和意识。体验型学习就是在亲身经历的学习与探究活动中获得感受，将其融入自身的经验之中，并对原有经验发生影响的活动。因此体验型学习泛指学生亲身介入实践活动，通过认知、体验和感悟，在实践过程中获得新的知识、技能和态度的过程。凡是以活动为开始的、先行而后知的学习活动都可以被称为体验型学习。体验型学习强调体验对学习的意义，不是简单地主张要在做（实践）中获得新知识和新能力，而是更关注对经验的总结和反思，强调在掌握知识、技能的过程中不但能知道、能行动，而且能够从深刻的反思中获得经验的提升，掌握学习的一般规律和方法，使学生通过反思与体验过程获得成长性的发展，因此，我们可以将体验型学习看作是"做中学"与"思中学"的结合。

1. 体验型学习的特点

体验型学习的特点主要包括以下五个方面。

（1）主动性

主动性强调学生积极主动地参与，如果没有这种主动参与，就不能产生任何体验，更谈不上学习过程的完成。因此，主动性要求学生必须发挥主动精神，充分依靠信息技术的支持，对自己的学习负主要责任，真正成为学习的主人。

（2）主体性

体验型学习是学生进行体验而不是教师进行体验，因此必须体现学生的主体性。在学习过程中，教师可以给学生提供学习环境、学习资源和学习要求及建议，但具体的行动方案和活动实施由学生自己安排，充分发挥学生的主动性。

（3）实践性

体验型学习强调在信息技术环境下的"做中学"和"学中做"，强调实践和动手操作，认为学生不仅应该在课堂上进行实践，还应该在课后、校外将自己所学的知识、技能、技巧和经验在参与集体及社会活动过程中充分运用，并从中获得新的体验。体验型学习的成果不一定是具体的、有形的知识和技能，也可能是一种见解、一个方案、一个行动，或只是一次活动。

（4）反思性

与以记忆为主的接受型学习不同，反思是体验型学习的关键，它要求学生有意识地关注所学的东西并设法巩固。因此，学生既可以反思内容，也可以反思过程；既可以反思主体，也可以反思客体。学生对自己在学习过程中的亲身经历进行反思，最后整理、抽象、概括和提炼以升华成新的知识，并且形成自己的理念和价值观。

（5）情境性

体验具有情境性，同一个人在不同的情境下对同样的事件会产生不同的体验，这使得人们可以对同一对象进行反复的体验和回味而不致感到厌烦。体验型学习通过真实的或由信息技术创建的虚拟环境，让学生在其中进行体验，获得经历和发展性变化。因此体验型学习的过程力求逼近真实的环境，在虚拟的场景中体现环境的真实性，做到虚中有实、实中有虚；尽量使学生从外在的环境和内在的心境两个方面都感到自己正处在"真实"的空间中，而不是仅仅操作几个简单的交互式课件或简单情境的模仿，从而使学生能够真正地进行思考，做出反应，在解决问题的过程中获得深刻的体验。

2. 体验型学习的过程

体验型学习的过程具体如下。

（1）体验

体验是体验型学习过程的开端，指学生投入到一项活动之中，并以观察、表达和行动的方式获得感性认识或直接经验。

（2）分享与交流

有了具体的经验之后，学生应该与其他同伴分享感受或观察结果，并通过交流把这些分享的内容结合起来，建立对事物的整体认识框架。

（3）反思

在经过体验、分享与交流之后，学生要从个人的经历中总结出原则和归纳提取出思想精华。通过对整个过程的反思，得出研究结果，并找到过程的不足，制订修正计划，力图今后进一步内化学习结果。

（4）应用

体验型学习的最后一步是策划如何将这些体验应用到实际工作及生活中，而应用本身也就成为学生的一种宝贵体验。有了新的体验，新的循环又会开始，学生就是在这种不断循环的学习过程中得到主动发展的。

3. 体验型学习的操作程序

体验型学习的操作程序有五个步骤：体验→分享与交流→反思→应用→体验。

（三）合作式学习

合作式学习（cooperative learning）是学生为了完成集体共同的任务，有明确的责任分工的互助性学习活动方式。合作式学习鼓励学生为集体的利益和个人的利益而工作，在完成共同任务的过程中实现自己的理想。

1. 合作式学习的特征

合作式学习的特征主要有以下几点。

1）异质分组。小组成员在性别、学业能力和其他品质上应该是不同的、异质的，只有这样才能够共同发展、接纳他人，使学业困难者获得更好的发展。

2）积极互助。在学习过程中，小组成员必须人人参与，互相帮助，共同完成学习任务。

3）分工合作。建立小组成员的行为规则，明确每个人的责任、分工和相互合作的要求，以及承担对其他成员进行鼓励和支持的义务。

4）资源共享。互相帮助和交流。

5）奖励体系。集体的荣誉就是每个人的荣誉。

2. 合作式学习的意义

合作式学习的意义包括以下几个方面。

1）合作式学习将个人之间的竞争转化为小组之间的竞争，有助于培养学生合作的精神和竞争的意识；有助于因材施教，可以弥补一个教师难以面向有差异的众多学生教学的不足，从而真正实现使每个学生都得到发展的目标。

2）在合作式学习中，学生的积极参与、高密度的交互作用和积极的自我概念，使教学过程不仅是一个认知的过程，还是一个交往与审美的过程。

3）在合作式学习过程中，教师和每个学生之间的差异能得到承认，其潜能能够得到充分的发挥；有助于张扬个性和满足学生的需要，使学生学习有信心；合作式学习活动能使学生体会到相互间的关心和帮助，使师生在多维互动、相互砥砺、取长补短的过程中达到在和谐中进取的境界。它有助于因材施教，培养学生的合作精神和竞争态度。

二、中学信息技术教学策略的选择方法

加涅认为存在不同的教学设计目标就需要不同的教学策略，以便让学习者高效率地达到既定的教学目标。选择教学策略是一个把知识和策略联系起来的处方，如果学习者

要掌握特定的知识与技能，教学就必须采用符合掌握该类知识与技能的教学策略。

中学信息技术学科里的"教"不同于传统讲授式教学中的教，准确地讲是"导"，是指为学生的学习提供示范、支架。尊重学生的认知尤其是元认知发展的特点，根据学习策略选择教学策略。

信息技术的学习过程以学生合作解决问题为主要形式，教师需要提供学习支架作为引导和支持手段来帮助学生顺利地开展问题解决过程，形成预定的学习结果，并使学生变成独立的问题解决者。

教师要引导学生学会自主学习。在给出教学任务之后，教师通过组织学生共同研讨、分析任务，尽可能地让学生自己提出解决问题的步骤、策略与方法；培养学生使用软件和屏幕提示的习惯，使学生在学习中碰到问题时能够自己利用计算机和人机对话等解决问题；还要注意培养学生利用网络获取帮助的能力，一是利用搜索获取有关解决问题的方法，二是利用网络寻求他人的支持，实现智慧的互联互惠。

不同学生具有不同的认知风格，有些学生喜欢独立地制定完成任务的方法，表现出很强的"场独立性"，而有的学生则常常依赖于教师提供完成任务的线索和启发，具有明显的"场依存性"；有些学生善于用复合思维，综合信息与知识，运用逻辑规律，缩小问题范围，直至找到解决问题的方法，有些学生则可能更具发散思维优势，喜欢沿着多个方向寻找解决问题的方法；在问题情境中，有些学生倾向于深思熟虑而错误较少，而有些学生则倾向于快速做出反应而常常出错。面对学生在学习过程中表现出来的种种认知风格的差异，教师在教学过程中应采用不同的教学策略，施以不同的教学方法和指导，鼓励不同意见和思路的迸发，鼓励多样化的问题解决方式和方法。

【案例分析】

探索：智能地图"实时显示拥堵"

（四川省成都树德中学　廖力紫）

[学科核心素养]

1）能够采用计算机领域的学科方法界定问题、抽象特征、建立结构模型、合理组织数据。（计算思维）

2）通过判断、分析信息资源，运用合理的算法形成解决问题的方案。（计算思维）

[课程标准要求]

1）通过典型的应用实例，了解数据采集、分析和可视化表达的基本方法。

2）掌握一种程序设计语言的基本知识，使用程序设计语言实现简单算法。通过解决实际问题，体验程序设计的基本流程，感受算法的效率，掌握程序调试与运行的方法。

[学业要求]

了解数据采集、分析和可视化表达的基本方法，在数据分析的基础上，完成分析报告。依据解决问题的需要，设计和表示简单算法；掌握一种程序设计语言的基本知识，利用程序设计语言实现简单算法，解决实际问题。

[学情分析]

高中学生已经了解了一些大数据的概念，掌握了一些基本的编程知识，有一定的程序设计经验，但是不了解大数据在生活中的应用，不清楚大数据的收集、分析、处理。

[教学目标]

1）通过了解智能地图"实时显示拥堵"这一功能的原理，理解数据处理的过程和方法。

2）模拟智能地图"实时显示拥堵"的实现过程，使用计算机编程模拟智能地图的实现。

[教学重难点]

教学重点：了解数据采集、分析和可视化表达的过程。

教学难点：设计方案，模拟智能地图"实时显示拥堵"的实现过程。

[教学策略分析]

学生在生活中经常接触到智能地图，教师可以利用这个常见的事物让学生了解大数据在生活中的应用。以智能地图"实时显示拥堵"为例，解析它是如何采集、分析和可视化表达数据的，并编程模拟其中一些环节的处理过程。通过分组探究活动，学生应深入理解大数据的概念及大数据对生活的影响。

[教学环境]

网络机房。

[教学过程设计]

1. 情境引入

智能地图是我们的好帮手，它能为大家导航，实时显示道路拥堵情况，方便大家避开拥堵路段，提高出行效率。智能地图一般用绿色表示道路通畅，用黄色表示车辆行驶缓慢，用红色表示极为拥堵。

智能地图"实时显示拥堵"功能非常有用，它究竟是怎样实现的呢？

设计意图：大数据是一个相对抽象的概念，为了让学生理解大数据的处理过程，我们选择了一个与生活贴近的例子——智能地图。学生在生活中经常接触到智能地图，它能为我们导航，为我们提供方便快捷的出行路线。本次活动选择它的"实时显示拥堵"这一功能作为研究主题，探究这个功能是如何实现的。按照数据的采集、分析和可视化表达三个阶段设计相应的活动，让学生自行设计方案，模拟智能地图的实现，从而学习根据实际需求设计方案并用信息化工具解决问题的方法。

2. 新知探究

活动1：智能地图"实时显示拥堵"的数据采集。

知识技能：数据采集。

活动要求：

① 学生 2～3 人为一组，上网搜索资料，整理记录智能地图有哪些数据采集的方法。

② 设计一套方案，模拟其中一种数据采集的方法。

③ 完善方案，以学校周边的一段公路为样本，采集其车流量的数据。

④ 分析实验方法及数据，提出改进方案并实施。

设计意图：这个活动让学生了解"实时显示拥堵"的数据采集过程，并设计一种可执行的方案模拟数据的采集。学生通过上网搜索能了解到智能地图的数据采集大多使用 LBS（location-based service，基于位置的服务）技术。智能地图的数据由专门的数据应用商提供，数据采集主要有三种方法：第一，浮动车模型，通过出租车、滴滴快车、客运车、货车等车载 GPS（global positioning system，全球定位系统）终端收集数据；第二，在公路上安装地感线圈、测速雷达和视频监测工具；第三，定点上报或实地采集，也可用无人机航拍。

在难度的把握上，我们可以通过设计方案的难易程度来调节。用定点上报的方法采集数据，即在一段路的两端用人工方法记下浮动车通过路口两端的时间。在有条件的情况下，可以让学生尝试用无人机+传感器的方式来采集数据，在一段路的两端各悬停一架无人机。在汽车上放上相应的无线传感器模拟浮动车，当浮动车经过第一个无人机时，传感器检测并记录下时间数据；当浮动车到达第二个无人机时，也会被检测并记录下时间数据。

活动 2：智能地图"实时显示拥堵"的数据分析。

知识技能：数据分析。

活动要求：

① 将活动 1 采集的数据输入计算机，用计算机分析处理数据，计算车辆通过这段路的速度（$V=S/T$，S 是实验公路的长度，将活动 1 记录的浮动车经过公路两端的时间相减即可得出时间 T）。当车辆的行驶速度为 0～20km/h 时，显示拥堵；当车辆的行驶速度为 20～40km/h 时，显示行驶缓慢；当车辆的行驶速度为 40km/h 以上时，显示畅通。

② 设计算法，先用文字显示"拥堵""缓行""畅通"，再用编程实现数据的处理。

③ 改进算法，优化程序。

设计意图：这个活动是在活动 1 的基础上，将前面采集的数据输入计算机进行分析处理，设计算法编程实现的。大多数学生可以编写出程序的核心计算部分，但是平时较少涉及"数据读取"，可以由教师提供"数据读取"的程序模块，学生在编程时直接调用即可，降低活动的难度。

活动 3：智能地图"实时显示拥堵"的数据可视化表达。

知识技能：图层叠加的显示方法。

活动要求：

① 上网搜索资料，了解智能地图图层叠加的显示方法。

② 选择一个可以制作图层的软件，模拟样本公路的三种情况：红色为拥堵、黄色为缓行、绿色为畅通。

③ 修改活动2的程序，用相应的图形替换前面的文字。

设计意图：这个活动让学生了解图层叠加的显示方法。图层叠加是指可以在底图上随时叠加一些信息，这样既不需要改变底图，又可实时显示相关信息。这个活动可以和活动2衔接，对程序进行优化改进。

3. 归纳总结与拓展思考

知识技能：数据采集、分析和可视化表达。

活动形式：小组学生代表小结、教师补充。

拓展思考：打车软件（如滴滴出行、高德等）可以实时显示并通知用户周围的出租车、快车情况；外卖软件可以显示用户周围的餐饮情况。这些软件是如何工作的？还有哪些软件运用了这种工作模式？这种工作模式还有其他应用吗？

设计意图：让学生梳理在本次活动中学到的知识，进一步加深对数据采集、分析和可视化表达这一过程的理解。拓展思考中的问题让学生继续在课后思考有哪些事物与智能地图"实时显示拥堵"的工作模式相似，将本课所学的知识带入生活中，思考大数据的其他应用及其意义。

【案例分析】

活动记录表示例

智能地图"实时显示拥堵"的活动记录表如表 5.1 所示。

表 5.1　智能地图"实时显示拥堵"的活动记录表

组别：_____　　　　组员：_____

活动 1：智能地图"实时显示拥堵"的数据采集	
数据采集方法	具体方案与技术
方法一	
方法二	
……	
设计可执行方案，模拟"实时显示拥堵"的数据采集	
活动 2：智能地图"实时显示拥堵"的数据分析	
设计算法，分析拥堵情况	

续表

活动3：智能地图"实时显示拥堵"的数据可视化表达
"实时显示拥堵"采用了何种显示方法？这种显示方法有什么优势？
归纳总结：大数据的处理经过了哪些过程？
拓展思考：有哪些事物与智能地图"实时显示拥堵"的工作原理相似？大数据在生活中还有哪些应用？

第三节 中学信息技术学习资源

信息技术的学习资源除了包括传统的文字教材和音像教材，还包括以多媒体计算机和网络为载体的教学课件、专题学习网站和网络课程。它们构成了立体化的教材体系，加上模型、实验设备、测评工具、文献资料等，构成了丰富多彩的学习资源。

一、中学信息技术学习资源的功能

不同的学习资源可以支持不同的学习活动。在各种有效的资源、工具的支持下，学生根据选择的项目，收集、分析并选择信息资料，应用知识与技能解决实际问题。教师通常以帮助者、引导者的角色给学生提出问题，引导学生解决问题，组织、激励学生进行探究活动，并引导学生对研究成果进行自评和互评。因此有效的信息技术学习资源应具备如下功能。

1. 方便学生进行信息整理加工

学习资源在信息技术课程中的应用以资源相对集中的形式体现，方便学生进行信息整理和加工。项目学习除以真实的生活问题为载体外，还可以选择特有的文化内容作为延伸扩展，方便学生体验信息文化和传统文化，增强民族认同感和民族自豪感，同时提高学生的信息技术操作技能和信息加工能力。例如，将有关文化主题的历史由来、历史变迁、蕴含的传统文化、特有的民族文化、与现代文化的相融性、继承保护等主题的各种信息资源集中起来，使学生对选定的主题进行信息整理加工，制作成项目成果进行汇报交流，在提高信息加工能力的同时丰富学生对民族文化的理解和认同，潜移默化地培养学生的民族自豪感，更好地、更理性地看待传统文化，从而以现代人的视角继承发扬。

2. 提高学生共同利用信息解决问题的能力

支持项目学习的资源和协作学习交流工具可以让学生自己选择和确定研究的主题或项目的设计，自己收集、分析并选择信息资料，运用知识解决实际问题。这样一来，学生能够探究交互平台，注重交流与合作，以探究主题为核心进行有意义的交互合作，在交流合作中共同解决问题，共同建构健康的信息文化，从而提高信息问题解决能力。

3. 提高学生信息交流能力

当前的互联网信息良莠不齐，中小学学生的信息免疫能力还未很好地形成，不适合直接在因特网上进行学习。信息时代的网络是一个必不可少的学习工具和学习环境，学生需要在良好的网络环境中、在教师的指导下开展综合学习，并利用网络进行合作学习，从而提高信息交流能力。因此，人们应在校园网环境中构建具有交互功能的专题网站或者专用平台，并设置专题交流区和作品展示区，方便学生进行信息整理加工、作品展示和在线交流活动，提高学生的信息交流能力，丰富学校的网络文化活动。

4. 教师信息素养提高的推进器

教师通过设计项目学习活动和学习资源可以提高自身的信息能力。主题选择、学习管理等可以使教师在新教学理念的指导下，提高在信息化环境下的教学能力；设计制作相关学习资源可以成为改变教师教学观念的推进器。例如，初中信息技术的某教师，在教学中一直采用演示模仿教学方法，在经过现代教育技术专业培训后，从自己设计制作了资源型教学网站并应用于教学中，到与其他学科教师合作建立问题导向的信息技术探究性学习活动，这位教师的信息素养和信息化教学能力都有了很大的提高。

5. 促进跨学科学习的深度融合工具

信息技术教师通过与学科教师的合作，选择其他学科内容作为学生信息加工和信息搜集的载体，在提高信息技术能力的同时促进学科知识的进一步理解、深入思考、综合应用等。例如，信息技术教师与地理教师合作建立一个关于地理课程内容"极地"单元的专题网站，将有关极地的基本知识、探险、环保、动物、气候等主题的各种信息资源集中起来，使学生对选定的主题进行信息加工，制作成电子作品进行汇报交流，既提高了其信息技术操作技能，又提高了信息加工能力。学生优秀的电子作品作为专题网站的一部分，丰富了网站的内容，也为今后的学习活动提供了学习范例。

在教学设计案例"探秘信息系统——信息系统的组成与功能（浙江省绍兴市教育教学研究院，邵红祥）"中有一个明显的特征，即概念多、涉及的面比较广，是后续内容的基础。教师在教学中可以先让学生开展信息系统体验活动，再根据活动结果引导学生自己归纳、总结、延伸，让学生通过活动有所感悟。教师也可以采用项目学习法来突出重点、突破难点，引导学生经历"分析情境—探究问题—类比学习—交流结果"的学习过程。这样一来，一方面，很好地避免将需要理解的知识当作事实来教；另一方面，让学生感知身边的信息系统，体验数据的处理过程，领悟其中的学科思想与方法，从而落实学科核心素养的培养。

二、中学信息技术学习资源的选择方法

信息化环境中的资源比较丰富，选择学习资源时应考虑多重因素，包括教学目标、学生特征、教学环境、教学活动、可交互探究等。如果能在中学信息技术课程教学中根据这些实际因素采取具体的应用策略，就能有效地提高学生的学习效果。

1. 根据教学目标选用学习资源

不同层次的教学目标决定了所要解决教学问题的差异，也给学习资源的选择和应用带来了差异性。教学目标的差异决定了所使用学习资源的深度和广度应该有所调整及适应。总体来说，低层次教学目标（识记、理解、应用，面向良构型问题）所需的学习资源在广度上应该收敛，在资源递进深度上也应加以限制；而对于高层次教学目标（分析、综合、评价，面向劣构型问题），学习资源的广度则可以呈超链接的开放式形态发展，资源深度也可以从多个认知侧面、正反资源实例等方向上深层次递进或优选。

在教学设计案例"智能地图'实时显示拥堵'"中，当学生仅需阅读识记所需的基本知识、形成概念时，可为学生提供相关的书面印刷材料；当学生需要进一步通过智能地图的数据分析来获得结论时，可为他们提供网站、图片等工具类资源；当学生要进一步应用所学知识到具体的案例中时，则可提供工具（如无人机、传感器）及深化理解的拓展网络资源。

2. 根据学生特征选用学习资源

每个学生都具有专属于自身的独特学习风格和认知特性，这必然影响到教学的多样化。在学习资源的设计与使用过程中，在条件允许的前提下，尽可能根据学生的个人特质和认知水平进行有针对性的多样化设计。例如，为认知水平低的学生提供更密集的良构化学习资源，为认知水平高的学生提供更加丰富的劣构开放性学习资源。针对不同学生，提供多种超链接路径的学习资源。

此外，针对不同水平和风格的学生，教学设计者所提供的学习资源支架也应该有所差异。对于自治型学生，教学设计者可以提供较弱较少的学习资源支架，让其发挥自主能动的学习能力；对于依赖型学生，教学设计者则应该提供更多较强化或密集的学习资源支架，可以让他们顺利渡过资源难关，确保最终的学习效果。

3. 根据教学环境选用学习资源

为了便于创设高质量的问题情境，无论在何种教学环境中，都应该注意资源的情境依存特性，充分利用情境化的学习资源来优化教学效果。

　　教师可以从应用高情境化的学习资源入手，并渐次迁移转为应用低情境化的学习资源，以提升学生的高级思维能力和学习迁移能力。在信息化教学环境中，教师应该尽可能发挥信息技术的数字载体和学习支架作用，以弥补常规课堂环境中资源脱境化的先天不足。

　　在教学设计案例"智能地图'实时显示拥堵'"中，根据不同活动环境的需要，教学设计者选用了不同类型的资源。例如，在获取马路上的车辆数据时，使用了户外环境中更加实用的实物用品；在分析和处理车辆数据时，选用了各种电子资源及软件；在获取概念知识和拓展认识时，选择了网络资源与印刷材料。

　　4. 根据教学活动选用学习资源

　　不同类型和要求的教学问题有着不同的教学活动设计，而具体的教学活动也将导致选用学习资源的差异。从讲授到探究，有不同的学习资源提供方式：①直接提供，即将学习资源直接展现给学生；②部分提供，即提供部分学习资源给学生，让学生通过努力获得其他学习资源；③学生探究获取，即在教师指导下，学生完全通过自主查询探究获取学习资源。在这些方式下的学习资源选取和使用都是不相同的。因此，应该针对教学活动的不同，考虑学习资源的加工深度、物理分布、结构形态及变动方式等，提供与教学活动适度匹配的合适资源。

　　5. 根据可交互探究选用学习资源

　　学习资源的交互性是指学习资源能够引起与学生相互作用的某一个或某一些品质。在问题解决学习中，教师应为学生提供具有交互功能的学习资源，以使学生在使用资源时获得探究互动的效果，增进他们的认知理解。与静态资源（课本、印刷媒体、演示型课件）相比，交互型的动态资源能够为学生提供及时的纠错反馈、路径引导等，这些能够引起学生更持久有效的认知关注和交互心理，从而形成一种人与资源互动的氛围，激发学生的学习积极性与探究欲望。

　　在教学设计案例"探秘信息系统——信息系统的组成与功能（浙江省绍兴市教育教学研究院，邵红祥）"中，配合教学实验，教师提供了模拟吹气球的电子装备供学生使用。学生通过向智能板上的声音传感器集中吹气，显示器中的"气球"会产生大小变化，经历"吹不破"到"吹破"的过程。教师引导学生思考，以"吹气球"系统为例指出信息系统的概念，并让学生举例说说身边的信息系统，使学生对信息系统的概念有了更清晰的认识。"吹气球"系统为学生提供了一个具象的信息系统，教师提供了具有交互功能的教学软件资源，有利于学生通过观察进行分析。教师以数据为抓手，将数据流转过程分解成五个环节，便于学生对系统功能进行总结与归纳，加深对数据和信息系统概念的理解。

三、学习任务单

　　在信息技术课程教学过程中，教师应有效地利用数字化环境和资源来支持学生的学习、提高学习效率。因此，教师的"导学"在学生学习过程中起着重要的作用，教师通过创建学习任务单为学生搭建一个"攀登的支架"。

（一）学习任务单的作用

教师依据教学内容、教学目标、教学策略、教学进度安排等设计学习任务单，使之成为为达成学习目标而设计的学习活动的载体，对学生的学习具有方向指引、进度督促、成果检验等作用。学生通过阅读学习任务单，明确任务、找准学习的目标，按时间进度开展学习活动；最后通过评价量规进行自我检测及学习反思；还可以根据需要使用教师提供的资源。这样一来，学生的学习目的更明确，学习效率提高，并逐步培养起自主学习的能力。

（二）学习任务单的内容

结合信息技术课程教学的特点，为了发挥学习任务单的支架作用，学习任务单应具备四大要素：学习任务、学习目标、评价方式、活动步骤及进度。

1. 学习任务

学习任务单的首要内容就是清晰的学习任务。学习任务的内容应最大限度地包含学习目标。建议设计多样化的学习任务，根据信息技术课程的特点，教师可以设计开放性的、解决实际问题的、创新性的学习任务，如调研报告、手抄报、课后实践活动等。

2. 学习目标

学习目标具有导向作用，是学习的起点，也是学习的终点，学习任务的设计、学习内容的选择、学习活动的开展都必须围绕学习目标进行。学习任务单的设计首要考虑的是学习任务、学习目标的推进和落实。因此，教师在学习任务单中必须明确告知学生学习目标，以使学生带着明确的学习目标开展学习活动。

3. 评价方式

评价具有检验学习成果的作用，也具有诊断和引导的作用，在学习任务单中给出评价方式有助于学生进一步明确学习目标和努力的方向。评价方式应该包括过程性评价和总结性评价两个部分。过程性评价是面向过程的，应该出现在整个学习过程中，可以全方位地对学生进行督促和引导，过程性评价可以由学生根据自己的学习情况自己评定；另外，信息技术课程的学习成果通常是以作品的形式表现的，提供相应的评价量规可以帮助学生检查学习结果，这种总结性评价可以由教师和学生共同参与，以检验学生的学习成果。

4. 活动步骤及进度

告知学生活动步骤可以让学生明确活动的进展，按照规范的步骤开展活动，少走弯路。但也需要根据任务的不同和学生能力的不同调整活动步骤，给予学生一定的自由度。信息技术课程提倡项目化学习，不再是以教师为主体的课堂讲授式，而是强调学生的自主性。但是这容易使学生忽略学习进度、延误学习进程甚至半途而废，因此教师需要根据课程安排在学习任务单中列出规定的学习时间和学习进度，以督促学生及时完成学习任务，同时培养学生良好的学习习惯。

学习任务单还可以包括学习准备、配套学习资源推荐（包括教科书相关内容及其他学习资源）等。如果完成学习任务需要提前的物质准备或者预先的构思，则教师可以在学习任务单中列出。另外，教师也可以将学习过程中所需的学习资源通过学习任务单提供给学生，如资源的形式、名称和网址等，方便学生查找资源，缩短选择学习材料的时间，提高学习效率。

（三）学习任务单的设计

设计学习任务单需要明确学习任务、学习目标、评价方式、活动步骤、学习准备、配套学习资源等。学习任务单可以采用思维导图或者表格的形式呈现，力求简洁、清晰、明确。

1. 思维导图式学习任务单

学习任务单以学习目标为出发点，结合学习进度要求列出学习任务，同时给出相应的评价方式。学习任务单可以采用思维导图的形式呈现，这样方便做项目方案策划、问题解决的决策分析、学习记录等，条理清晰的思维导图应用于项目学习中不但会引起学生的观赏兴趣，而且会激发小组成员的工作热情。在学习过程中，学生可以根据项目进展情况改进学习任务单，如增加学习心得、补充学习笔记等。

针对"数据处理与应用"这一单元，教师根据学习内容分析、学生特征分析、学习目标分析，确定的教学策略是：利用学生在生活中经常接触到的智能地图，让学生了解大数据在生活中的应用。以智能地图"实时显示拥堵"为例，解析它是如何采集、分析和可视化表达数据的，并编程模拟其中一些环节的处理过程。课前通过调查研究、外出考察等活动设计算法，课堂上汇报交流、编程实现算法。设计的学习任务单包括学习目标、自主探究及上课形式预告，如图 5.2 所示。

在思维导图式学习任务单中，建立评价量表与学习目标之间的关系，让学生清楚地知道自己掌握了哪些目标，在哪些目标上还存在差距。思维导图式学习任务单示例如图 5.3 所示。

探索：智能地图"实时显示拥堵"

学习目标

- 知识与技能　通过典型的应用实例，了解数据采集，分析和可视化表达的基本方法。掌握一种程序设计语言的基本知识，使用程序设计语言实现简单算法。
- 过程与方法　通过解决实际问题，体验程序设计的基本流程，感受算法的效率，掌握程序调试与运行的方法。
- 情感态度与价值观　通过实践操作，体会智慧生活所带来的便捷与优势，感受未来科技的发展趋势。

自主探究

- 任务一　用手机打开地图类APP或者用计算机打开地图类网站，观察附近道路的拥堵情况。思考如果你是一个驾驶员，将要通过这段道路，那么你需要哪些信息。
- 任务二　查找资料，整理记录多地能找到不同的方法，并分析其优劣。
- 任务三　在个人搜集不同方法的基础上，小组讨论确定一个可行性高的方法，并设计一套完整的数据采集方案。选取某一段公路为样本，根据小组确定的方案，采集某时间内公路上所需的所有数据。在外出采集过程中，可以采用人为技术测量的方法采集或者在选定道路两头各放置一个无人机采集数据及图像信息。
- 任务四　友情提醒：外出采集信息要注意安全。

上课形式预告

- 活动一　各组汇报交流研究成果。
- 活动二　智能地图"实时显示拥堵"的数据分析，梳理思路并编写代码。
- 活动三　智能地图"实时显示拥堵"的可视化表达，对程序进行改进和优化。
- 活动四　归纳总结与拓展思考，梳理本次活动中学到的知识，思考生活中是否有其他能用到类似算法的系统。

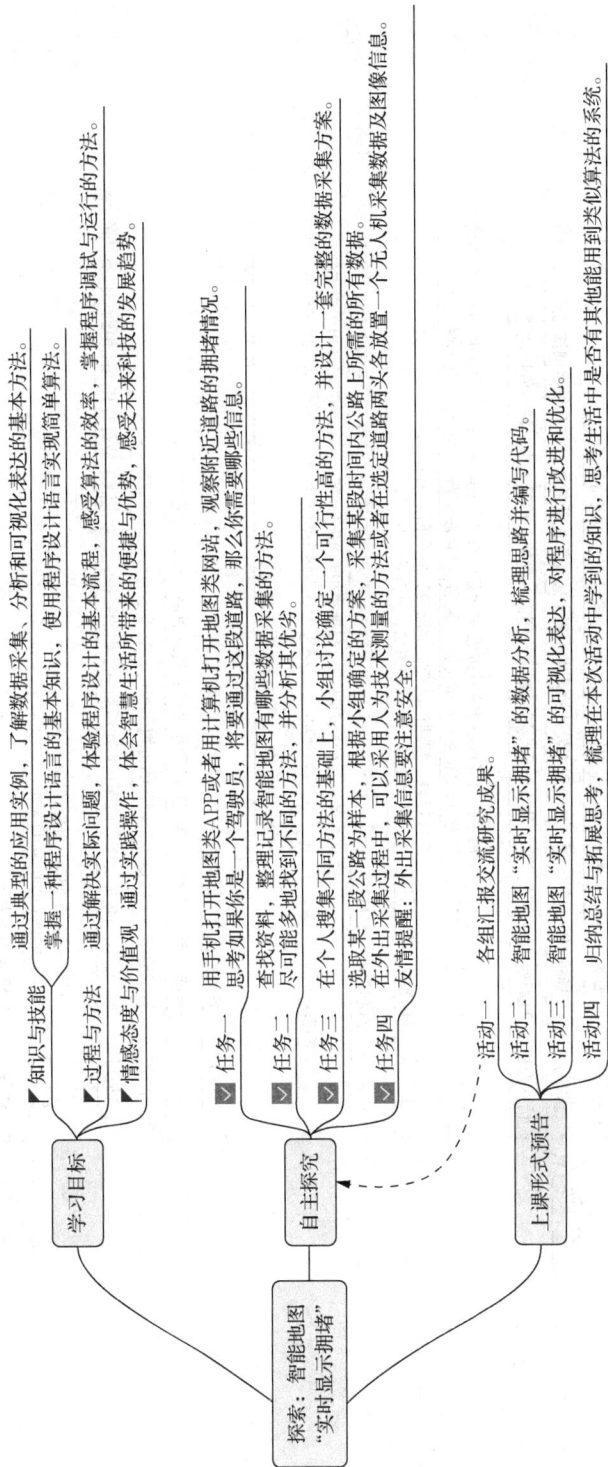

图 5.2　学习目标、自主探究及上课形式预告图示

探索：智能地图"实时显示拥堵"

评价量表
- 评价自己的表现，点亮星星。各项优秀3颗星，良好2颗星，一般1颗星。
- ★ 自主评价
  - 按时完成：☆☆☆
  - 搜集整理能力：☆☆☆
  - 协作意识：☆☆☆
  - 创新思考：☆☆☆

学习目标
- 知识与技能：通过典型的应用实例，了解数据采集、分析和可视化表达的基本方法。
- 过程与方法：掌握一种程序设计语言的基本知识，使用程序设计语言实现简单算法。通过解决实际问题，体验程序设计的基本流程，感受算法设计的效率，掌握程序调试与运行的方法。
- 情感态度与价值观：通过实践操作，体会智慧生活所带来的便捷与优势，感受未来科技的发展趋势。

自主探究
- 任务一（建议时间：3分钟）：用手机打开地图类APP或者用计算机打开地图类网站，思考如果你是一个驾驶员，将要通过某段道路，观察附近道路的拥堵情况，那么你需要哪些信息。
- 任务二（建议时间：15分钟）：查找资料，整理记录智能地图有哪些数据采集的方法。尽可能多地找到不同的方法，并分析其优劣。
- 任务三（建议时间：15分钟）：在个人搜集不同方法的基础上，小组讨论确定一个可行性的方法，并设计一套完整的数据采集方案。
- 任务四（建议时间：20分钟）：选取某一段公路为样本，根据小组确定的方案，采集某段时间内公路上所需的所有数据。采集量的方法或者在定范围道路两头各放置一个无人机，采用人为技术测量数据。
  友情提醒：外出采集信息要注意安全。

上课形式式预告
- 活动一：各组汇报交流研究成果。
- 活动二：智能地图"实时显示拥堵"的数据分析，梳理思路并编写代码。
- 活动三：智能地图"实时显示拥堵"的可视化表达。对程序进行收进和优化。
- 活动四：归纳总结与拓展思考，梳理本次活动中学到的知识，思考生活中是否有其他能用到类似算法的系统。

学习资源
- 任务一：APP类：高德地图，百度地图……
- 任务二：网站：https://map.baidu .ccm/
- 任务四：网络或相关书籍
- 纸、笔、有条件的可以使用无人机和相关传感器

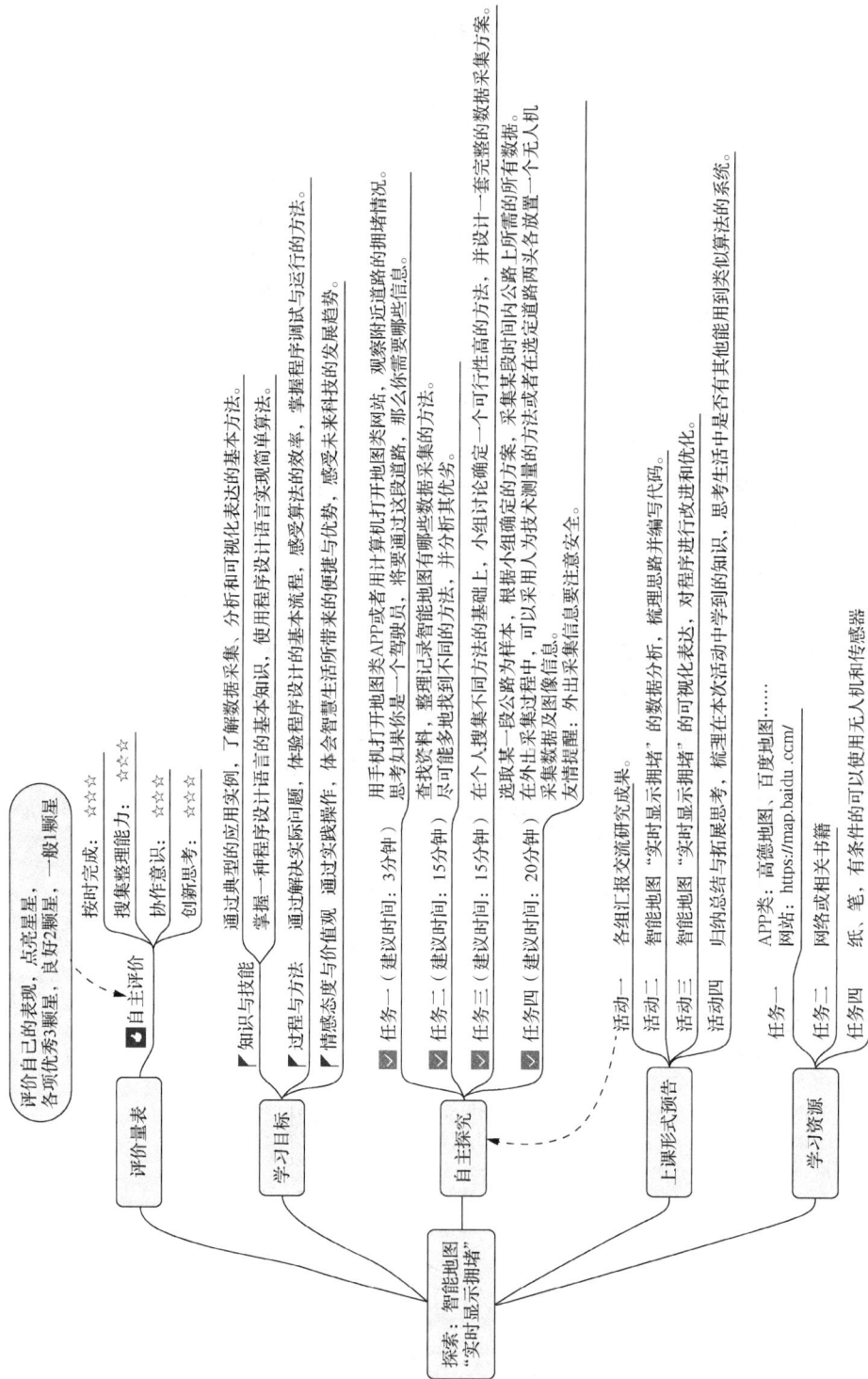

图5.3 思维导图式学习任务单示例

2. 表格式学习任务单

表格式学习任务单是一种常见的学习任务单，结构清晰、编辑软件易获得、操作简单。以"数据处理与应用"单元为例，表格式学习任务单示例如表 5.2 所示。

表 5.2 表格式学习任务单示例

一、学习指南
1. 课程名称探索：智能地图"实时显示拥堵"
2. 学习目标
① 通过典型的应用实例，了解数据采集、分析和可视化表达的基本方法。
② 掌握一种程序设计语言的基本知识，使用程序设计语言实现简单算法。
③ 通过解决实际问题，体验程序设计的基本流程，感受算法的效率，掌握程序调试与运行的方法。
④ 通过实践操作，体会智慧生活所带来的便捷与优势，感受未来科技的发展趋势
3. 上课形式预告
活动1：各组汇报交流研究成果。
活动2：智能地图"实时显示拥堵"的数据分析，梳理思路并编写代码。
活动3：智能地图"实时显示拥堵"的可视化表达，对程序进行改进和优化。
活动4：归纳总结与拓展思考，梳理在本次活动中学到的知识，思考生活中是否有其他能用到类似算法的系统

二、学习任务
亲爱的同学，在生活中我们经常使用智能地图，你平时经常使用智能地图的什么功能？你知道智能地图是如何工作的吗？今天，我们以智能地图"实时显示拥堵"为例，解析它是如何采集、分析和可视化表达数据的，并编程模拟其中一些环节的处理过程。你准备好接受今天的挑战了吗

学习任务	学习过程	学习资源	学习建议
任务 1： 自主探究	用手机打开地图类 APP 或者用计算机打开地图类网站，观察附近道路的拥堵情况	APP 类：高德地图、百度地图…… 网站：https://map.baidu.com/	在浏览时，思考如果你是一个驾驶员，将要通过这段道路，那么你需要哪些信息。 筛选你需要的信息并记录下来
任务 2： 自主探究	查找资料，整理记录智能地图有哪些数据采集的方法	网络或相关书籍	尽可能多地找到不同的方法，并分析其优劣
任务 3： 小组讨论	在个人搜集不同方法的基础上，小组讨论确定一个可行性高的方法，并设计一套完整的数据采集方案	无	小组成员展示自己搜集到的方法，讨论其可行性
任务 4： 外出考察	选取某一段公路为样本，根据小组确定的方案，采集某段时间内公路上所需的所有数据	纸、笔，有条件的可以使用无人机和传感器	在外出采集过程中，可以采用人为计数测量的方法或者在选定道路两头各放置一个无人机采集数据及图像信息。 友情提醒：外出采集信息要注意安全

三、自主评价					
多方对话、 自评互评	项目成员	组员 1	组员 2	组员 3	组员 4
	按时完成				
	搜集整理能力				
	协作意识				
	创新思考				

1. 评价自我学习成果，评价其他小组成员的学习成果。
2. 评级方式：
优秀：☆☆☆
良好：☆☆
一般：☆

第六章

中学信息技术教学过程

学习目标

1. 熟悉中学信息技术典型的教学方法。
2. 理解典型教学方法的含义和特点。
3. 学会针对不同教学任务选择适当的教学方法。
4. 掌握中学信息技术典型教学结构的设计方法。

内容结构

```
中学信息技术教学方法及学习方法选择          中学信息技术典型教学方法案例分析和评价

                    中学信息技术
                    教学过程

中学信息技术教学结构设计                  中学信息技术课堂教学过程的设计实践
```

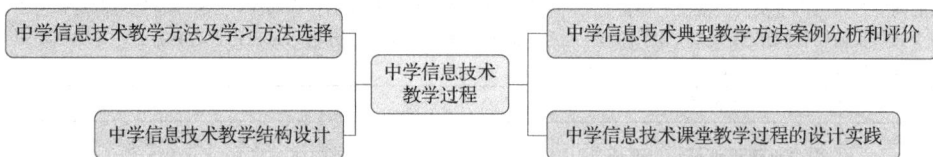

第一节　中学信息技术教学方法及学习方法选择

　　教学方法是师生为达到教学目的而相互结合的活动方式。它包括教师的教法和学生的学法。实际上，教师的教法要通过学生的学法来体现，学生的学法又是在教师的指引或影响下的学习方法。教学是师生结合在一起的共同活动，教法与学法不能截然分开，而要辩证统一。教学方法因教材内容、教学目的、教学任务和教学对象不同而不同。在不同的历史条件下，教学方法也有所不同。教学方法还受师资条件、环境条件及学生身心发展的特点制约，因而教师要善于分析判断，根据不同的教学内容与教学对象选择适当的教学方法以实现教学目的。中学信息技术教学方法的选择必须围绕学生信息素养、创新思维与创造能力的培养进行。

一、讨论法

（一）讨论法的含义

　　讨论法是一种历史悠久的教学方法，中国古代书院就有学术讨论的传统。在倡导发展学生主体性、培养学生创造性的今天，讨论法更是频繁地出现在合作教学、分层教学及问题解决教学等各种形式的课堂活动中。同时，在线论坛、微博等也成为信息技术教师运用讨论法的有效工具，扩大了讨论法的应用场合。

讨论法是指在教师的组织和指导下，以小组或班级为单位，围绕一定的问题和内容各抒己见，展开讨论、对话或辩论等，进行知识和思想的交流，互相启发、共同探讨，以求辨明是非、扩大知识面和提高认识能力。讨论法有不同的讨论方式，如小组讨论、全班大讨论、辩论式讨论等，其在组织和操作方面有一些差别，教师应当在教学过程中灵活把握。讨论法可以贯穿在其他的教学方法中，也可以整节课以讨论为主，如辩论式讨论。

（二）讨论法的主题

讨论法的主题可以是多种多样的，设计的讨论法的主题要服务于教学重点和教学目标，主要有以下几种类型。

1）根据教材的重点和难点精心设置的题目。例如，因特网上信息资源的主要特征是什么？各种类型的信息资源分别有哪些局限性？人工智能有哪些实际应用？如何体现人工智能的优势和更好地进行人机协同？等等。

2）探讨性的题目。在教学过程中，当学生之间对某个问题的认识发生分歧，或者学生对教材中的结论提出质疑时，教师不做正面回答，将分歧点和疑点交给学生讨论。探讨性的题目具有很大的生成性，教师在课堂上要及时捕捉学生的想法，进行适当的引导。这类题目多在课堂活动推进过程中产生。

3）针对学生的态度、行为、价值观设置的题目。这类题目主要用于培养学生辩证看待与信息技术应用相关的问题的能力，培养良好的行为习惯和正确的价值观。例如，某同学性格内向，很少与同学说话，当教师组织发言时，他也很少发表意见。但是在网上，他不但能敞开心扉、畅所欲言，而且有时甚至是讨论的发起者和组织者，俨然是一个"交流达人"……你的周围有这样的人和现象吗？请同学们对此现象进行讨论。又如，许多人都认为在线交流极大地提高了交流效率，然而，也有一些人认为它减少了人与人之间面对面的交流，你如何看待这一问题？

4）两难问题。教师向学生提出一些两难问题，让学生做出选择和判断并说明理由，从而了解学生的知识掌握情况与伦理道德水平，继而就两难问题展开讨论，激发学生认知上的冲突，使他们产生重建自己伦理道德经验结构的需要，在这种需要的激励下，促使自身知识掌握程度与伦理道德水平的提高。信息技术中的两难问题：在使用应用软件时经常会泄露个人信息或活动数据，甚至感染病毒，从而破坏你的一些数据，这时你会放弃使用信息技术吗？你怎样看待信息技术？教师在讨论过程中要让学生阐明观点，在讨论的深入阶段，教师要支持和澄清重要观点，引导道德水平阶段相近的学生进行观点比较，促进较低阶段的学生趋向较高阶段，达到提高学生道德判断水平的目的。

（三）讨论法的优缺点

讨论法具有如下优点。

1）讨论法有助于学生思考多方面的意见，有助于学生对不同意见形成新的理解。由于经验背景等的差异，学生对问题的理解常常不同，在学生之间，这些差异本身便构成了一种宝贵的学习资源。讨论法使潜藏的不同意见被发表出来，使每位参与者都可能有机会解释自己的观点。讨论法为学生提供了开阔视野，接受新事物、新观点的机会，使学生能够从多个角度认识一种事物，并且意识到对于事物并非仅有唯一的、不可辩驳的认识。在讨论过程中，信息是多向流动、多向刺激的，师生在思想的激烈碰撞中产生智慧的火花，促进个人的发展和成长。

2）讨论法有助于思想的转变。在讨论过程中，学生对自己和他人的观点及论据进行权衡、思考、反思，或反驳他人的意见，或修正自己的观点，或理智地坚持己见、尊重事实。学生是询问者与探索者，一些片面看法在受到同伴质疑时，往往会得到改变；当学生把各自的见解集中起来时，他们纠正论据和推理中的不足之处的可能性要比他们个人去做大得多。

3）讨论法有助于学生发展分析、综合问题的能力，以及交流合作的能力。当学生在讨论过程中遇到分歧时，为了证明自己观点的正确性，他们必然竭尽全力，运用分析、综合、比较、评论等方法分析问题，从多个角度对对方的观点提出怀疑、诘问。为了说服别人，学生就需要把零碎的、粗糙的思想片段系统地组织起来，向他人传递。这种积极的思维活动提高了思维的质量。同时，在讨论交流的过程中，学生需要学会倾听、理解、说服、妥协等交流技巧，学会耐心地听取他人意见，尊重、理解并包容他人的见解，养成求同存异的习惯。

讨论法也有一些缺点，如讨论容易偏离主题，讨论容易流于形式（有些讨论表面看起来热热闹闹，但是没有实质内容）。教师在开展讨论法教学的同时，不可排斥其他教学方法的作用和应有地位，应协调配合使用各种方法，实现教学目标。

【实践演练】

对教学片段中的讨论问题进行分析，尝试选取一个教学主题设计讨论问题。

二、任务驱动教学

（一）任务驱动教学的含义

任务驱动教学是信息技术学科常用的教学方法。任务驱动教学可以概括为以任务为主线，以教师为主导，以学生为主体的一种教学方法，其中确定任务是核心，怎样驱动是关键，培养学科核心素养是目的。任务驱动教学是建立在建构主义教学理论基础上的一种教学方法，强调学生要成为意义的主动建构者，教师要成为学生建构意义的帮助者，让学生在密切联系学习、生活和社会实际的有意义的任务情境中，通过完成任务来学习知识、获得技能、形成能力、内化伦理。

（二）任务驱动教学的任务

任务驱动教学的任务大致可以划分为两大类型：一种是封闭型的，另一种是开放型的。当然，没有绝对封闭的任务，也没有完全开放的任务，在两者之间，还存在不同封闭程度或开放程度的任务，可以参照这两者的典型特点去认识它们，不应非此即彼。

1. 封闭型任务

封闭型任务是每个学生都应自主完成的任务，它包含的主要是一些学生没有学过的新知识，新旧知识有一定的联系，要求每个学生都能掌握。这类任务规定了比较明确的学习目标、任务主题、任务要求和相关资源，一般需要教师针对任务包含的重点问题引导学生做出比较清楚的分析，以明确重点，少走弯路。设置封闭型任务的可能情况通常有如下几种：一是这些知识和技能非常重要，需要熟练和准确地掌握，是学习后继知识和技能的关键及前提；二是根据学生的学习水平和状况，将某些学生容易产生较多问题的基本知识和技能设计成任务；三是作为开放型任务的前导性任务。基于此类任务的教学，教师的角色相当于"导演+演员"，而学生则是"观众+演员"。

高中信息技术必修 1 "认识信息"一节，在列举了信息的事例后，出示了如表 6.1 所示的信息分析表让学生完成，并让学生进行小组讨论，选择其他的事例进行分析，这就是一个简单的封闭型任务。

表 6.1　信息分析表

分析项	活字印刷		电视赛事直播		地图导航	
载体类型	☑文字　□图像 □音频　□视频 □其他：___		□文字　□图像 □音频　□视频 □其他：___		□文字　□图像 □音频　□视频 □其他：___	
传播方式	□现场交流　☑印刷品 □电话　□广播电视 □网络　□其他：___		□现场交流　□印刷品 □电话　□广播电视 □网络　□其他：___		□现场交流　□印刷品 □电话　□广播电视 □网络　□其他：___	
感知方式	☑视觉　□听觉 □触觉　□其他：___		□视觉　□听觉 □触觉　□其他：___		□视觉　□听觉 □触觉　□其他：___	
达到效果	☑认识事物　☑形成判断 ☑做出决策　☑指导行动 □其他：___		□认识事物　□形成判断 □做出决策　□指导行动 □其他：___		□认识事物　□形成判断 □做出决策　□指导行动 □其他：___	

2. 开放型任务

开放型任务指的是一个任务框架，允许学生根据个性特点和能力水平，自主选择和设计任务类型及任务主题，大部分教师倾向于首先确定好任务类型，然后允许学生在此框架内自由设计作品主题。开放型任务一般需要由学生小组共同探讨完成，而任务完成的结果通常是一个电子作品。开放型任务主要涉及学生已经学过的知识，通过完成任务可以整合学生已经学过的知识和技能，激发其创新精神和创新思维，从而提升学生综合应用信息技术的能力。教师的作用主要在于提出任务框架，提供任务设计和实施的建议，提供有关信息的咨询，对学生进行评价和鼓励等，但不宜给予直接的示范和方法指导。基于此类任务的教学，教师的角色相当于"导演+顾问"，而学生则是"演员+导演"。

高中信息技术必修1"认识数据与大数据"一章，引导学生对收集到的全班学生的体质数据进行分析，得到有用的信息，讨论增强体质、促进健康的方法和途径，以思维导图的形式呈现讨论结果，并进一步引导学生根据完成的思维导图，获取相应素材，制作多媒体作品，展示研究成果。这就是一个开放型任务。

显然，封闭型任务和开放型任务具有不同的特点，这也就决定了二者的不同功用。简单地说，教学应以封闭型任务为铺垫，以开放型任务做提升，多层面地培养学生的学科核心素养。

（三）任务驱动教学的注意事项

在任务驱动教学中，任务的设计是关键。在设计任务时应该注意以下几个方面的问题。

1. 任务的真实性

在任务驱动教学中，任务应该具有实际意义，它不是为了教学而虚构的。只有真实的任务才能构成生动的学习情境，激发学生主动探究的欲望。教师在设计任务时要在任务的真实性、生动性、趣味性方面多花些心思。

2. 任务的多样性

在任务驱动教学中，任务的形式是多种多样的。但从大的方面来看，它主要分为封闭型任务和开放型任务两类。封闭型任务通常是学生可以自主完成的小型任务，是为促进学生掌握关键性的知识而设计的。开放型任务往往是需要小组成员合作完成的较大型任务，是为综合培养学生的信息素养而设计的。在设计封闭型任务时，要注意任务的要求必须是准确的、可操作的。在设计开放型任务时，要注意任务的整体性和层次性，将大任务逐步分解成若干子任务，自上而下形成层次性的任务。

3. 任务的主体性

任务驱动教学在实际应用过程中容易和讲练结合教学混淆。例如，教师针对某个教学内容设计了几个任务，如果是通过教师的逐步讲授和学生的模仿练习来完成任务，那么严格来说，这是讲练结合教学，而不属于任务驱动教学。因为在建构主义理论指导下的任务驱动教学中，任务实施的主体是学生，任务是由学生完成的，教师只是任务的设计者和学生完成任务过程中的帮助者。

【案例分析】

任务设计 1：封闭型任务设计（《跳舞的小女孩图形化编程》任务设计）

任务情境

小女孩准备参加芭蕾舞大赛，想要制作一个芭蕾舞的参赛视频把自己的优美舞姿展示出来。让我们一起用编程来帮助她实现愿望吧。小女孩依次提出三个要求，对应表 6.2 中的三个任务。

表 6.2　《跳舞的小女孩图形化编程》任务表

任务编号	任务内容	知识和技能
任务 1	我的芭蕾舞有三种造型，请大家把它们加进去	添加造型功能 造型切换功能
任务 2	我希望能在舞台上来回展示我的舞姿	移动功能 碰到边缘反弹 设置旋转方式
任务 3	我想要美妙的背景音乐烘托气氛	添加背景音乐

任务分析

这三个任务是为促进学生熟练掌握关键性的知识和技能而设计的，是学生可以自主完成的小型任务，属于封闭型任务。该案例以小女孩要参加芭蕾舞比赛的故事为主线推进教学。首先，创设小女孩要参加芭蕾舞比赛，需要上传参赛视频的情境引出任务；然后，整个教学过程围绕小女孩提出的三个要求展开，小女孩提出的要求即学生要完成的具体任务。任务设计具有梯度，层层推进、环环相扣。教师逐步引导学生的编程思维，让学生在轻松愉快的氛围中动手操作，掌握编程技能。学生在自主探究、教师和同伴帮助的过程中完成任务，在解决和完成一个个任务的过程中不断获得成就感，从而激发更强的求知欲望，逐步形成认知、情感活动的良性循环。

任务设计 2：开放型任务设计（《探究数据可视化》任务设计）

教师：为完成本章开始时我们每个小组抽到的统计调查大任务，同学们已经做了数据收集和整理，回顾我们的统计初衷，我们的统计目的是为他人做出合理判断和预测提供有用的信息，那如何将我们的统计结果以形象直观的方式呈现给用户呢？我们先一起看一个数据可视化的实例。（播放《世界 GDP 排名变化动态分析》视频）

开放任务 1：探究数据可视化方法。

教师：结合你学过的数学知识和日常见到的数据呈现方式，小组分工合作，用 5 分钟的时间查阅资料，汇总你们查到的数据呈现方式，简要归纳它们的特点和用途并记录在文档中或 A4 纸上，5 分钟后派代表汇报成果，注意在汇报的时候要说明你们获取信息的途径和过程。

开放任务 2：探究实现数据可视化的平台或工具。

教师：现在我们已经认识了这么多数据可视化的方法，接下来的 20 分钟时间请你们以小组为单位，根据你们统计的数据类型、目的，选择最合适的数据可视化方法，用合适的平台或软件将你们的数据可视化。尽量用多种方法实现并做好整理记录，20 分钟后派代表汇报展示你们的数据可视化作品，在汇报的时候要说明你们解决问题的过程及获取信息的途径。

【实践演练】

对本案例教学片段中的任务进行分析，结合案例体会封闭型任务和开放型任务的不同之处。尝试选取一个教学主题设计相应的任务。

三、基于问题的学习

基于问题的学习（problem-based learning，PBL）是指把学习置于复杂的、有意义的问题情境中，让学生以小组合作的形式共同解决复杂的、实际的（或真实的）问题，使其形成解决问题和自主学习的能力。整个教学过程围绕非良构领域的问题解决进行，学生在学习过程中进行分组和协作，通过多种形式获取信息，形成问题解决的方案，对问题解决和学习成果进行表达。

在基于问题的学习中，问题就是一种情境，这种情境是实际的或接近于实际的，也常被称作问题情境。在这种情境中，学生通常会产生认知上的冲突，以及与学生密切相关的、以学生的现有知识还不能解决的问题，只有经过一定的努力才能达到预期目的。问题具有如下基本特征。

（1）真实性

真实性是指设计的问题应贴近学生的生活经验。将学习置于真实的问题情境中，主要基于以下考虑：①真实的问题能够在所学内容和学生求知心理之间设置一种联系，将学生较快地引入一种与问题有关的情境中；②贴近学生生活经验的问题能够激发学生的学习动机，吸引并维持学习兴趣；③学习知识的情境与以后应用知识的情境具有某种相似性，能够促进知识的提取和解决问题能力的迁移。

（2）弱构性

根据知识的复杂性，斯皮罗等将知识划分为良构领域的知识和非良构领域的知识。良构领域的问题又被称为封闭性问题，即简单的、具体的问题，答案是固定的、唯一的；而非良构领域的问题又被称为开放性问题，即复杂的、抽象的问题，答案不是固定的、唯一的，可以有多种解决方案、解决途径，或者没有公认的标准的解决办法。以信息技术教学内容举例，信息技术的发展历程、因特网服务的基本类型、因特网信息检索工具的工作原理等，这些问题的答案和解决过程基本是确定的，可以认为是良构领域的问题；而信息技术对我们生活的影响、资源的获取渠道、大数据在我们身边的应用、人工智能未来的发展前景等，这些问题的答案具有开放性和探究性，可以认为是非良构领域的问题。

【案例分析】

基于问题的学习——"如何做信息时代的安全小卫士"问题设计

高中信息技术必修2《信息系统与社会》第4章"信息安全与社会责任"第2节"信息社会责任"包含社会安全威胁和应对、个人信息安全行为规范、信息社会道德准则、信息社会法律法规四个部分内容。这些内容旨在让学生了解信息社会中存在的安全威胁；熟悉信息社会公民应遵守的行为规范、道德准则和法律法规；能够合理使用信息系统，负责任地发布、使用与传播信息，做一名合格的信息社会公民。

将此节的核心概念与关键能力整合到基于问题的学习过程中，开展"如何做信息时代的安全小卫士"探究活动。在基于问题的学习中，以问题为焦点启动学习，学生根据对问题的理解开展调查和探究活动。因此，问题设计是核心，是决定基于问题的学习能否成功的关键因素。问题设计运用了框架问题设计方法，框架问题如表6.3所示，以此为学生提供研究思路和支架策略。

表6.3 基于问题的学习框架问题设计表

基本问题	如何做信息时代的安全小卫士？
单元问题	1. 信息系统有哪些安全风险问题？你了解应对方法吗？ （指向教材内容：社会安全威胁和应对、个人信息安全行为规范） 2. 如何做一个信息时代的合法公民？ （指向教材内容：信息社会道德准则、信息社会法律法规）
内容问题	单元问题1对应的内容问题： 1. 你了解黑客和病毒吗？ 2. 我们身边的信息系统安全吗？ 3. 你了解公共信息系统的安全防范措施吗？ 4. 你的个人信息系统有哪些防护措施？ …… 单元问题2对应的内容问题： 1. 你收到过垃圾短信和垃圾邮件吗？ 2. 你的个人信息泄露过吗？ 3. 你遭遇过信息诈骗吗？ 4. 你平常下载和使用资源注意到版权问题了吗？ 5. 你见过网友吗？ 6. 你了解哪些计算机犯罪的案例？ ……

框架问题分为基本问题、单元问题和内容问题。以一棵大树做比喻的话，基本问题是"根"问题，是最大、最抽象的开放问题；单元问题是"枝"问题，是与研究主题相关的开放性问题，支持基本问题的继续探究；内容问题是"叶"问题，是对单元问题的进一步细化和阐释，是具有特定答案的封闭问题。在本次基于问题的学习中，基本问题是根据"信息社会责任"整体内容概括出的最高级、最抽象的总问题；单元问题是根据本节内容概括出的两个子问题，也是具有探究意义的非良构领域的问题；内容问题是支持单元问题进一步展开研究的可操作性强的具体问题，以良构领域的问题居多。这种框架问题设计方法体现了自顶向下、逐步求精的计算思维，它也是一种支架策略，给学生提供探究过程中的"脚手架"。学生基于框架问题开展探究，但又不拘泥于框架问题，可以通过小组协商讨论，对问题进行修改或扩充，形成自己的研究思路和创意方案。

【实践演练】

对本案例教学片段中的问题设计进行分析，你还能提出哪些问题？尝试选取某个教学主题设计框架问题。

四、项目化学习

项目化学习强调要素：真实的驱动性问题；在情境中对问题展开探究；用项目化小组的方式进行学习；运用各种工具和资源，促进问题解决；最终产生可以公开发表的成果。

巴克教育研究所（Back Institute for Education）提出了项目化学习的八大"黄金准则"：①重点知识的学习和成功素养的培养；②解决一个有挑战性的问题；③持续性的研究；④项目要有真实性；⑤学生对项目要有发言权及选择权；⑥学生和教师在项目中进行反思；⑦评论与修正；⑧项目化学习成果的公开展示。

近年来，随着核心素养培养研究和实践的深入，项目化学习作为培育素养的一种重要手段，得到了新的发展和实践。项目化学习强调设计思维和核心知识的理解，在做事中理解概念，形成专家思维，引发跨情境的迁移。

课程标准给出了项目化学习的定义，它指出：项目化学习是指学生在教师引导下发现问题，以解决问题为导向开展方案设计、新知学习、实践探索，具有创新特质的学习活动。在教学中，强调把握项目化学习本质，以项目整合课堂教学。项目化学习在很大程度上还原了学习的本质，这种基于真实情境的学习能提高学生对信息问题的敏感性、对知识学习的掌控力，促进对问题求解的思考力的发展。在项目实施过程中，各种能力的综合也促进了学生信息技术学科核心素养的形成。在开展项目化学习时，要创设适合学生认知特征的活动情境，引导他们利用信息技术开展项目实践、形成作品。

高质量的项目化学习和学生的学习质量间存在积极正向的关系。高质量的项目化学习的要素如下。

1. 素养目标

项目化学习指向的目标是综合统整的,在探究问题、完成项目的过程中,学生调用所有的心理资源,达成深度理解知识、发展能力、培育态度和价值观的素养目标。尤其重要的是,项目化学习增加了学生接触探索大观念(big idea)的机会。项目是课程,是主要的教学策略。学生通过项目学习重要的观念、概念、能力,而不是将项目作为传统课程结束后的展示、表演、附加实践或例证。

2. 驱动性问题

驱动性问题是项目化学习的核心要素。因为驱动性问题使整个项目活动保持持续性和一致性,所以学生的项目化学习是通过驱动性问题黏合在一起的。

3. 探究

项目化学习的历程是持续探究解决驱动性问题的历程。探究包含调查、知识建构和问题解决,它可以是设计、决策、发现问题、解决问题、建立模型等。探究意味着有大量的学生自主选择非监控的工作时间、责任。最重要的是,这些探究的过程不是孤立的,而是围绕驱动性问题逐步深入的。

4. 评估和反思

评估保证项目化学习的质量和素养目标的达成。评估既包含对项目化学习的成果进行评估,也包含对项目化学习过程中展现出来的探究、实践等进行评估。评估和反思环节是整个项目学习的升华部分。教师不能包办整个反思过程,要注意通过项目作品的展示、交流和评价为每个学生提供反思的机会。

【案例分析】

项目化学习——"用水分析助决策"项目分析

课程标准强调项目教学法的应用,在必修课程模块 1 "数据与计算"的教学提示中,新课程标准指出:在本模块教学中,教师可通过项目活动创设问题情境,引导学生在解决问题的过程中感受信息技术对人们日常生活的影响,帮助他们探究数据与计算的知识,提高利用信息技术解决问题的能力,发展计算思维。

项目概述

在人教版高中信息技术必修 1 的第 3 章 "数据处理与应用"中,针对数据采集与整理、数据分析与可视化、数据分析报告与应用的教学内容,通过统领全章的"用水分析助决策"项目活动,围绕南水北调工程的实施情况开展项目化学习,引导学生在项目化学习的过程中体会数据处理的一般过程，掌握数据处理和应用的基本方法。南水北调工程是我国一项跨世纪的重大战略性基础工程。基于南水北调工程的项目化学习是一个研究大课题，涉及地理、水利、信息技术等多学科知识。

项目学习过程

1）让学生了解为什么要实施南水北调工程。在此学生扮演地理学家的角色，了解我国地域特征和水资源分布特点，了解南水北调工程实施的时代背景和战略意义。

2）从信息技术学科角度出发，让学生针对某一实际应用场景，学会数据采集、整理、分析和可视化的方法。例如，采集与分析我国南北方主要城市的年降水量和气温数据，研究我国长江、黄河等流域降水量情况，研究南水北调调水量分布问题，对使用南水北调工程用水的某居民小区进行用水情况随机抽样调查，等等。

3）熟练掌握数据采集、整理、分析和可视化的方法，合理使用数据处理工具，完成数据分析报告。

4）能够从数据中提炼出有用的信息，提出合理的用水建议，并且能够进一步研究节水和水污染防治等问题，能够以信息技术手段呈现研究成果。

项目评价

围绕南水北调工程，从我国水资源数据入手，分析南水北调的原因、可行条件等，能够针对实际应用学会数据采集、整理、分析和可视化的方法。让学生深刻认识到信息技术在南水北调工程中起到的重大信息决策作用。通过项目化学习，学生能够充分体会到我国强大的科技与工程实力，增强爱国情感，同时增强学生的水资源忧患意识和水资源节约保护意识，形成节约用水、合理用水的良好风尚。

【实践演练】

对本案例教学片段中的项目进行分析细化完成项目化学习过程的设计。

五、翻转学习

（一）翻转学习的含义

翻转学习把直接教学从集体学习空间转移到个人学习空间，从而把集体空间变成一种动态的、交互的学习环境，教师在学生运用概念和创造性地参与科目学习过程中给予指导。我们借助布鲁姆教学目标分类法来进一步理解翻转学习。布鲁姆教学目标分类法的金字塔（图 6.1）底层为学习打下基础，然后沿着金字塔向上逐步发展学生更高的思维技能。

在常规知识性课堂中，教师将大量时间用于学生记忆和理解等初级认知能力的培养，而很少花时间培养高级认知能力，教师也希望逐步达到更高思维培养，较多地将时间用于分析、评价和创造。在翻转学习中，对于布鲁姆教学目标分类法中最下面两层（记忆和理解）的内容，教师可将其制作成微课视频发给学生提前学习，把宝贵的课堂时间用于布鲁姆教学目标分类法中较高层次的学生活动，这将使学习活动变得更为深入。在使用翻转学习时，知识传授通过信息技术的辅助在课前完成，知识内化则在课堂中经教师的帮助与同学的协助完成，这一过程与常规传递接受式教学相反。常规传递接受式教学与翻转学习各要素的对比如表 6.4 所示。

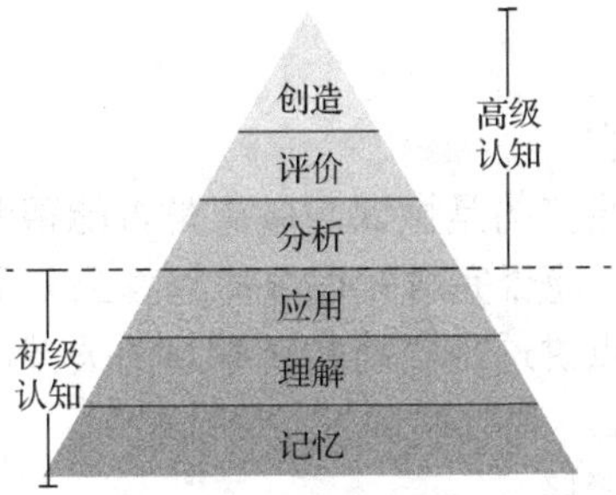

图 6.1　布鲁姆教学目标分类法的金字塔

表 6.4　常规传递接受式教学与翻转学习各要素的对比

要素	常规传递接受式教学	翻转学习
教师	知识传授者	导学者、助学者、评学者
学生	被动接受者（低投入）	主动探究者（高投入）
教学形式	先教后练	先学后练
教学目标	有利于达成初级认知目标	有利于达成高级认知目标
技术应用	内容展示	自主学习、交流反思，协作讨论工具
评价方式	传统测试	多角度、多方式

（二）翻转学习的形式和要素

1. 翻转学习的形式

我国教师在翻转课堂实践中，形成了家校翻转、校内翻转和课内翻转等灵活多样的翻转学习形式。

家校翻转和校内翻转是典型的翻转学习形式，来源于最初的翻转课堂实践。它们都是在课前完成知识传授，在课堂完成知识内化，即学生在课前通过观看教学视频进行学习，在头脑中形成一个对知识的简单理解，然后通过课堂的学习，解决自己在初步学习过程中所遇到的困惑与问题，在教师答疑解惑和协作交流的过程中实现知识的理解及内化。不同的是，家校翻转课前由学生在家完成知识学习，而校内翻转课前则由学生在学校完成知识学习。这两种翻转学习本质都是课前"先学"，课堂探究，要求家庭和学校能够提供"先学"的技术环境。翻转课堂的学习效果受到信息技术、平台支持、家长配合等相关因素的影响，会导致学生课前学习的质量不一，有可能影响整个翻转学习的教学效果。

家校翻转和校内翻转受技术环境的制约，并且如果课前学习缺乏有效引导，则会陷入无效学习，因此课内翻转应运而生。课内翻转将翻转课堂的课前自学阶段转移到课上，课堂前半部分，学生借助微视频和导学案进行自定步调的学习，在此基础上整理学习收获，提出学习困惑；课堂后半部分，通过互动答疑、反馈讲评、协作交流、成果展示等活动聚焦问题解决，实现知识内化。

2. 翻转学习的要素

（1）课程教学的难点内容

目前在翻转学习中应用最多的是微课，微课是否能帮助学生高效完成知识的学习、启发学生思考，对后续课堂中能否完成知识内化起着至关重要的作用。因此设计高质量的微课并深入浅出地把知识点讲透是实施翻转学习的关键，优质微课的开发强调内容规划和教师精细化的教学设计。

（2）课前和课中有效的衔接

在翻转学习中，要想通过课堂活动的设计与实施有效地将课前和课中衔接，合理的教学设计是关键。完成知识内化是课前翻转的落脚点，课中的提升与高阶学习活动设计需要教师采取行之有效的策略，有针对性地精心设计翻转课堂教学活动，让学生在活动中亲历问题解决，从而帮助学生完成知识内化与促进核心素养目标的达成。

（3）教师引导

在翻转学习中，教师扮演导学者、助学者、促学者、评学者的角色。教师需要向学生提供优质的微课或其他学习资源，需要为学生设计启发式问题和有针对性的评价与反馈，需要在上课前整理学生课前学习产生的疑问，需要精心设计课堂活动以促成问题解决，需要对学生的薄弱环节进行及时的补救。课堂的翻转把教师从知识讲授过程中解放出来，却相应地承担着更大的责任，也因此能最大限度地发挥教师的能力与才华。当教师进入翻转学习环境时，他们能够用更多时间与学生一对一交流，建立亲密的师生关系，而这种关系将对学生产生持久的影响。

【实践演练】

感知翻转课堂。通过观看教师提供的有关翻转课堂的视频，结合自己的翻转课堂学习体验，谈谈自己对翻转课堂的认识。

【案例分析】

翻转学习——Python 循环结构解决生活实际问题

1. 课上学习微课视频

教师录制了一个《Python 循环结构的语法与应用》微课视频，该微课视频从"是什么""为什么""怎么做"三个问题出发,依次讲解了循环结构的概念、循环结构的作用和循环结构的应用等知识内容,重点介绍了 while 循环和 for 循环的区别。

设计意图:教师不直接讲授而采取微课视频的方式,这样既可以培养学生的自主学习能力,又可以使学生在遇到问题时反复观看微课视频,学生能够根据自身情况掌握自己的学习进度和节奏。三个问题的提出充分吸引学生的注意,让学生带着解决问题的态度去学习课程内容知识,认识到知识内容和自身经验的相关性,充分考虑了 ARCS[①]动机激励模型的 A(注意)和 R(相关)要素。

2. 自主完成学习任务单

在学生观看完微课视频后,让学生尝试自主完成学习任务单,遇到困惑时则有针对性地回看微课视频。

1)说一说:循环结构和前面学习的顺序结构、选择结构有什么区别?在什么情况下需要用到循环结构?

2)画一画:针对一个具体的循环问题画出其流程图,并用伪代码来描述算法。

3)做一做:完成教师布置的关于 while 循环(如计算 61 是不是素数)和 for 循环(如求从 1 到 500 的和)的简单程序题,深入理解 while 循环和 for 循环不同的适用情况。

设计意图:学习任务单主要通过"说一说""画一画""做一做"三个任务使学生逐步掌握微课视频的重点内容,并且使学生亲历学习、探究的过程,获得更为深刻的学习体验。学生在独立完成任务的过程中也能增强学习的自信心,获得解决问题的成就感。这充分应用了 ARCS 动机激励模型的 C(自信)和 S(满意)要素。

3. 协作探究用 Python 循环结构分析解决生活中的理财陷阱问题

第一环节:情境创设,导入新课。
观看老年人"存单"变"保险单"理财纠纷案例的新闻与报道。
本环节所需资源:理财纠纷案例的新闻与报道。
设计意图:结合生活情境,围绕老年人想存款却落入保险理财陷阱无法取出存款的纠纷案例开展教学内容,引起学生探究的兴趣,培养学生用信息技术分析问题和解决实际问题的能力。
第二环节:小组探究,启发思考。
活动 1:"投资 10 万,月利率 6%",按照陈大爷的设想,投资 15 万元,用一年的时间,每个月本金和利息都不取,按照利滚利的计算方法,编程呈现出陈大爷每个月应该可以得到多少钱。
任务 1:用 for 语句计算循环次数已知的存款收益。

---

① 美国著名心理学家约翰·凯勒(John Keller)认为,激发学生学习的动机可从四个方面着手,即注意(attention)、相关(relevance)、自信(confidence)和满意(satisfaction),简称 ARCS。

活动 2：假设陈大爷将 15 万元存入银行，银行的三年年利率为 2.75%，如果一直不取出，那么按照利滚利的计算方法，至少经过多少年陈大爷才能拿到 28 万元？

任务 2：用 while 语句计算循环次数未知的存款收益。

本环节所需资源：部分编程代码。

设计意图：教师以活动和任务为导向，并提供学习策略指导，引导学生用 for 语句计算循环次数已知的存款收益和用 while 语句计算循环次数未知的存款收益。在小组探究过程中倡导互相帮助，有利于培养团结互助精神和探究精神。

第三环节：数据分析，撰写报告。

1）对比两项探究活动的月利率与年收益，绘制可视化图表。

2）了解当前各个银行的利率，进行数据分析与对比。

3）根据分析结果，撰写数据分析报告。

本环节所需资源：利率汇总表。

设计意图：本环节主要是学生在教师引导下进行数据分析。学生在本环节体验数据分析的一般过程，了解数据分析的一般方法，运用数据可视化工具将数据以图表的方式呈现出来，体会图表分析数据的简洁、清晰与高效，通过数据分析与对比，进一步透过数据看到问题本质，体会数据分析的价值，提升数据分析能力。

第四环节：情境再现，展示分享。

1）情境模拟活动：组织小组进行情境再现，推销人员推荐"投资 10 万，月利率 6%"，小组成员运用数据分析得出的报告，帮助用户识别理财陷阱，合理提出理财建议。

2）评价：根据编程成果、数据可视化、数据分析报告、情境再现等进行评价，选出最佳小组。

本环节所需资源：评价量表。

设计意图：组织小组上台展示作品旨在提高学生的语言表达能力；引导自评互评旨在提高学生的欣赏水平和鉴赏能力，促进学生之间的交流和提高认同感。

信息技术教学有很多教学模式与方法，需要教师在教学时做出合理的选择。

1）要从教学实际出发，根据不同的教学目标、内容、对象和条件等，灵活、恰当地选用教学方法，并善于将各种方法有机地结合起来。

2）过去的教学多是在技能训练思想指导下的实践，课程标准对课程目标和内容的重新界定呼唤新的教学方法的应用，因此教学方法的选择必须以服务于信息素养的培养为前提。

3）各种教学方法有相互联系、相互融合的趋势，因此应善于将各种教学方法有机地结合起来。课程标准建议信息技术教学以项目化学习为主，结合具体的单元内容与基础教育课堂教学的实际，将单元项目内容进行细化，分解为几个微项目或递进式的学习任务，整体单元教学过程采用项目化学习，具体课时学习的开展采用微项目化学习、任务驱动教学或讨论法等。通过完成系列任务来学习知识、获得技能、形成能力、内化伦理。因此，教师要正确认识任务驱动教学中"任务"的特定含义，在使用中要坚持科学、适度、适当的原则，避免滥用和泛化。基于问题的学习也是信息技术教学方法之一，但需要注意的是，用于问题解决的综合性项目不宜过多，并且大小要与学习的阶段性进展相适应；组织形式也要灵活多样，要根据解决问题的需要分解项目任务，再落实到个人、小组，达到既使学生体验完整过程又减轻每个学生工作强度的目的；在前后项目的设计中，不要出现对问题解决环节和具体方法的简单重复，以免造成学生学习时间的不合理分配乃至浪费。

信息技术是一门特殊的学科，其课程教学内容随着信息技术的发展不断变革，因此教学方法也具有灵活性、发展性的特点。在实际教学中，教师要根据教学内容和学生情况，选择合适的教学方法，把握好各种教学方法的本质。在运用教学方法的过程中，我们要记住一句话："教学有法，教无定法，贵在得法。"教学有法指的是教学是有法可依、有模式可遵循的；教无定法指的是要灵活地、创造性地、融会贯通地使用教学方法和微策略；贵在得法指的是要有针对性地采取适当的教学方法，以达到教学效果的最优化。

【实践演练】

自主学习：在学习平台上的典型信息技术教学设计案例中，找出讨论法、任务驱动教学、基于问题的学习、项目化学习、翻转学习的案例各一个，指出体现该教学方法的教学片段，并填写表6.5。

表6.5　案例观察表

案例名称	使用的教学方法	体现教学方法的教学片段

思考：为什么说"教学有法，教无定法"？

【拓展阅读】

材料1：项目化学习和基于问题的学习的联系与区别

项目化学习和基于问题的学习在概念上具有相似之处，并且两者使用相同的缩写词PBL，这样人们就很容易把这两个概念混淆，因此，我们有必要对两者的联系与区别进行适当阐述。

（1）联系

从文化的角度来看，项目化学习和基于问题的学习在定义上与特征上具有许多相同之处。两者都以问题为驱动，注重持续性深入探究的学习方式，都是基于真实情境的建构主义教学方法。

从学习的过程来看，项目化学习和基于问题的学习都会给学生提供开放性的项目或问题，这两种教学方法都以学生为中心，学生是学习和探究的主体，教师扮演的是促进者和引导者的角色。学生在进行项目化学习或基于问题的学习时，通常要与他人进行长期的合作，并要求积极使用多种信息资源。这两种方法都强调真实性，它们采用的都是基于绩效的评价。

（2）区别

尽管项目化学习和基于问题的学习在诸多方面有相似之处，但是两者并不是同一个概念。项目化学习通常用于中小学教育，而基于问题的学习除用于中小学教育外，最初还用于医疗训练和其他职业准备训练。

项目化学习的典型特征是以最终作品为出发点和归宿。项目化学习需要解决某个问题，产生可见的公开成果，引导所有参与者和公众对成果进行评论及分析，成果修订、完善、公开报告的过程被看作学习的重要组成部分。

基于问题的学习的典型特征是以问题的提出开始，以问题的解决结束，学生通过对问题的研究能够学到更多隐含于问题背后的知识。基于问题的学习并不强调产生人工制品的成果，最后的结论可以是开放的。

就问题性质而言，素养视角下的项目化学习是基于课程标准的，其最终指向背后的大概念或学科中最核心、最本质的问题，需要学生持续不断地探索。基于问题的学习可以更加抽象，在此，问题是一种"劣构性"的问题，并且是对复杂的现实生活的一种模拟。

材料2：学习情境在课堂教学中的作用

无论采用哪种教学方法都离不开情境的创设。情境学习理论在20世纪90年代初由美国学者莱夫（Lave）和温格（Wenger）提出。他们认为，学习的过程不是抽象的过程，更不是去情境化的知识学习，只有在特定的情境中才能体现出学习的目的和意义。

在建构主义学习理论的四个要素中，第一个要素即为情境。建构主义认为，情境是课堂教学的基本要素，一切教学行为都包含于情境之中。这就要求教师为学生创建一个适合学习的情境，使学生的主动性和积极性在良好的教学情境中得以激发，使他们产生继续深入钻研某一主题或了解另一主题的动力，这不失为提高课堂教学实效的有效途径之一。

学生的认知活动与心理活动有着不可分割的联系，积极的情绪情感能激发学生学习的积极性，推动学生的认知发展。创设学习情境正是引起学生情感共鸣的有效方法。

学习情境是教师在教学过程中运用各种手段和方式创设的一种适教与适学的情感氛围。对于教师来说，学习情境的创设融入教学的全过程。导入是教学之始，也是创设良好学习情境的关键环节。教师从设计导入开始，就要带着创设学习情境的理念和意识，以学生已有认知经验为依据，选择切合学生年龄特点、为学生所喜闻乐见、能引起学生的认知冲突的内容用于导入，引导学生进入新知识的学习。学习情境创设的方式多种多样，如以问题创设情境、以故事创设情境、以竞争创设情境、以悬念创设情境。

（1）以问题创设情境

以问题开启教学是一种简单又实用的策略。问题是通向理解之门，一个富有挑战性的问题通常能使学生顿生疑惑，产生进一步思考和学习的欲望。例如，在讲授"算法与程序实现"的枚举算法的时候，可以先提出一个问题："小明买了一个能设置密码的笔记本，但是他忘记了其中的一位密码，我们能帮他找回密码吗？"通过巧设问题情境，能够很容易地激发学生的求知欲和探究欲。

（2）以故事创设情境

以故事创设情境是调动学生学习积极性的有效方法之一。教师可以以课本为蓝图，利用一些故事作为开场白。例如，在讲授递归算法的时候，可以通过学生熟悉的老和尚给小和尚讲的故事"从前有座山，山里有座庙……"，引出递归算法的概念。形象贴切的故事很好地帮助学生理解了递归算法的特点，学生的学习兴趣和动机有所提高，对递归算法的理解也就更深了。

（3）以竞争创设情境

竞争是触发学习激情的手段之一。在教学中，教师应面向全体学生恰当地开展一些有益的比赛活动，用竞赛来消除学习的枯燥感，延续学生的学习兴趣。例如，在讲授"人工智能的影响"的时候，可以举行一场辩论赛——人工智能最终会成为人类的朋友，还是成为人类的敌人。这种辩论式的教学方法有利于在思维碰撞的氛围中充分发挥学生的主观能动性。

（4）以悬念创设情境

我国自古就有"学起于思，思源于疑"的说法。教师在课堂中可以根据教学内容设置合适的悬念情境，以达到好的教学效果。例如，在讲解程序设计分支结构时，设置一个"猜价格"的场景，给定一个价格范围，让学生猜猜裙子的价格，看学生几次能猜到精确价格。这样的悬念情境将学生的注意吸引过来，对于课程的教学起到了很好的推进作用。

一位德国学者对学习情境的作用曾有一个精辟的比喻："将15克盐放在你的面前，你无论如何也难以下咽；但将15克盐放入一碗美味可口的汤中，你早就在享用佳肴时，将它们全部吸收了。"

情境之于知识，犹如汤之于盐，知识只有融入情境之中，才能显示出活力和美感。

材料3：ARCS 动机激励模型

学习动机的激励模型是 ARCS 动机激励模型，该模型认为学生的学习动机由四个要素组成，即注意、相关、自信和满意。

（1）注意

注意是学生进行学习活动的前提条件。只有引起学生的注意，才能进行下一步的学习。在呈现学习材料时，利用颜色和字体的变化及图片与视频信息，或者在学习过程中使学生面对适当水平的学习困惑，这些都可以有效地抓住学生的注意。注意可分为有意注意和无意注意。改变媒体的呈现方式，一般只是引起无意注意，而使学生面对有趣的问题，则会引起有意注意。在教学过程中，教师应该更多地利用学生的有意注意来激发和维持学习动机。

（2）相关

相关是指让学生知道他们所从事的学习活动是与他们有关联的。最基本的手段是使学生认识到学习活动与他们过去的经验、以前学习的知识或某种利益相关。例如，利用学生已有的概念来解释新概念、告诉学生新的知识在将来的用途、对于积极参与者及时给予表扬等。

（3）自信

自信的学生会主动地探索未知世界，主动探索所获得的知识记得牢、用得活。自信来自有意义的成功，有意义的成功感来自战胜困难后的心理感受。因此，教师提供给学生的学习任务对于学生来说不能太容易，也不能太困难。教师要给学生设定目标，设定期望，让他们觉得经过自己的努力能够完成、能够达到，这就产生了一种信心，会起到正向的促进作用，让学生越来越爱学习。教师设置的期望目标要合适、到位，要落在学生的"最近发展区"，要让学生觉得自己垫垫脚就能够得着。同时教师要设计达成这个目标的路径，在这个过程中提供一些支架和支持，甚至把问题步骤化，一步一步地走，并且在学生完成学习任务的过程中，对每次进步给予表扬。

（4）满意

满意就是学生学习的满足感和成就感。要想让学生有学习成果，就要让学生了解，只要努力就会有收获，提供给学生真实的问题解决情境，让他们应用已学的知识去解决实际的问题。

四个要素——A（注意）、R（相关）、C（自信）、S（满意）是一个整体，没有主次之分，缺少任何一个要素都可能会使学生丧失学习动机，因此教学的设计与实施要系统考虑到这四个要素，忽视任何一个要素都可能导致教学实施的无效或失败，这四个要素可以帮助我们设计出让学生爱学习的活动。

学生思考：充分考虑 ARCS 动机激励模型，设计翻转学习的课前学习任务单。

第二节　中学信息技术教学结构设计

在课堂教学中，因有不同的教学目标、教学内容而产生不同的教学任务，使用不同的教学方式和学习方式，由此产生了不同的课型。也就是说，课型和学与教的方式是密切相关的，它是课堂教学中最具有操作性的教学结构和程序。通过对课型的研究，有助于教师更好地掌握各种类型课的教学目标、教学模式、教学方法等方面的规律，提高教学设计、实施和评价的能力。

课堂教学环节简称教学环节，它反映了在课堂教学过程中教学策略的具体实施过程。课型不同，教学环节随之不同，也就是说，教学环节是依据课型而定的。中学信息技术相较于其他学科，其概念、原理、规律等理论性知识较少。本书将从中学信息技术课堂常用的教学方法的角度，探讨其课堂教学环节和教学过程。

一、讨论法的教学结构设计

1. 提出讨论的主题

提出讨论的主题即创设讨论的焦点问题。教师可以先设计一些问题，让学生针对这些问题提前阅读资料，再开展讨论，也可以让学生提出问题。

简而言之，讨论的主题可以是争议性问题、探讨性问题或是两难问题，也可以是解释性问题或应用性问题。一个明确的事实或共识是无法引起讨论的。讨论的主题不能太简单，也不能太深奥，太简单会让学生觉得无话可说，无法调动积极性；太深奥会让学生感觉吃力，无从下手。对于一个较大或者较复杂的问题，可以将问题化小，按层次序列化。

2. 列出讨论提纲

为防止讨论走题，或者没有焦点，教师可以预先准备一个讨论提纲，以便学生在讨论时能有次序、有焦点地进行。尤其是在学生刚刚接触讨论的相关内容或初次使用讨论法的时候，此举尤为重要。

3. 做好讨论前的准备

讨论前的准备包括：宣布讨论的原则，向学生介绍讨论的题目、目的及评价等具体问题；根据讨论的形式做必要准备（如学生分组、辩论中双方辩题的确立等）；对于需要做资料调查或实验准备的讨论，可以预先布置讨论的任务，让学生分工搜集资料、从事调查或实验，写好讨论发言稿，然后进行课堂讨论。

4. 展开讨论

组织学生发言可以采用以下形式：自由发言、指定主要发言人、临时指定发言人或轮流发言等。在展开讨论时，教师需要把握的一些问题如下。

1）要尽量引导多数学生发言，可以专门征求一些不喜欢发言的学生的看法。例如，你赞同哪位同学提出的观点，你认为对你启发最大的观点是什么，为什么？你认为讨论中不切题或者没有意义的讨论有哪些，为什么？尽管我们希望发言的人越多越好，但并不是说每个学生在讨论的过程中都必须发言。

2）要正确处理讨论中出现的争论，所谓"水可导不可堵"。不同意学生的观点，最好不要当时就打断，以免影响学生发言。教师需要随时捕捉学生发言中的闪光点，给予表扬鼓励。同时坚信，多元化的价值取向是真正生活意义的体现，学生在讨论过程中所经历的思考过程与取得的结论同样重要。

3）认真倾听、分析研究发言中的实质，把讨论引向深入。在学生的讨论中，教师可以适当地提出问题加以深入引导。例如，你为什么这样说？有什么数据作为支撑吗？你能为你所讲的举个恰当的例子吗？你能解释一下你刚才所用的术语或者换一种说法吗？在决定你的观点时，什么人或者什么事件对你的影响最大？你认为你观点中最独特的是哪一部分，为什么？等等。教师的提问引导可以改变讨论的进度和角度，使学生注意保持高度集中并积极参与。教师需要有海纳百川的心胸，兼容不同的意见，这是形成民主讨论的重要前提。

4）把握好讨论形式的灵活运用。与传统讨论法不同，信息技术课程教学中的讨论形式是多样化的，既包括传统的口头形式的讨论，又包括信息技术支持的在线讨论，教师要根据教学内容与讨论形式的特点灵活运用。

总之，不断变化的讨论节奏和多样的讨论方式方法是讨论成功的关键。

5. 讨论总结

教师可以从以下几个方面进行讨论总结：概述讨论情况，点评学生在讨论中的表现，分析讨论结果。对于不统一的问题，教师可以阐述自己的观点，但允许学生保留自己的意见；对于讨论中错误的观点，要指出问题所在，分析错误的根源，澄清模糊的认识；对于不够全面的观点，要加以补充，使之完善。教师也可以指导学生自己做总结。例如，讨论中最具有争论的话题是什么？针对这个话题讨论的主要观点有哪些？什么观点引起了更多人的争议或同意？有哪些观点是比较含糊和不确定的？有什么问题需要进一步讨论？等等。

讨论法的教学过程给大家提供一种讨论的组织思路，并不对应实际的教学流程。在实际课堂教学中，可以随时随地展开讨论，整堂课可以围绕一个主题进行讨论，也可以有多个讨论主题。讨论法在课堂中可以独立使用，也可以和其他教学方法配合使用。

【案例分析】

讨论法教学过程——《初识人工智能》

1. 课前铺垫

问题：这两首诗，一首是人工智能创作的，一首是老师自己创作的。请猜一猜：哪一首是人工智能创作的？创作者是谁？

1）看那里/闪烁的几颗星/西山上的太阳/青蛙儿正在远远的浅水/她嫁了人间许多的颜色。

2）这个春天/我不栽桃李/不种春花/满山遍野/我就种——你五彩笑容唱响的那本诗集/还有——你清澈眼神里流动的星辰。

学生1：第一首。

学生2：第二首。

教师：第一首诗的作者是人工智能，她的名字叫"微软小冰"，这首诗选自第一本人工智能作者创作的诗集《阳光失了玻璃窗》。

教师：你们观察一下，这两首诗有什么不同的地方？机器是怎么创作诗歌的呢？大家讨论一下。

学生：讨论并回答。（略）

教师：其实计算机不仅能写漂亮的现代诗，还能写故事，也能写小说。（呈现清华大学写诗机器人"九歌"的视频）

教师：在刚刚的视频里，写诗机器人"九歌"是如何学习的？请大家说一说。

学生：通过学习30多万首古诗，慢慢习得了古诗词的韵律和平仄要求，最后就能够自己创作古诗了。

教师：计算机除了能写作，还能做什么呢？今天，就让我们一起走近人工智能，了解人工智能，设计与创新人工智能。

设计意图：采取问答法，以教师引导、学生讨论的方式展开教学。通过两首诗的诵读和猜作者的小活动，能够迅速将学生带到本课内容，还能激发学生学习的兴趣。写诗机器人"九歌"的视频资料，展示了我国在自然语言处理方面的先进技术及研究团队的风采，进一步激发了学生学习人工智能的热情。

2. 体验人工智能

教师：小度小度，请在45分钟后提醒我们下课。

小度：好的。

教师：今天我们请来了人工智能老师——小度，什么是人工智能？它从哪里来？它的前世、今生与未来都是怎样的呢？下面，我们请小度老师为我们解答，今天在课堂上表现优秀的小组或个人可以获得和小度老师单独交流的机会。

活动1：考考小度老师。

（略）

3. 认识人工智能

（略）

4. 追问人工智能

（1）人工智能的关键技术

教师：PPT 呈现人工智能关键技术结构图，介绍人工智能的关键技术。

设计意图：该部分不是重点，但能帮助学生从宏观上了解人工智能，从而使学生对人工智能的学习有整体的认知。

（2）人工智能与人类智能

活动 5：小组讨论汇报。

问题 1：今天小度老师来到我们的课堂，请你说说小度老师与真人老师的区别。联系你曾看过的人工智能方面的电影，可以结合影片中的人工智能角色，谈谈它有什么智能特点，说说它与人类智能的异同点。

问题 2：随着人工智能老师——小度走进教室，真人老师如何才能在未来的讲台更好地立足？作为中学生要如何学习才能适应未来社会的需求？

……

总结：本课围绕人工智能设计了三个环节，即体验人工智能—认识人工智能—追问人工智能。邀请小度老师（百度智能音箱）走进课堂，符合初中学生的认知特点，生动有趣；从体验人工智能环节自然进入认识人工智能环节，悄然过渡；在人工智能前世、今生和未来的介绍过程中，继续邀请小度老师参与，以深入体悟人工智能的特点；通过自主探究学习和角色扮演进一步了解人工智能发展中的关键事件及重要概念。在实践、探究、研究中学习、理解知识。课堂上主要运用了讨论法和演示法等教学方法。教师根据教学内容开展丰富的活动，在活动中组织学生展开各种形式的讨论，采取师生问答、小组讨论等多种方式，激励学生全面参与、主动学习，培养信息意识、信息获取加工等素养，让学生在轻松愉悦的环境中理解人工智能的内涵，畅想人工智能的未来，为深入学习人工智能和发现人工智能背后的算法思想奠定了良好的基础。

二、任务驱动教学的教学结构设计

目前，中学信息技术教学过程中所运用的任务驱动教学，除了课前的任务设计和课后的有关环节，课堂中的教学往往还要经历这样一个过程：呈现任务—分析任务—完成任务—总结评价。但针对不同的任务类型，教学过程有所不同。

1. 封闭型任务的教学过程

（1）创设情境、引起注意、提出任务

从建构主义学习理论的观点来看，学习总是与一定的情境相联系的，因为只有在情境的媒介作用下，那些生动直观的形象才能有效地激发学生的联想，唤起学生原有认知结构中有关的知识、经验及表象，从而使学生利用有关知识与经验去"同化"或

"顺应"新知识。信息技术课程的任务驱动教学要充分发挥计算机的多媒体功能，从声音、色彩、形象、情节、过程等方面创设与当前学习任务相关的、尽可能真实的学习情境。例如，在封闭型任务情境创设时，可以呈现任务完成前后的效果图，引导学生做出比较和评论。

有了任务情境的烘托，教师就可以顺理成章地提出封闭型任务，使学生明确所要完成的学习任务及任务所包含的教学目标。

（2）共同讨论、分析任务、发现问题

在给出任务之后，教师需要与学生共同讨论、分析任务，提出完成任务需要解决哪些问题。这些问题可以在教师的引导下由学生自己提出，也可以根据实际情况由教师主动提出，但要采用先粗后细、逐步求精的方法。要解决的问题可能是以前没有遇到过的，教师可以引导学生联系学过的类似内容进行比较分析，找出任务的特点和难点。

（3）针对问题、明确思路、提示重点

针对发现的问题，教师要引导学生提出解决问题的各种可能的想法（如"你认为应该怎样？""你觉得怎样做才好？""你有什么新的想法？"），并做出评判（"这可能会……""如果这样将……""也许……会更好"），及时引导学生形成正确的解决问题的思路和计划。对于重点问题和难点问题，教师可以进行明确的分析，举出例子，并做出适当的示范；有些问题学生只有在完成任务的过程中才能发现并有深刻体会，那么在下一个学生自主探索环节，教师应从旁点拨指导。

（4）自主探索、恰当引导、完成任务

有了分析和提示，学生对完成任务的过程应该已经比较清楚了，接下来就应该让学生亲自动手完成任务。此时，学生可能已经跃跃欲试了，教师要多鼓励和表扬学生，调动他们的积极性。在完成任务的过程中，教师应该要求学生仔细揣摩任务和样例，联系重点问题和难点问题的分析与示范，明晰完成任务的意图和思路，避免陷入毫无目的的尝试和简单机械的模仿；鼓励学生与周边同学讨论、交流，互帮互学，进行松散的合作学习。对于完成任务有困难的学生，教师要与学生一道找出存在的问题，给予恰当的引导。对于很快就完成任务的学生，教师可以布置拓展任务使学生进一步地提高能力。

（5）检查结果、发现不足、总结经验

教师既然给出了任务，就一定要检查任务完成的情况。教师逐个检查学生任务完成情况，看是否符合要求，并做相关的记录。当检查完后，教师还要对学生完成任务的情况做出及时的反馈和总结，指出存在的问题和需要改进的地方；发现和挖掘每个学生的优秀表现，并做出中肯的评价和表扬。

2. 开放型任务的教学过程

（1）创设情境、引起注意、提出框架

开放型任务的情境创设与封闭型任务类似，目的是要引出任务框架。例如，播放一部动画片、讲述一则有趣的故事、呈现一幅作品，并结合日常学习和生活实际说出自己的感想、做出相关的评论，然后提出任务框架（主要的学习目标、大致的任务范围、原则上的要求、完成任务的评价标准等），尽量不要做任务主题和内容上的限制。

（2）共同讨论、分析框架、进行分组

当提出任务框架后，教师可以与学生共同讨论，找出一些可供利用的任务类型（图像处理方面的，如电子贺卡设计、公益广告设计等，程序设计方面的，如利用算法和程序解决垃圾分类等实际问题），或者同一类型的不同任务主题（如不同主题的电子贺卡设计、不同主题的公益广告设计等）。教师也可以列出以往学生学习过的相关任务类型、主题及相关作品供学生讨论，与学生共同讨论任务设计的基本思路和实施过程中要注意的问题。教师宜多鼓励、少评论，激发学生的想象、思维及创作欲望。

接下来教师就要对学生进行分组，可以根据学生的兴趣、爱好、特长、性别、年龄、能力、知识结构、以前小组学习的经验等将学生分成 2～5 人的小组。分组需要坚持一定的原则，如"组内异质、组间同质""教师引导和自由分组相结合"。组内异质有利于学生的协作学习和不同智能优势的发挥，组间同质（基本相同的成员结构）有利于开展公平竞争。但学生一般有优势趋同和排差心理，若完全按照学生的意愿分组，则往往形成强强联手、差生结合、组间悬殊的情形，不利于开展组内协作和组间竞争。另外，小组内还可能出现"伪合作"问题：个别能力强的学生大包大揽，减少其他学生锻炼和表现的机会，有些学生甚至会主动放弃这些机会。教师需要做大量的引导工作，使分配的学习小组既有利于协作，又有利于竞争。教师引导小组成员的互教互学，有助于小组任务高质、高速地完成，加深学生对有关知识和技能的深层理解和熟练掌握。小组长应由乐于助人、善于协调小组成员完成任务的学生担任，当然，小组长人选和小组成员并非总是固定的，在学生已经熟悉了小组合作式学习的情况下，可以根据需要更换小组成员和小组长，以锻炼每个学生适应新的小组环境（与不同的学生协作可以丰富学生的经验，取百家之长）和领导小组进行合作学习的能力。

（3）小组讨论、明确任务、制定方案

当分好小组后，各小组成员就可以分头行动，首先要确定本小组的具体任务。教师的重要职责就是引导学生回答一个问题：你到底想利用信息技术来做什么？经过小组讨论，联系讨论过的任务主题，选择一个适合本小组的任务。教师要做好宏观调控，如果小组间的任务类别相同，则要求不同的小组有不同的任务主题和设计风格。有时，小组任务可能在共同讨论、分析框架、进行分组的环节中，或者在教师的指导下已经安排好了，那么这一步就可以省略。

当小组任务确定后，小组成员就要共同讨论分析任务，依据任务框架明确完成任务的具体目标和要求，确定完成任务的思路和基本步骤，发现需要解决的问题和可能要用到的资源，将任务分解成多个子任务，并依据兴趣、特点和愿望进行小组成员的职责分工，最终形成一个比较合理的完成任务的方案。教师可以接受学生的询问，提供有关线索，启发学生的思考。

（4）自主探索、积极合作、完成任务

自主探索、积极合作、完成任务是整个学习过程的核心阶段，学生将投入最多的时间与精力来设计、开发、解决各自的任务。在此过程中，教师可以为学生提供少量以前学生设计的信息作品供他们观摩，同时提醒学生不要简单模仿、重复创意。在这一过程中，教师应主动观察学生，发现学生在完成任务时出现的问题，并做适当的个别指导或就共同问题进行集中解答，但要注意分寸，点到为止（如"你可以回忆我们以前经历过的……""你可以看看书上关于……的介绍""问题的关键可能是……"），充分相信学生的学习能力和解决问题的能力，鼓励学生积极思考、共同讨论和利用软件功能解决面临的问题，不要贸然地帮助和过多地干扰。这个阶段也是学生的创造性思维最容易冒"火花"的时候，教师要及时发现学生的闪光点，鼓励学生大胆创新，寻求不同的方法、内容、设计。

自主探索和积极合作是辩证的统一体。学生在自主学习的过程中要积极与其他小组成员沟通，相互了解子任务完成的进展情况，共同讨论遇到的问题，交流和共享有关的资源与经验；在各自子任务的完成过程中努力做好相互工作成果的有机整合，形成一个完整的信息作品。另外，为减少"伪合作"问题，避免一些学生躲在同伴的背影中"搭便车"，教师应该加强这方面的监督。

（5）作品展示、经验交流、总结提升

各小组将完成任务的思路、方案、方法、最终作品，以及获得的知识、技能、经验与体会等总结和汇报给全班同学。教师要对其做出点评，并与学生共同讨论，引导大家说出自己的感受，指出作品的优点与不足之处，提出改进建议和方法，以便在进一步的学习中不断完善与提高，甚至可能产生新的任务，使学习成为一个连续发展的过程。

【案例分析】

任务驱动教学过程——《跳舞的小女孩图形化编程》

（设计者　张慧楠；指导者　王素坤）

在人工智能时代，青少年的计算思维和编程能力成为核心。近年来，在中小学阶段推广和普及编程教育已经成为全球共识。《跳舞的小女孩图形化编程》采取了任务驱动教学。

1. 创设情境、引起注意、提出任务

首先创设问题情境：小女孩准备参加芭蕾舞大赛，想要制作一个芭蕾舞的参赛视频，让我们一起来用 Scratch 程序帮助她实现吧。通过创设情境，提出要完成的总任务，引起学生的注意，激发学生的学习兴趣和尝试欲望。

2. 共同讨论、分析任务、发现问题

教师演示作品最终效果，向学生说明小女孩提出的三个要求。

要求 1："我的芭蕾舞有三种造型，请大家把它们加进去。"

要求 2："我希望能在舞台上来回展示我的舞姿。"

要求 3："我想要美妙的背景音乐烘托气氛。"

这三个要求就是我们要完成的三个任务，从而将总任务分解为三个子任务，明确任务目标。这些任务是为促进学生掌握关键性的知识和技能而设计的，是学生可以自主完成的小型任务，因而属于封闭型任务。

3. 针对问题、明确思路、提示重点

针对三个任务，教师依次提问学生完成任务的思路，明确要用到的知识技能点，并对任务操作的重点和难点稍加提示。这些问题，学生只有在完成任务的过程中才能发现并有深刻体会，因此这里教师只做简单引导。

4. 自主探索、恰当引导、完成任务

在自主探索、恰当引导、完成任务的过程中，不是由教师直接告诉学生如何操作，而是由教师引导学生自主尝试、协作讨论，教师从旁给学生提供恰当的帮助和引导，给学生"搭梯子"，引导学生逐步攀升。

任务 1：将芭蕾舞的三种造型加进去。（过程略）

通过对比，引导学生加深对顺序结构和循环结构的认识，培养学生的编程思维和逻辑思维。

任务 2：在舞台上来回展示舞姿。（过程略）

任务 3：增加美妙的背景音乐烘托气氛。（过程略）

学生尝试选择背景，从声音库中找到自己喜欢的音乐。学生在制作过程中遇到背景音乐无法一直播放的问题，教师引导：为了让背景音乐循环播放，选择重复执行模块，将音乐插入循环结构中。在此过程中培养学生感受美的能力和创新思维。

5. 检查结果、发现不足、总结经验

教师对学生在完成任务过程中的表现加以评价，肯定学生自主和协作学习的成果并提出期望，最后利用知识树回顾本节主要知识点。

提出拓展任务：假如小女孩到了外太空，那她的旋转一定会不受控制，怎么改变背景和她的旋转模式呢？通过拓展任务进一步驱动学生探究学习。

《跳舞的小女孩图形化编程》教学过程图如图 6.2 所示。

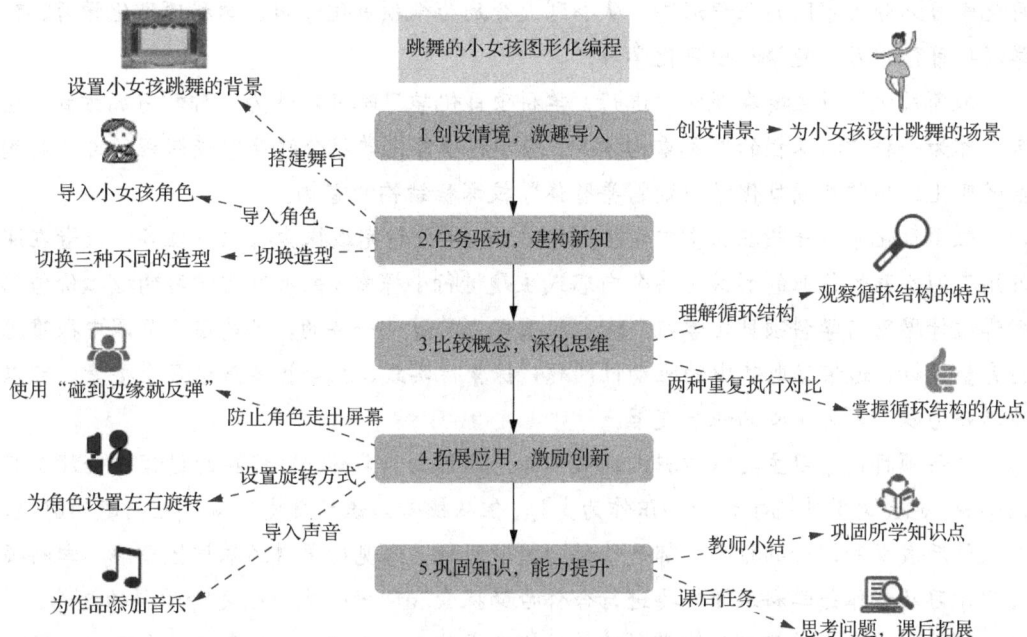

图 6.2 《跳舞的小女孩图形化编程》教学过程图

总结：任务驱动教学要根据教学内容和教学对象的年龄特点，注重情境的创设和教学任务的设计。教学任务融知识性、技能性、思想性、艺术性为一体，能有效激发学生的学习兴趣。任务设计具有梯度，层层递进、环环相扣，逐步引导学生的编程思维，让学生在轻松愉快的氛围中动手操作，掌握编程方法，提高问题解决能力。

【实践演练】

1）自主学习：从现有的中学信息技术教材中，选择某个教学内容，并根据教学内容和学生特点选择合适的教学方法，模仿教学案例，以叙述或表格的形式进行比较详细的教学过程设计。

2）小组讨论学习：观看优秀微课视频，小组成员分别选择不同的视频案例，分析其教学设计流程，并探讨如果将微课教学内容拓展成实际课堂教学内容，则应如何进一步完善教学设计方案。

【拓展阅读】

材料 1：项目化学习的课程群态

按照项目化学习所覆盖的知识范围的大小、对学校课程的影响力度，我们可以将项目化学习划分成不同的课程形态，从小到大分别为微项目化学习、学科项目化学习、跨学科项目化学习、超学科项目化学习。

微项目化学习主要在课堂中进行。学科项目化学习既可以作为一种学习的方式，也可以作为一种学科课程的单元重构方式。跨学科项目化学习会涉及学校课程的部分结构性的变化。超学科项目化学习则需要整体学校课程结构的重构。

微项目化学习是指在课堂中学生利用 15～20 分钟完成探索性项目任务，或者在课外用类似实践性作业的形式对某个内容或主题进行小探索。微项目化学习的核心价值取向和设计思路与学科项目化学习、跨学科项目化学习是一样的，只是在一节课中很难进行完整设计，通常只取其中的驱动性问题、探索性实践、社会性实践这几个要素，可以将其归为以学习为中心的课堂变革。

学科项目化学习主要以学科内的关键概念和能力为载体，可能在此过程中会涉及其他学科，也会运用其他学科的知识作为支撑。但从核心知识的提出到挑战性问题的解决，以及最后成果和评价的指向，都是学科的关键问题，体现对学科的本质性理解。学科项目化学习的载体是学科，学生要进行合作性的探索和问题解决，生发跨学科的素养。

跨学科项目化学习以不同学科的关键概念或能力为载体，指向真实世界中的问题解决。它通常需要整合不同学科的知识和能力，共同指向真实情境中的问题探索与解决，体现对不同学科领域的知识的整体理解。跨学科项目化学习中又有不同的类型。

超学科项目化学习是指建立起一套超越具体学科的概念体系，如结构与功能、形式、因果关系等，围绕这套概念体系进行的项目化学习设计没有明确的学科界限和学科课程标准，旨在促成学生对整个主题和超越学科的大概念的理解。在教师日常的教学中，超学科项目化学习设计使用得不太多。

材料 2：STEAM 教育

STEAM 教育是集科学、技术、工程、艺术、数学多学科于一身的综合教育。STEAM 的原身是 STEM 理念，即科学（science）、技术（technology）、工程（engineering）、数学（mathematics），后来加入了 arts，也就是艺术，内涵更加全面。

STEAM 是目前国际上一种新的综合学科背景下的教育理念。STEAM 教育倡导将各个领域的知识通过综合的课程结合起来，加强学科间的相互配合，发挥综合育人功能，让学生在综合的环境中学习，在项目活动中应用多个学科的知识解决问题。STEAM 教育更注重学习的过程，而不是结果。在这个过程中，STEAM 强调学生的主动探索精神，鼓励学生动手完成自己感兴趣的、和生活相关的项目，让学生自己建构知识和技能，达到培养综合能力的目标。

2020 年 7 月，教育部印发的《中小学教师培训课程指导标准（专业发展）》文件把

STEM 课程与开发纳入文化知识学习研修主题，侧重于科学与数学应用、工程与技术实践，具有自己的鲜明特色。

STEAM 教育种类繁多，目前在信息技术领域，主要以机器人教育、儿童编程教育、3D 打印教育为主。STEAM 教育具有激发青少年好奇心、培养青少年动手能力、引导同伴之间进行合作、锻炼青少年解决实际问题的能力等特点。

STEAM 教育常采用问题解决驱动的、行动导向的教学方法。基于项目的学习和基于问题的学习是目前中小学最常用的两种教学方法。

5E 教学法也是近年来 STEAM 教育采用较多的教学方法。它是一种基于建构主义的探究式教学方法，强调通过探究和实践解决实际问题，引导学生深入理解科学知识，构建知识架构，逐渐形成科学思维。5E 教学法包含引入、探索、解释、迁移和评价五个环节，如图 6.3 所示。

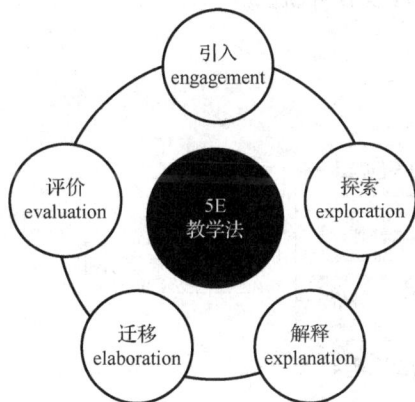

图 6.3　5E 教学法

第七章

中学信息技术学习评价

学习目标

1. 理解中学信息技术学习评价的要求。
2. 掌握中学信息技术过程性评价。
3. 了解项目学习评价。

内容结构

```
中学信息技术学习评价概述 ┐
                        │
中学信息技术过程性评价   ┤                          ┌── 信息技术教学评价的确定
                        ├── 中学信息技术学习评价 ──┤
中学信息技术表现性评价与项目学习评价 ┤              └── 信息技术学习评价方案设计
                        │
中学信息技术总结性评价   ┘
```

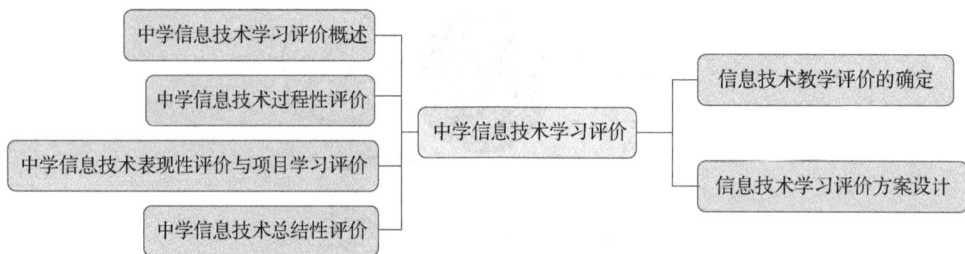

　　学习评价在方向、内容上应与教学一致，教、学、考、评如果不能保持一致，教学就会陷入无序的状态，教学质量自然无从保证，核心素养的形成更是无从谈起。课程标准通过建立基于核心素养的学业质量标准来实现教学与评价的一致。基于核心素养的学业质量标准是指基础教育阶段的学生在完成各学段教育，或者在结束基础教育阶段教育时，应该具备的各种核心素养，以及在这些核心素养上应该达到的具体水平的明确界定和描述。基于学科核心素养的学业质量标准则是指学生在完成某个学科的学习或某个学科的某些模块的学习之后，应该具备的学科核心素养，以及在这些学科核心素养上应该达到的具体水平的明确界定和描述。学业质量标准实际上是学科核心素养与学科具体内容的结合，或者说是学科核心素养在学科各个模块上的体现。学业质量标准既是评价的标准和依据，也是教学的标准和依据。

第一节 中学信息技术学习评价概述

中学信息技术学习评价要以核心素养发展为主轴，以学业质量标准为纽带，设计不同学习阶段或表现水平的评价任务，综合多种形式的日常性评价和总结性考试，构建考查学生核心素养发展的相对完整的评价体系。将这种评价体系和学科教学过程相整合，可以构建一个促进学生核心素养发展的评价、反馈、反思、改进和提升的持续性过程。

学业质量是学生在完成学科课程学习后的学业成就表现。学业质量标准是以信息技术学科核心素养及其表现水平为主要维度，结合课程内容，对学生学业成就表现的总体刻画。依据不同水平学业成就表现的关键特征，学业质量标准明确将学业质量划分为不同水平，并描述了不同水平学习结果的具体表现。高中信息技术学业质量水平是根据问题情境的复杂程度，相关知识和技能的结构化程度，以及学生的思维方式、探究模式或价值观的综合程度等进行划分的，一共有四级，不同水平之间具有由低到高逐渐递进的关系。高中信息技术学业质量水平片段如表 7.1 所示。

表 7.1　高中信息技术学业质量水平片段

水平	质量描述
1	1-1 依据一定的任务需求，比较不同信息获取方法的优劣，知道数据与信息的关系，确定合适的信息获取方法；认识人工智能在信息社会中的重要作用；对信息系统在人们生活、工作与学习中的重要作用有一定的认识；在信息系统应用过程中，能够判断系统可能存在的信息安全风险，了解规避风险的方法，对于信息系统在社会应用中的优势及局限性有一定的认识。
	1-2 针对典型的数据问题，利用软件工具或平台对数据进行整理、组织与计算，通过技术方法对数据进行保护；在数据分析的基础上，能利用合适的统计图表呈现数据分析结果；依据解决问题的需要设计算法，采用流程图的方式描述算法，掌握一种程序设计语言的基本知识，能编写简单程序以解决问题；了解人工智能技术；通过分析简单的信息系统，知道计算机、移动终端与软件的作用，了解信息系统与外部世界的连接方式，以及网络接入方式、带宽等影响信息系统运行的因素，知道网络应用软件的开发方法。
	1-3 了解数字化学习的基本方法，对信息系统在完成学习任务中的作用有一定的认识，能利用信息系统进行协作学习；能对学习过程中所使用的资源与工具进行初步评估；针对特定的问题，能运用合适的数字化工具进行信息处理。
	1-4 通过分析典型的信息安全问题，认识在人类信息活动中运用法律法规与伦理道德准则进行约束、管理与调节的必要性；在信息系统应用过程中，能识别和抵制不良行为；具有保护信息安全、尊重知识产权的意识，能自觉遵守相关法律法规和伦理道德准则，具备防治计算机病毒的基本能力；不随意泄露个人信息或获取他人隐私
……	……

高中信息技术学业质量水平是阶段性评价、学业水平合格性考试和学业水平等级性考试命题的重要依据。学业质量水平 2 是高中毕业生在本学科应该达到的合格要求。学业质量水平 4 是学业水平等级性考试的命题依据。

面向学科素养的信息技术学习评价以学科素养为导向进行，评价内容以信息技术核心知识、学科思想方法、关键能力、价值观念等为主，评价学生在真实情境中的信息问题解决的综合表现，具体设计评价时应摆脱单纯对"知识技能"的评价，要从多个维度全面、综合地评价信息技术学习。

信息技术（信息科技）的学习评价指向学习目标，具有目标、实践、成果、评价的一致性，其中过程性评价主要考查学生的认知策略和学习实践，总结性评价主要考查学生最终的学习成果。设计学习评价参考学业质量标准的同时，可以关注以下几个方面。

1）最终成果是否回答了项目学习时的驱动性问题？

2）在最终的学习成果中是否产生了对概念的深度理解？或者是否掌握了相关知识技能？

3）学习实践的质量如何？

4）在过程性的学习表现中是否证明了相应学习实践的产生？

5）在类似的情境中是否产生了学习迁移？

信息技术评价以持续性评价为主，体现教、学、评的一体化，对整个单元学习过程进行评价。在单元学习中，要想持续"进阶"，需要清楚学习阶段性成果。根据评价的需要制定评价方式和评价工具，如观测量表、评价量规、问卷等，评价的设计应贯穿学习的全过程。信息技术（信息科技）学习评价对应表如表 7.2 所示。

表 7.2　信息技术（信息科技）学习评价对应表

评价内容	评价类型	评价方法与工具	评价者
核心知识	过程性评价 总结性评价	纸笔测试 评价量规 表现性任务	教师
学习实践	过程性评价	评价量规 档案袋	学生、同伴、教师
学习过程中的成果	过程性评价	评价量规 档案袋 纸笔测试	学生、同伴、教师
最终学习成果	总结性评价	公开展览与汇报指向核心概念、成果 质量、成果报告的量规	学生、同伴、教师、 外部专家、公众

【案例分析】

必修课程模块 1 中"算法与程序实现"部分的学习评价方案示例

1. 确定项目的基本要求

根据必修课程模块 1"数据与计算"内容要求中的 1.6、1.7，结合教学内容，设计一个或多个项目活动，引导学生经历"项目设计""项目实施""项目成果交流评价"等环节，以设计算法、程序实现为主要形式开展项目活动。项目活动的基本要求如表 7.3 所示。

表7.3　项目活动的基本要求

评价项	基本要求
项目内容	项目主题健康，内容积极向上
项目设计	项目指向可以是解决学习或生活中的一个实际问题，也可以是帮助自己实现一个愿望
项目实施	项目成果以计算机程序为主要形式。程序实现技术要涉及前期所学的算法、语句知识
项目成果交流评价	程序应能正常运行并完成正确的数据处理；具备必需的交互功能，以及简洁、美观的用户界面

2. 制定项目活动的评价标准

关于项目活动的评价标准，需要针对具体要求逐条设计。为了激励学生深入探究、张扬个性，评价标准可以根据评价的实际情况设置基本项和奖励项，每项除设置评价标准外，还须设置一定的分值，如表7.4所示。

表7.4　项目活动评价表示例

分类	评价项	评价标准	分值
基本项	主题	主题明确；源于生活	20
	内容	体现出积极向上、正确的信息社会责任意识；包含必要的文档资料（项目设计方案、作品使用说明等）	10
	功能	能基本完成方案中预设的目标；数据处理方式和执行流程合理、正确	20
	技术	能体现学到的最新知识点；算法、语句应用恰当；代码风格简洁、易于维护	20
奖励项	主题	源于生活且高于生活，能启发人们对现实应用的新思考	10
	内容	能呈现有别于其他成员的成果，如本学科知识的深层次研究、跨学科的研究结果呈现等	10
	功能	能较好地解决现实问题，具有一定的推广应用价值	5
	技术	能通过自主学习，运用新知识、新技术实现项目创意，或运用较巧妙的算法解决问题	5

第二节　中学信息技术过程性评价

信息技术课程强调实践性、参与性，这就使得课程的评价不能仅仅局限在对基本知识和简单操作技能的简单测试上。《普通高中信息技术课程标准》指出：要综合应用各种过程性评价方式，全面考查学生信息素养的形成过程；评价与教学过程相结合，动态把握，及时引导学生情感、态度和价值观的形成。只有结合具体的教学过程，通过适当的过程性评价方式随时诊断、及时获得反馈，教师才能了解到学生在发展过程中所遇到的知识与技能方面的问题、取得的进步及存在的不足，从而给予正确的引导，真正发挥评价对教学的调控作用。例如，将学生在实践活动中的各种表现和成果——研究报告、制作过程、电子作品等作为评价他们学习情况的依据。对学生活动过程的评价，应该揭示学生在活动过程中的表现及他们是如何解决问题的，而不仅是针对结果，即使最后结果按计划来说是失败的，也应从学生获得了宝贵经验的角度视之为重要成果，肯定其活动价值，营造其体验成功的情境。

过程性评价是指在教学实施过程中，为了了解教学实施的效果和学生在学习过程中存在的问题而进行的评价。过程性评价具有促进学生个体发展的作用，注重对学生个体进行纵向的考查比较。它能充分尊重学生的学习主体地位，调动学生的学习积极性，而不是把学生个体置于全体学生中，横向地在不同的学生个体之间考查比较，以及用外部的参照标准来衡量学生个体的学习。因此，学生能在过程性评价中获得积极的情感体验，这有助于他们形成良好的情感、态度与价值观，促进个体的发展。

过程性评价不但是改进教学工作、提高学习效率的手段，而且是促进学生智力发展、充分挖掘学生学习潜力的重要手段。过程性评价具有即时的反馈调节功能，评价的结果并不停留在评价者一方，更重要的是评价者要将结果以科学的、适当的方式反馈给被评价者，使被评价者更加客观地、全面地认识自己，调整自身的学习态度、行为，从而更好地发展。相对于其他的评价方式，过程性评价的反馈调节更加及时。

过程性评价是学生最容易接受的评价方式。过程性评价在评价的形式、手段上，比传统的考试要丰富得多，它往往可以在学生的自主活动、探究、展示、交流中进行，使学生更容易接受。同时，过程性评价的即时性使其评价更具有说服力。过程性评价具有成长记录的功能，它提倡评价内容的多元化及评价方法和手段的多样化。例如，成长记录袋可以清晰、全面地记录学生在学习生活中一点一滴的变化、进步，甚至评价活动本身都可以是记录的对象，从而反映学生的整个成长过程。

一、中学信息技术过程性评价的评价标准

过程性评价的内容涉及学生在任务完成过程中的各个环节，包括根据任务要求分析问题、收集信息的能力，选择合适的信息工具解决问题的能力，应用工具有效分析、处理信息的能力，合理应用信息工具来有效地表达相关问题答案的能力，对活动过程中相关信息问题的价值判断能力，在活动过程中与他人协作、交流的能力，等等。这些能力涵盖了学科核心素养的各个方面。

对于过程性评价来说，评价标准一般以评价量规的形式出现及应用。所谓评价量规，是指根据教学目标围绕某一主题制定的经过量化的评价指标。评价量规并不仅仅用来评价某具体内容的学习结果和过程，它的制定先于学习过程，更多地被用来引导学生正确有效地实施学习过程。在制定评价量规时，首先要将评价内容进行合理的划分，将其分割为若干能够客观反映学习过程和结果的重要维度，或者是多个可以观测的行为指标；然后为每个维度或行为指标制定能体现具体表现水平的标准，并将其划分为若干等级水平，还可以根据实际情况为不同的指标建立不同的权重。评价量规的设计可以由教师来完成，也可以在教师的引导下由学生来完成，这主要根据任务的内容和评价的要求来确定。在以教师为主的评价量规的设计过程中，鼓励学生加入评价量规的制定。这样一

来，一方面，可以激发学生的主动意识，提高他们的积极性；另一方面，通过对评价量规制定的介入，学生能够更加深入地把握评价的内容。如此，学生能够有意识地根据评价的内容来反思自己的学习，促进学习的进步。表 7.5 是信息技术作品评价量规示例。

表 7.5 信息技术作品评价量规示例

评价内容		评价标准	小组自评 1~5 分	教师评价 1~5 分	其他 1~5 分
作品主题和内容		内容全面，包括任务要求的所有基本主题，能论及有关的其他主题			
		观点准确，论证清楚、有力			
		主题内容逻辑顺序准确、清楚，重点突出，易于理解			
		包含细节、提问，能引发读者的思考、好奇和探询更多信息的动机			
技术	布局	区域划分清晰，版式美观，易于理解			
		内容表现形式多样、合理			
		布局平衡合理，易于观看和检索			
	界面	页面风格与主题相符，形式新颖			
		背景能很好地衬托主题			
		图表使用合理，能激发访问者兴趣并有助于访问者理解相关内容			
	多媒体素材应用	声音使用合理，能创造与主题相符的氛围			
		能根据演示的需要合理设置有关对象的动画效果，动画播放顺序准确、自然			
		能准确、合理地使用外部的多媒体素材，如声音、动画、视频素材等			
	导航	有用于导航的目录页，各幻灯片标题清晰易懂，便于理解和检索			
		能利用母版设置各页之间的链接，相关页面之间的链接准确、合理			
		页面切换自然、准确			
口头报告		能使用生动、准确的语言			
		报告组织严密，条理清晰，易于理解，能引发观众兴趣			
		能灵活地使用信息传递和交流的技巧			
		小组成员轮流发言			
		做过较好的预演			
组内分工合作		组内分工明确，能相互合作、取长补短			
		小组成员能完成分配给的任务			
		小组成员能主动帮助别人，共同完成项目			
综合评议					
总分					

注：①每位评价者根据被评价者的具体表现与各评价标准的符合程度分别给予 1~5 分；②如果评价者包括其他小组或同学、教育专家、家长等，则可根据评价者的数量在表格中添加相应数量的列。

二、中学信息技术过程性评价的资料收集

中学信息技术课程的过程性评价一般通过两个方面来实现。一方面，在学生学习的过程中系统客观地记录学生在学习的自然情境中的真实表现，这主要可以通过多种开放的质性评价方法（如现场观察、访谈、轶事记录、成长记录等）来完成，这一过程是长期的、连续不断的，可以系统地把握学生在知识、技能、情感、态度等方面的变化和发展。另一方面，可以通过设置一定的作品设计作业和实践活动来引发学生的特定行为，通过对活动过程的观察和作品完成情况来收集有价值的评价资料。

1. 系统的观察和轶事记录

在自然情境下观察学生可以获取过程性评价所需的信息。在日常教学中，对学生的观察往往是不系统的，而且缺乏对观察结果的正规记录，难以为评价学生复杂的表现提供全面、客观的信息。因此，我们需要将评价标准或评价量规指导下的系统观察活动和日常教学中的随机观察相结合，保证在收集评价计划中与学习目标直接相关的信息的同时，能收集到其他没有包括在评价计划中但对评价有价值的信息。

轶事记录是指评价者在观察过程中以文字的形式对被评价者的行为做描述和诠释，主要包括观察到的行为、行为发生的情境及对事件的独立说明。轶事记录比较耗时，可限制使用在能体现被评价者情感态度与价值观的行为上，如体现对信息技术的求知欲和参与信息活动的态度等方面的行为；同时可用于记录须给予特别关注的被评价者，如信息技术起点低的学生。

2. 典型的作品设计

典型的作品设计可以是在课堂中随机选择的学生作品，也可以是在课后作业或是在考试、测评中围绕某一知识内容所设置的作品设计任务。在对这些作品进行评价的过程中，不要简单地给予等级的划分和优劣的评述，而要综合考虑知识和技能之外的诸多能力。例如，在学习数据可视化时，要求学生自由选择专题做一个电子讲稿，并告诉学生在评价时将要求通过电子讲稿向全班学生进行讲演展示。在评价实施过程中需要考虑到：每个学生的审美观和讲演能力都不同，但是只要是能够独立完成任务的学生，都应该给予其良好的评价；要看到每个学生的进步，也许一位天性腼腆的学生的讲演远远不如另一位性格开朗的学生好，但他战胜了自己，并且与过去相比在口头表达能力方面有了进步，在评价中就要给予肯定；还应提倡创新精神，在评价中对于有特色和创新性的作品要给以鼓励。

收集学生作品的信息可以参考结构化的表现性评价方法，即在标准的、有控制的条件下，要求所有的学生对同一系列的任务进行操作，并对学生的表现进行评价。结构化的表现性评价非常强调测验情境的高度控制和高度标准化，并要求学生按照规定的程序进行操作。但中学信息技术教育的目标更侧重学生在真实的情境中综合运用信息技术的

能力，因此，在教学过程中，不宜过多在人为设置的高度结构化的任务情境中评价学生操作的精确程度，尤其要避免对学生信息技术操作过程中无意义的细微差别斤斤计较。如果确需使用结构化的表现性评价，则应制定表示最低操作水平的绩效标准，包括精确程度、合适的操作步骤、遵循的有关规则、操作速度等。在实际教学过程中，人们通常需要将多项绩效标准合并起来评价学生的表现。对学生在学习过程中的表现进行评价时，力图使评价任务总体或部分与现实情境中的任务匹配。例如，在不具备上网条件或上网会导致很多负面影响时，教师设置虚拟的网络环境并以此评价学生在互联网上进行各种操作或利用各种服务和功能的能力。

3. 项目型作业或任务

在应用信息技术解决实际问题的过程中，我们可以全面了解学生的信息素养，包括在活动过程中表现出来的信息技术操作水平，利用信息技术进行交流、合作的能力，组织协调能力，以及价值判断能力等多个方面的素养。

项目型作业：你和几位同伴承担了一个组织 12～15 岁孩子的研学旅行的项目，需要准备一份内容广泛的小册子，包括文化交流、旅游路线、交通方式、费用、预算建议、服装、保健、安全等方面的介绍，这些都将被孩子的家长作为参考，以决定是否让他们的孩子参加这次旅行。学生需要呈现：①一系列解决问题的程序或者方案；②一个可以观察的学习结果或者产品（旅游小册子、多媒体展示等）。

任务：应该代表一个有效的样本，我们从中能够将学生的知识、思维能力和态度概括成理论。任务覆盖范围不必很大，但应可以让我们在一个狭窄的领域或具体技能方面观察大量的行为。

需要说明的是，收集评价资料的方法并不是独立使用的，往往是相辅相成的。另外，学程记录袋评价法可以作为一种在过程性评价中收集评价资料的方法。例如，在学生完成项目型作业或任务时，可以采用观察、轶事记录等方式来收集过程性的信息，形成活动记录或活动档案袋。这一活动的记录可以由教师通过观察来完成，使用云平台进行过程的记录与学生学习成果的分享是比较不错的选择。因此，教师要有意识地引导和培养学生形成自己记录学习过程、活动过程的习惯，并学会充分利用记录进行自我反思，调整自己的学习、活动过程。同时，学程记录袋评价法可以充分发挥信息技术课程的学科优势和特色，利用信息技术工具来存储、管理和处理活动过程的相关信息，建立起电子档案袋。

【拓展阅读】

档案袋评价

信息技术课程的档案袋是由学生学习过程中的各种作品汇集成的作品集，主要用来展示学生的学习进步情况或最佳作品。一般来说，人们在整个教学过程中应该使用发展性档案袋，而在某个教学阶段结束后应使用展示性档案袋。档案袋通常包括学生独立创作的各种作品（如学生创作的文学作品样本，研究性学习报告，用计算机软件制作的电子文稿、电子表格、数据库、程序等），采用各种形式对这些作品进行的评价，包括书面评论、检核表评价、等级量表评价、分数测验和会议报告等。评价的资料会通过学生自评、同学互评和教师评价等方式呈现。对于信息技术教学而言，我们可以利用资源优势，在计算机上建立数字化学生成长记录，让学生对档案袋的管理更加方便，教师也能实时了解学生档案袋的基本情况。

学生在档案袋作品积累的过程中要有目的、有意识、自主地选择作品，在这个过程中，学生有机会不断地反思自己的学习，不断地完善自己的学习方式，改进学习行为。档案袋的内容还应有能够体现学生学习的真实客观的过程、成长历程，包括学生对自己学习进行的反思。档案袋的内容是学生在学习过程中产生的原始资料，是学生在现实生活中的真实表现，它不仅展示了最终的学业作品，还体现了学生在没有压力与限制的状态下完成学习的质量。

档案袋的建立、内容选择在很大程度上是由学生自主进行的，为了确保其不偏离过程性评价的目标，档案袋评价的实施要求教师进行精心的设计。档案袋评价的设计应把握以下几个要素。

（1）明确评价的目的与标准

明确的学习目标将有助于学生更好地了解学习目的和学习任务，提高学习的积极性和主动性。考虑到学生在学习过程与评价中的主体性和参与性，评价的目标与标准的确定应该在教师决定的基础上，广泛征求学生的意见，或者由教师和学生共同讨论制定。教师应该向全体学生解释档案袋的内涵。

（2）限定评价的内容和范围

学生在学习过程中的表现是多种多样的，但是档案袋评价不可能对学生的所有表现做出完整、科学的评价，评价的内容也不能是没有边际的。教师应该先根据课程标准或实施指导纲要确定与教学内容相对应的教学目标、学习目标，再确定评价的内容和范围，进而确定档案袋的相关内容。

（3）提供恰当的合作讨论的时间与空间

在学习过程中，学生往往会遇到各种各样的问题，其中有的可以通过学生个人的努力解决，有的则不是学生个人所能解决的。在使用档案袋评价的时候，教师应该根据实际情况设计一些环节，让学生可以进行交流，包括师生之间的交流、学生之间的交流。

第三节　中学信息技术表现性评价与项目学习评价

一、中学信息技术表现性评价

中学信息技术表现性评价是指通过观察学生在完成实际任务时的表现来评价学生

已经取得的发展成就。通俗地说，所谓表现，是指学生把自己的想法、感受、态度等内在素养通过体态、动作、图画、语言、符号等媒介表达出来，它可以是学习过程中的表现，也可以是呈现出来的学习结果。

中学信息技术表现性评价强调通过真实的行为表现来体现学习成果并实施评价，是指要求学生通过实际操作某项任务或一系列任务（如制作一个信息技术作品、利用信息技术开展一项研究等）来表现出他们的理解水平和操作技能水平的评价。这种评价不仅仅评价学生"知道什么"，更重要的是评价学生"能做什么"；不仅仅评价学生行为表现的结果，更重要的是评价学生行为表现的过程；不仅仅评价学生在课堂中的表现，更重要的是评价其在模拟真实或完全真实的情境下的表现。

学生在真实的学习任务中的成功表现都以有关的知识为基础，以临场的各种操作技能为外部表现，并体现出相关的情感、态度和价值观。如果把表现性评价内容归结为表现性技能，那么表现性技能是由知识要素、技能要素和情感要素等各层次的要素构成的，如图 7.1 所示。例如，考查学生数据库规划、设计、建立、使用与维护的实际能力，要同时关注学生对有关数据管理思想方法、数据管理技术的基本概念的掌握；考查学生熟练使用某种数据库软件的技能水平，就要考虑学生在整个操作中是否能自觉遵守相关的法律法规和道德规范；等等。表现性评价的主要评价内容是技能要素，知识要素可以在对技能要素进行评定前用测验的方法加以测量或进行部分的评定，同时，表现性评价不能忽视对情感要素的评价。因此，在制订表现性评价计划时，要全面考虑一个成功表现的所有构成要素，不能有所偏废。

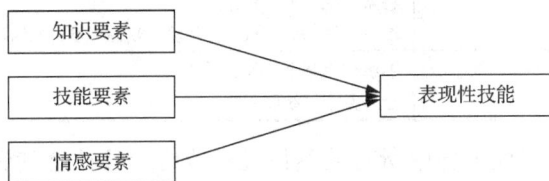

图 7.1　表现性技能的构成要素

1. 中学信息技术表现性评价的任务

中学信息技术表现性评价的任务可以限定在一个非常具体、有限的技能上。例如，利用教师提供的素材和明确的学习任务要求，设计制作一个信息技术作品。中学信息技术表现性评价的任务也可以拓展为包含大量具体技能的综合性操作任务上。例如，搜集某个主题的数据资料，并利用搜集到的资料制作一个完整的视频；就某一主题通过数据处理与分析得出结论，并采用合适的方式呈现结论等。拓展的表现性评价任务给学生提供了更大的自由，也给学生提供了更多的机会去自我评估和自我提高。

尽管信息技术课程主要关注学生的综合信息素养和信息技术的综合应用能力，但对某些信息技术技能的限定性评价可以帮助教师了解学生在某些方面的具体水平并有针对性地指导学生。因此，在将具体的技能放在复杂的综合性任务中进行评价之前，我们可以使用限定性评价对它们进行单独评价；或者在利用复杂的任务对学生进行表现性评价时，我们可以运用限定的表现性评价任务来诊断学生存在的问题。

2. 中学信息技术表现性评价的步骤

有效的表现性评价需要采用系统的方式来设计和实施，中学信息技术表现性评价的步骤如下。

（1）对操作性任务的学习结果做详细的界定

如果在教学设计中已经对预期学习结果进行了详细的界定，那么可以直接从中挑选需要进行表现性评价的学习结果。如果教学设计中没有提供表现性学习结果，就需要重新考虑是否测量有关的学习结果并对必要的表现性学习角度进行界定。描述限定的表现性学习结果的典型行为动词及其对应的教学目标如表7.6所示。

表7.6 描述限定的表现性学习结果的典型行为动词及其对应的教学目标

典型行为动词	对应的教学目标
识别、查找、选择、接触、获取、标记、描述	根据任务需要选择合适的工具、软件； 选择正确的问题解决方案； 识别一个软件、系统、平台或作品的组成部分，所用数据结构、算法等； 发现程序、系统、软件等的缺陷或问题； 确定一个宏观概念或较大系统的组成部分
制作、组合/组装/装配/搭建、建造、设计、绘制、制造、准备	利用计算机软件按要求描画一幅图形、图画； 设计一个程序/作品，如数据库、一段程序、一个简易专家系统等； 将素材组合成一幅作品； 准备合适的计算机硬件环境、软件环境、网络环境等
展示、使用、运行、测试、操作、演示、组装	熟练使用某个软件、系统； 运行某个系统或程序

因为关注一个表现性任务中所有的具体过程或细节往往会使评价目标过多和过于烦琐，所以通常我们只关注其中最关键的、具有代表性的行为样本，使其长度控制在合适的范围内，以便能对操作进行更加精确的观察和判断。因此，对表现性评价结果进行详细说明的细目表应包含对完成某项工作或任务最关键要素的分析。

（2）选择评价的重点

表现性评价的目标是多方面的，但因为每次教学及评价的具体目的不同，所以表现性评价的重点也会有所变化，或侧重过程，或侧重结果（或作品），或两者并重。评价的重点主要根据表现性任务的特点确定，并根据具体的情况进行适当的调整。

1）侧重过程的表现性评价。信息技术作品的表现性任务要求使用侧重过程的表现性评价。在多数情况下，操作的过程和结果在教学及评价中都应得到重视。例如，评价学生利用电子表格工具处理分析数据时，开始时强调表格的正确规范操作、数据的正确编辑操作等，之后强调数据统计的准确性和分析的合理性。

2）侧重结果的表现性评价。在某些学习领域或表现性任务中，结果更值得关注，过程则显得比较次要。一般来说，在下列情况中，人们会侧重对结果的评价：不同的过程可以得到同样优秀的结果，如一段程序的编写，变量、数据类型、语句的设置顺序等；过程难以观察到，如学生在家里或课外开展的活动，或者一些在课堂中开展的活动，但主要过程是内部的思维过程，不具有观察性，但评价重点仍是活动的结果；过程虽然重要，但学生已经掌握；结果可被清楚地确定和判断。

此处应注意的是，从真实性的角度看，表现性评价介于普通的纸笔测验和现实情境中的实际操作之间。在评价中不可能完全复现学生离开学校后运用所学知识的现实情境，但在准备表现性评价时应尽可能使表现性评价的情境接近现实世界中的真实情境，而且越真实越好。例如，在分析违反与信息活动有关的法律法规可能产生的后果时，只能采用已有的、他人的案例，不可能创设真实的情境。因此尽管在表现性评价中应追求最大限度的任务真实性，但现实情况通常是在理想的目标和现实的条件之间进行必要的折中。

（3）选择或设计表现性评价情境

表现性评价可根据评价情境或背景的不同而划分为不同的类型。根据表现性评价所用情境的真实程度，我们可将表现性评价采用的情境分为以下两种。

1）纸笔型表现性评价。纸笔型表现性评价强调对学生在模拟情境中应用知识技能的评价，区别于传统的纸笔测验，它既可用于对某些阶段性学习结果的评价，也可作为更真实的表现性评价的中间步骤。在很多情况下，纸笔型表现性评价可产生具有重要教育价值的成果并能对这些成果进行评价。例如，在一个信息技术单元教学课程中，教师要求学生完成如下任务："请为我们正在学习的信息技术某个教学单元编制一个测验细目表""根据某个测验细目表编制合适的测验项目"等。在完成这些纸笔型表现性评价任务后，学生会形成一些对各自的学习有很高实用价值的书面作品。

2）拓展性项目评价。拓展性项目评价是表现性评价最复杂的类型之一，拓展性项目学习任务需要学生解决非结构性的现实问题，或制作独特的作品，或完成两者兼有的任务，其中涉及学业能力、交流技能和思维能力的结合。因此，拓展性项目学习任务包括多层面的学习结果和多维度的评价目标。学生应参与评价指标的制定，选择需要研究或调查的问题，设计和开展研究，评价研究结果；撰写研究报告，进行口头报告并就研究结果进行答辩。拓展性项目学习任务从始至终都关注问题解决中的高水平学习结果（如分析、综合、评价）、合作交流技能的有效使用、自我评价能力和独立学习能力等。

（4）选择观察、记录、评分的方法

在表现性评价中，对学习过程与学生作品的观察、记录、评分通常采用的方法是系统的观察和轶事记录、行为检核表、评定量表、作品集、档案袋等。其中档案袋既可作为表现性评价的观察、记录、评分手段，也可被用作相对独立的评价方式。

行为检核表提供一个被评价者表现及作品中可测量的各维度的列表，供评价者对各维度进行简单的"是"或"否"的判断。举例来说，在利用行为检核表评价学生"分析问题""确定算法""描述算法""编程求解"这一系列过程时，首先从行为检核表中列出学生需要完成活动序列，然后观察被评价者的表现，检查某个行为学生做了还是没做。对作品进行评价的行为检核表一般包括合格作品涉及的典型维度或典型特征，供评价者判断这些必要维度或特征在作品中是否出现。总之，行为检核表仅仅可用于标出观察时需要注意的有关方面或维度并提供简要的记录和判断，往往不会对各个维度进行较为细致和量化的分析。

1）构建表现性评价的行为检核表的步骤：①列出需要评价的过程的步骤或作品的特征；②如果需要诊断错误的操作，则可列出错误的步骤或不良表现的特征；③采用符合逻辑的顺序（如操作的前后顺序）排列各项；④提供指导语并在行为检核表中留出供评价者对每项进行检核的空白；⑤在必要时，可在整个行为检核表的最后留下空间供评价者填写建议。

2）构建表现性评价的评定量表的步骤：①列出需要评价的过程的各个步骤或作品的各个特点；②选择在量表中使用的等级（点数）并用描述性的术语或短语进行界定；③以便于使用的方式编排各个项目；④提供清晰的指导语告知评价者如何评价；⑤在必要时，可在评定量表中留下适当的空白供评价者写下诊断和教学建议。

【案例分析】

学习行为检核表示例

某项目学习活动以研究性学习的方式进行，对学生学习过程的行为记录与评价以行为检核表的方式进行，活动过程行为检核表如表 7.7 所示。

表 7.7　活动过程行为检核表

评价内容	评价标准	小组自评 1~5 分	教师评价 1~5 分	其他 1~5 分
研究对象	研究对象具有积极的社会意义			
	研究对象及主题具有可行性			
研究过程及方法	有明确可行的研究计划			
	文献检索和资料搜集充分、准确、有针对性			
	资料分类科学、管理有效并便于检索使用			
	资料的加工、制作水平较高			
	对资料研究、讨论深入，以及与研究主题有效关联			
态度	积极性高和责任心强			
协作	在活动中具有团结协作的精神			
	具有与组员协调、合作的能力			
问题解决能力	具有根据任务进行规划的能力			
	具有根据任务需要独立收集资料的能力			
	具有对资料进行分析、研究的能力			
	能够熟练操作设备、软件等			
	具有制作作品的能力			

续表

评价内容	评价标准	小组自评	教师评价	其他
		1~5 分	1~5 分	1~5 分
收获和进步	语文方面知识、技能的收获与进步			
	信息意识的增强			
	信息技术操作的进步			
	问题解决方法的提升			
	创新精神和实践能力的提升			
总分				

注：①每位评价者根据被评价者的具体表现与各评价标准的符合程度分别给予 1~5 分；②如果评价者包括其他小组或同学、教育专家、家长等，则可根据评价者的数量在表格中添加相应数量的列。

二、中学信息技术项目学习评价

项目学习的终极目标是希望通过项目学习活动发展学生的综合能力，在设计评价时应考虑学生多层次的学习结果，因此应对多个领域制定标准，如项目学习中问题确定、技能研究、报告撰写、作品设计和制作、口头表达等。同时要制定对这些具体活动中表现出来的思维能力和一般问题解决能力进行评价的标准。这些评价标准可以由教师进行制定，也可以由学生合作制定，以帮助学生理解评价标准并激发学习积极性。我们应将评价标准与教学目标对照，保持一致性。在建立需要评价的维度的同时，描述每个维度内不同表现水平的具体标准，作为计分量规或评定量表的重要组成部分，供评价者评定学生在不同方面的表现水平。

在具体教学中，教师可在此基础上结合课题内容、教学目标和教学水平的要求，制定更为具体详细的评价标准。例如，对学生推论能力的评价需要在问题意义和研究价值的阐述、论点的针对性、对支持性与反驳性陈述的区分等方面制定更为具体的评价标准；对学生交流技能的评价需要在语法、拼写和写作能力方面制定更清楚的评价标准。另外，评价标准还应根据学生的年龄特点进行必要调整。教师应让学生在撰写报告前清楚该评价标准，并要求学生使用该评价标准来评价报告并进行必要的修改。

项目学习结果通常会包含多个子任务，其每个主要研究阶段（问题确定、信息搜集和使用、报告撰写、作品制作）都应制定相应的评定量表。当评定量表无法对学生知识技能的综合运用进行评价，甚至破坏了学生表现的整体性时，则应使用整体性计分量规。

1. 制定项目学习的评定量表

如果各个研究阶段的具体评价标准已经确定，那么只要给每个具体评价标准加上评定等级和适当的指导语就可以制定出评定量表。某项目学习评定量表的框架如表 7.8 所示。在条件允许的情况下，建议在使用评定量表的同时使用教师评价、学生自评和同伴评价，以便教师和学生讨论对比评价结果的相同点及不同点，分析原因，从而帮助学生提高学习和自我评价的能力。

表 7.8 某项目学习评定量表的框架

指导语：请圈出下面各评价标准前面最符合学生实际表现的数字。数字的具体含义：4 为优秀，3 为良好，2 为基本合格，1 为不合格（需要修改）

				1. 选择并陈述问题情境
4	3	2	1	1.1 项目是否适合学生现有的知识和技能？
4	3	2	1	1.2 项目能否让学生学到新的知识和技能？
				……（添加其他的评价标准）
				2. 选择合适的信息源
4	3	2	1	2.1 是否通过各种信息源获取资料？
4	3	2	1	2.2 搜集的资料是否与研究的问题相关？
4	3	2	1	……（添加其他的评价标准）
				3. 写一份清晰有效的报告
4	3	2	1	3.1 问题陈述是否清晰？
4	3	2	1	3.2 对研究过程的描述是否充分？
4	3	2	1	……（添加其他的评价标准）
				4. 开展调查研究
4	3	2	1	4.1 是否遵循了正确的调查研究过程？
4	3	2	1	……（添加其他的评价标准）
				5. 制作作品
4	3	2	1	5.1 作品是否符合技术规范？
4	3	2	1	……（添加其他的评价标准）
				6. 项目学习的口头报告
4	3	2	1	6.1 口头报告是否表达了对问题研究的理解？
4	3	2	1	……（添加其他的评价标准）

2. 制定项目学习的整体性计分量规

由于项目学习任务包含多个子任务和不同的阶段，往往需要为学习探究的每个阶段分别制定整体性计分量规，该判断框架可以帮助教师和学生确定哪些是最需要提高的方面。整体性计分量规列出的评价标准有助于我们对问题本质的注意。

例如，在项目学习过程中需要寻找和选择合适的信息源，在清晰地阐述问题后，学生须通过各种信息源搜集资料，包括查阅图书和报刊、检索互联网、实地考察、访谈专家或有关的专业人士等。教师须引导学生通过各种信息源搜集资料，不能将资料搜集的范围过分集中于网络。学生寻找和选择资源活动的评价标准如图 7.2 所示。

---

2. 选择合适的信息源

2.1 是否通过各种信息源获取资料？

2.2 搜集的资料是否与研究的问题相关？

2.3 搜集的材料是否能够提供各种解决问题的可能方案？

2.4 搜集的材料是否含有支持可能解决方案的证据？

2.5 是否有足够的资料保证得出有效的结论？

图 7.2 学生寻找和选择资源活动的评价标准

学生合并各种资料中的观点和证据，通过信息加工、资料分析和结果解释，总结并得出结论，撰写关于研究过程和结果的报告。学生报告撰写能力的评价标准是评价学生思维能力的重要方法。学生报告撰写能力的评价标准如图7.3所示。

> 3．写一份清晰有效的报告
> 3.1 问题陈述是否清晰？
> 3.2 对研究过程的描述是否充分？
> 3.3 是否分析、比较和评价了不同来源的资料？
> 3.4 是否将研究结果有机融合到了一个结构严谨的报告中？
> 3.5 是否有足够的、相关的信息支持研究结果？
> 3.6 报告的摘要中是否包括报告的主要观点？
> 3.7 报告的结论是否与结果一致并指出了本研究的不足或局限？
> 3.8 报告是否展示了撰写者良好的推论能力？

图 7.3　学生报告撰写能力的评价标准

项目学习的各阶段也可制定类似的量规并对学生表现进行判断。例如，某个学生在项目学习各阶段的整体评价为："选择和陈述问题"——良好（3）；"搜集、使用资料"——基本合格（2）；"撰写报告"——优秀（4）；"开展调查研究"——良好（3）；"口头报告"——不合格（1）。根据这一评价结果可获得该学生在整个项目学习中表现的剖面图，有助于确定该学生存在的不足，而对学生存在不足的这些方面的具体分析则要借助分析计分量规提供的信息。当计分评价积累一定的数据后，借助统计分析工具可对学生的信息技术学习成长进行阶段性画像，更准确地确定学生学习中的成长变化与存在的不足。

【实践演练】

根据课程标准中关于"信息系统与社会"的内容标准，设计一个项目学习任务，可列出几个主题供学生选择，也可由学生自己选择某一问题进行调查研究，形成研究报告，并将研究报告制作成电子作品。就该项目学习任务设计表现性评价，应至少对学生研究计划的制作、学生信息需求的分析、信息搜集和管理的过程、利用搜集到的信息制作多媒体素材并合成电子作品的过程、报告研究结果等方面进行评价，然后对照本章列出的编制原则检查表现性评价的质量并改进。

第四节　中学信息技术总结性评价

总结性评价是指在教育活动结束后进行的评价。对于信息技术课程而言，总结性评价是指课程学习任务结束后，或者一个单元、一个模块学习结束后，对教学的效果所进行的全面的评价。

一、中学信息技术总结性评价的作用

1. 导向作用

中学信息技术总结性评价是依据一定的评价目标、评价标准、指标及其权重进行的,这些评价目标、评价标准、指标及其权重对学生起着明确的引导作用。学生只有按照目标努力去做,才能达到合格的标准,否则就无法得到良好的评价。总结性评价的导向作用可以引导教学活动朝正确的方向发展。

2. 鉴定作用

总结性评价对于学生达到目标的程度有提供证明的作用,即鉴定作用。评价活动可以衡量学生是否达到合格标准或者明确其达到目标的优劣程度,其结果是对学生学习效果确认的依据。总结性评价为学生是否具有某种能力或者资格做证明,如学生是否可以获得学分、是否需要补考、是否能够毕业、是否可以获得奖学金等。

二、中学信息技术总结性评价的形式

目前,中学信息技术课程的总结性评价一般是通过考试实现的。考试形式一般为笔试,由教师评分,并统计考试成绩。部分学校也利用计算机考试系统进行在线考试,由计算机自动评分,最后登记成绩。课程标准对高中信息技术课程的学业水平合格性考试进行了较明确的规定:高中信息技术课程学业水平合格性考试面向全体高中学生,是对学生高中阶段信息技术学科基础知识和基本技能掌握情况的标准参照考试。学业水平合格性考试应重视对学生知识、技能和问题解决能力的考查,注重理论联系实际,注重信息技术与社会、经济发展的联系,注重信息技术知识和技能在生产、学习、生活等方面的广泛应用,激发学生学习信息技术的兴趣,促进学科核心素养目标的达成。学业水平合格性考试注重全面考核学生学习的广度,强调考试的知识覆盖面,应保证一定的考试时间和全面的考核内容。

根据学业水平合格性考试的性质和要求,考核内容以必修课程两个模块为基础,考核要求以学业质量水平2为依据,结合当地学生的学习情况进行命题。为了全面评价学生的学业水平,应创设多种评价方式,如纸笔测试、上机测试、过程性评价等,多途径采集学生准确的学习信息。如果进行大规模的统一考试,则建议采用上机测试的形式,注重考核学生的实践能力和应用能力。

三、中学信息技术学业水平等级性考试

1. 中学信息技术学业水平等级性考试的要求

中学信息技术学业水平等级性考试主要用于学生升学,即为学生入学提供依据。中学信息技术学业水平等级性考试应具有较高的信度、效度，必要的区分度和适当的难度。中学信息技术学业水平等级性考试在考查知识与技能的同时，还要注重考查能力，并把对能力的考查放在首要位置，尽量采用能测试学生问题解决和实践能力的形式，如纸笔测试与上机测试相结合的形式。

根据高中信息技术学业水平等级性考试的性质和要求，考核内容建议以必修课程模块和选择性必修课程中的"数据与数据结构""网络基础""数据管理与分析"三个模块为基础，选择既能体现信息技术学科核心素养，又能为高校培养人才打下基础的内容。

2. 中学信息技术学业水平等级性考试的命题建议

高中信息技术学业水平等级性考试的命题对科学性、公平性、规范性等方面的要求较高，在命题时应注意以下几点。

（1）关注品德教育，有机渗透情感、态度与价值观教育

在试题设计中应重视渗透对情感、态度与价值观的考核，使学生认识到作为数字化时代的中国公民应该具备良好的信息素养，遵守网络规范和网络道德，使自己的言行符合法律和社会伦理道德的要求，同时要加强知识产权意识，在保护个人知识产权不受侵犯的同时，不侵犯他人的知识产权。

（2）以考查学科核心素养为出发点，注重基础知识与基本技能的考核

信息技术学科核心素养是体现信息技术学习成果的重要指标。命题应紧紧围绕信息技术学科核心素养的各级水平要求，注重基础知识与基本技能的考核，尤其要关注学科的重点知识与核心能力。在命题时，命题人要将信息技术学科核心素养水平表现、相关模块内容要求、学业要求、学业质量标准等有机结合，一般可以考虑以下方法：①根据测试类型，合理选择测试模块，准确把握相应的学业质量水平，将信息技术学科核心素养各级水平与学业质量水平的关系梳理清楚；②根据内容要求确定所要测试的内容，根据学业质量水平确定测试要求，根据信息技术学科核心素养水平确定考核能力要求；③突出对学生在真实情境中解决问题能力的考核，不仅仅要体现知识与技能方面的要求，更要明确学生在特定情境中应达到的具体水平与表现。

（3）围绕学科核心素养设计命题指标，关注学生发展，突出能力考核

基于学科核心素养测试的试题设计要从学生的认知规律出发，通过创设新的问题情境，在了解、理解、探究、运用等不同能力层次上对学生进行较为全面的考核。在进行命题指标设计时，除了难度、区分度、信度等常规指标，还要考虑情境、知识、素养水平等维度。基于真实情境的问题解决是测试学科核心素养的重要方式。信息技术在社会生活中的应用非常广泛，情境的设计与选择一方面要尽可能符合本学科的学业要求，另一方面要拓宽思路，在社会、人文、科学等领域选择具有一定开放性和复杂性的情境。情境维度的设计可以有多种角度、多种方式。

（4）试题设计要体现学以致用思想，注重信息技术与现实生活的结合

试题内容要紧紧围绕信息技术学科的四个大概念：数据、算法、信息系统、信息社

会。试题设计既要求测试内容富有时代气息，反映社会热点，也要求情境设计贴近学生的生活经验。问题的引出要自然贴切，体现信息技术综合实践能力的要求；问题的解决过程要突出对重点知识与技能的考查，在情境中考查学生对知识的掌握和对信息技术的理解与应用。在考查学生知识与技能的同时，应融入对学习过程和方法的考查，判断学生综合应用信息技术的能力。

【拓展阅读】

提升学科核心素养试题的命题建议

提升学科核心素养试题的命题建议包括立意、情境、设问三个方面，立意是试题的考查目的，情境是实现立意的材料和介质，设问是试题的呈现形式。

1. 立意

所谓"千古文章意为高"，可以说，立意是文章的灵魂，也是命题的灵魂。我们要确立以学科核心素养为本的命题理念，致力于考查学生学科核心素养的发展水平，即有价值的学业成就；要改变强调碎片化知识、习得孤立技能、过分关注确定性解题过程和标准答案的现状；要重点关注学生综合运用（跨）学科思想方法进行探究的能力，运用结构化的知识、技能及价值观念，创造性地解决复杂的、不确定性的现实问题的能力。

教师和命题人员要准确把握学科核心素养的内涵和学业质量标准，制订系统明确的评价目标，要充分认识学科核心素养发展的连续性，对学段、模块或主题、单元和课时的评价目标进行整体规划及设计，深入理解学业质量标准与不同课程内容及不同学习阶段的学业要求之间的关系，结合具体内容和学生实际，确定具体明确的评价目标和表现预期。

2. 情境

学科核心素养的形成离不开情境，学科核心素养的考查也离不开情境。各种复杂的、开放的现实情境，既是学生学科核心素养形成和培养的途径与方式，也是评价学生学科核心素养发展水平的重要依托。学生在学校所获得的很多学科知识或技能，之所以无法迁移到现实生活中，是因为学校学习活动所依存的情境被过于人为地简化和抽象化，丧失了与现实生活的连接。教师和命题人员要深刻认识到复杂的、开放性的真实生活情境在评价学科核心素养中的重要价值和作用。

情境要实现生活问题与学科问题、原始问题与课本问题的统一。所谓原始问题，是指对自然界及社会生活和生产中客观存在的、能够反映科学概念和规律本质且未被加工的科学现象及事实的描述。教材中设计的相关实践活动可把科学现象及事实经过一定程度的抽象化后加工出来。有关学科核心素养的考试和评价题目应来自真实生活而不是凭空想象。好的试题情境在内容上应该是学科性和生活性的有机统一，真情境是问题的真正来源，好的试题情境在形式上应该是语言简洁、表述有趣、结构新颖的。

3. 设问

问题既是素养形成的载体，也是素养测评的载体。人的能力特别是思维能力只能在解决问题中表现出来。好问题的主要特征有：第一，灵活，只靠死记硬背和一般理解是回答不了的；第二，能够反映学科本质，涉及对学科观念、学科思想、学科思维方式、学科精神、学科文化的领悟和理解；第三，开放，允许并鼓励学生有个性地回答。

立意的方向性和层次性、情境的真实性和学科性、设问的思维性和开放性，是提升学科核心素养试题的三个基本要求。学科教研组应该抓住考查立意（取向偏差无法实现测试价值）、材料情境、设问方式（设问失范无法培养缜密思维）三个基本点，把"磨题"作为教研的经常性内容；研究探索学生核心素养的学科表现形态、培养路径及检测方法，以期通过命题促进学生终身发展必备品格、关键能力的形成。

试题表述与目标层次之间的对应关系示例如图 7.4 所示。

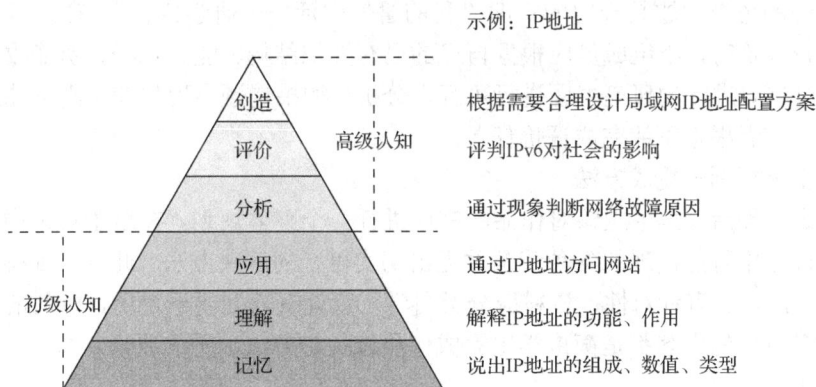

图 7.4 试题表述与目标层次之间的对应关系示例

【案例分析】

某研学旅行项目学习评价设计

暑假生活就要开始了，学生以小组活动的形式尝试设计一个"组织 12～15 岁的游客研学旅行"的项目。他们需要准备一份内容广泛的小册子，包括文化交流、旅游路线、交通方式、费用、预算建议、服装、保健、安全等方面的介绍，这些都将被孩子的家长作为参考，以决定是否让他们的孩子参加这次旅行。学生需要呈现：①一系列解决问题的程序或者方案；②一个可以观察的学习结果或者产品（旅游小册子、多媒体展示等）。这个项目的学习评价设计如下。

1. 明确整体要求与具体要求

学习评价的整体要求：围绕"我的暑假生活——研学旅行"自拟主标题。

学习评价的具体要求：主题明确，内容积极向上、充实、丰富多彩；内容要为原创，作品应包含封面页、目录页和结束页；封面页应包含主标题、小组及组员信息等，目录分类合理，能准确链接到相应内容；版面布局合理，风格相对统一、有整体感，画面色彩协调，文字清晰，背景要突出主题；引用他人内容要注明来源，所用照片、图画、文字要标明制作者的姓名。

2. 确定评价内容及标准

根据课程标准中相应的学习目标，我们把本次作品设计的评价分为两个层次：学习过程评价和知识技能评价。根据作品要求列出的评价内容及标准如下。

（1）学习过程

本案例的考查主题是确定的，即"我的暑假生活——研学旅行"。在进行一些自主选题的考查评价时，小组成员应根据自己的已有知识结构、能力水平、所能收集查阅到的资料，对将要进行的研究主题进行可行性分析，如果选题出现偏差，则可能达不到预定的目标，或者根本不能完成评价任务。

（2）整体规划与完成方法

在确定主题后，学生应该对作品的完成进行一个整体规划。在这个规划中，学生要考虑制作过程中可能出现的各种情况并提出切实可行的解决办法。此外，资料收集应充分、完整、准确、有针对性，资料应分类科学、管理有效并便于使用，资料的加工、制作水平等多方面的内容都是衡量学生完成作品过程与方法水平的要素。

（3）小组合作

作品任务的要求是小组合作完成。小组成员分工是否合理，每个人完成自己任务的积极性，成员之间互帮互助，组长的协调安排，等等，这些都是考查组员团结合作能力的重要方面。

（4）问题解决能力

问题解决能力是信息技术学生应该具备的重要能力，提高此项能力是本次作品评价的主要目标。问题解决能力在本次评价内容中主要体现为：根据任务进行规划的能力，根据任务收集资料的能力，对资料进行分析、研究的能力，对设备、软件操作的熟练程度，制作作品的能力，等等。

（5）收获和进步

当作品完成后，学生需要对自己整个学习过程进行自我评价。在本案例中，学生的进步与收获可以从以下几个方面进行考查：对自己的作品与能力的提升是不是有了一个基本评价；信息技术操作是否得到加强；对于相应硬件、软件的掌握是否熟练；是否掌握了相应的解决问题的方法；创新精神和实践能力有没有得到培养与锻炼；等等。

3. 交流展示

在作品交流展示过程中，小组长介绍本小组作品的整体规划思路、人员分工及完成情况，小组每个成员运用本小组作品中与自己有关的部分介绍自己的暑假生活，以此来判断每个学生的语言表达能力、现场控制能力、沟通技巧等多方面的综合素质。

本案例项目学习的学习过程评价表如表 7.9 所示。

表 7.9　本案例项目学习的学习过程评价表

评价内容	具体要求			教师评价	学生自评	同伴评价
	☆☆☆	☆☆☆☆	☆☆☆☆☆			
项目规划	项目规划相对合理，规划书相对简单，人员没有明确分工	项目规划合理，规划书相对完整，人员有分工	项目规划合理，规划书完整，人员有明确分工			
收集数据	能够收集到数据，并根据研究需要建立相应的 Excel 工作表	能够采用适当的方式收集数据，并根据研究需要建立相应的 Excel 工作表	能够采用适当的方式收集数据，选取的研究样本科学合理，并根据研究需要建立相应的 Excel 工作表			
数据的统计分析	掌握简单统计数据分析的基本技术，根据研究需要对数据进行统计分析	掌握简单统计数据分析的基本技术，根据研究需要对数据进行统计分析，建立相应的图表	掌握简单统计数据分析的基本技术，根据研究需要对数据进行统计分析，掌握常见的图表类型，能根据研究需要建立适合的图表			
项目成果：研究报告	能套用研究报告的一般框架完成研究报告，内容基本完整，格式规范	掌握书写研究报告的一般框架格式，项目研究报告内容完整、格式规范、数据翔实、分析到位、结论可靠	掌握书写研究报告的一般框架格式，项目研究报告内容完整、格式规范、数据翔实、分析到位、结论可靠，所提建议科学合理、切实可行			
学习过程	能够与小组合作，参与整个学习过程	能够与小组合作，积极投入整个学习过程	能够与小组合作，在整个学习过程中起到主导作用，积极投入整个学习过程			
项目进度	各项目任务基本按进度计划完成	各项目任务按进度计划完成	各项目任务都按进度计划高效高质完成			
交流展示	表达较清晰，能够叙述本组项目内容的基本情况	表达清晰，对本组项目内容叙述清晰、有条理	表达清晰，声音洪亮，讲解与展示内容配合到位，有条理性和感染力			

第八章

中学信息技术典型教学设计案例

案例学习是学习好中学信息技术课程的重要方法之一，本章提供信息技术教学中的三个比较典型的教学设计案例，可以作为教师分析教学设计和教学方法的参考案例，也可以作为学生实践的参考案例。

案例一　垃圾分类我最行——编程游戏设计

基本信息			
学科	信息技术	年级	五年级
课名	垃圾分类我最行——编程游戏设计	课时	2 课时
学情分析			

1．一般特征分析

1）五年级的学生处于具体运演阶段的第二水平（9～11 岁），这一阶段儿童的思维具有多维性、可逆性，不完全以自我为中心，能够反映事物的转化过程并进行具体的逻辑推理。学生基本能完成从人类行为到计算机行为的逻辑推理。

2）学生对信息技术课兴趣很浓，对游戏规则和游戏中途控制等相关内容感兴趣，具备较强的学习动机。

2．初始能力分析

1）学生能对编程猫中的控件进行简单应用。

2）学生已对编程猫程序设计中程序脚本的制作方法有了初步了解。

3）学生已经具备了一定的小组讨论交流基础和合作意识。

学情分析

3. 信息素养分析

1）学生已经会使用计算机、录音机等多媒体技术设备，并能用恰当的术语进行技术交流。

2）学生能在他人的指导下，运用技术工具收集资料、交流经验，创作相应的多媒体作品。

3）面对数据洪流的冲击，学生的信息意识还比较弱，容易被错误信息干扰。

教学目标

1. 知识与技能

1）绘制、导入符合游戏场景的人物和背景。
2）了解变量的概念及变量间的运算，能够创建变量并在计分程序中简单使用。
3）注意二维坐标系角色的初始状态和旋转方向。
4）理解程序的基本结构。

2. 过程与方法

1）认识基本控件并能够简单运用。
2）学会设置位置向量，添加多个角色及角色脚本。
3）学会标注信息搜集过程中资源的获取渠道，培养信息安全意识。
4）联系生活情境，尝试将人类行为转化为计算机行为，将人类垃圾分类的行为用计算机能够理解的方式描述出来。

3. 情感态度与价值观

1）意识到垃圾分类对环境保护的重要性。
2）初步养成良好的生活、卫生习惯。
3）激发对学习的热情和对环境的热爱。

教学内容

本课的主要内容是应用编程猫掌握多种控制角色的方法，运用多类侦测与判断控件创作游戏，学生通过学习理解用编程猫编程的基本思路和方法。

选择垃圾分类作为实践课充分体现了环保理念和社会主义核心价值观与编程课程案例的融合，不但关注学生信息技术的知识与技能的学习，而且能增强学生的社会道德和责任意识，本课通过角色绘制、计分运算、规则推演、编程实践等促进学生在艺术、数学、科学、技术方面的跨学科学习，充分体现跨学科 STEAM 教育能力的培养。

<table>
<tr><td colspan="1" align="center">教学重难点</td></tr>
</table>

教学重难点

1. 教学重点

1）将垃圾分类的规则转化为游戏设计步骤。
2）分析设计垃圾分类小游戏各环节的功能和算法。

2. 教学难点

联系生活情境，尝试将人类行为转化为计算机行为，即将人类垃圾分类的行为用计算机能够理解的方式描述出来。

教学准备

课前发布任务

任务 1：垃圾分类小程序案例解读。

任务 2：填写问卷——在日常生活中，扔垃圾并进行垃圾分类需要哪些步骤。

任务 3：课程开始前发布导学单。

课前准备资源

环境保护宣传视频、垃圾分类视频、编程猫编程软件、垃圾分类小游戏编程作品、支架式思维导图、导学单。

学生课前准备

1）课前分组：四人为一个小组，男女各两人（特殊情况例外）。

2）填写问卷——在日常生活中，扔垃圾并进行垃圾分类需要哪些步骤。

3）了解垃圾分类的规则，观看教师发布的垃圾分类编程案例，为课上探究做准备。

导学单设计（课题：实践课——垃圾分类小游戏程序设计）

第一环节：情境创设，导入新课。

1）观看环保宣传视频《未来中国之环保——垃圾发电专题》。

2）体验垃圾分类小游戏。

3）本环节所需资源：环保的图片与视频，垃圾分类小游戏。

第二环节：启发思考，小组探究，合作学习。

1）结合生活经验和思维导图，小组探究描述游戏编制的主要步骤。

2）通过观察案例，探究每个环节需要使用到的编程猫的角色和造型。

3）通过观察案例，探究每个功能需要使用到的编程猫的控件和算法。

教学准备

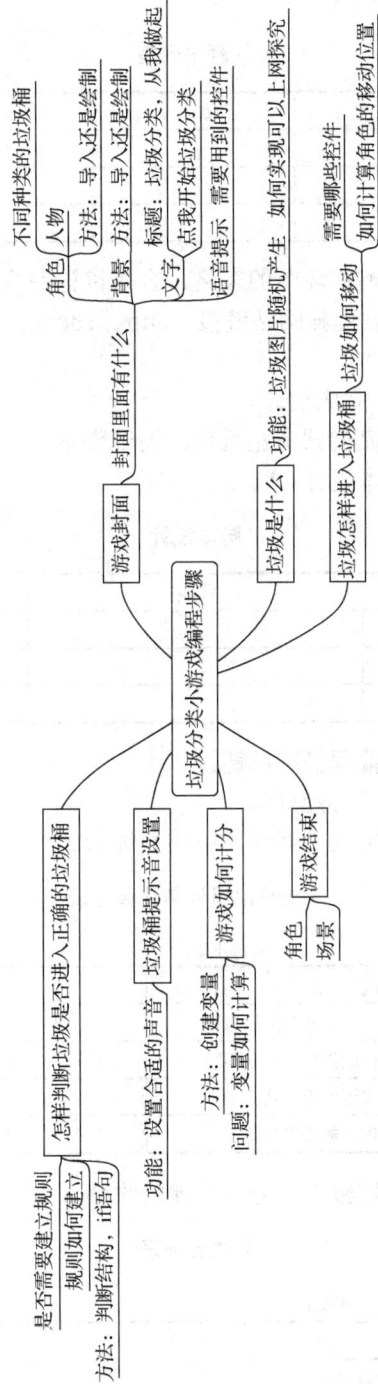

教学准备

思考上述问题，填写下表：

问题记录表

想法	角色	事件	动作	侦测

4）小组分工探究具体编程环节的表格，合作讨论完成思维导图。

5）本环节所需资源：编程猫网站链接（https://shequ.codemao.cn/course），支架式思维导图。

第三环节：协作交流，完成设计。

1）师生、生生相互交流尝试搭建组合，调试脚本。

2）组内加工，完成脚本设计。

脚本设计

算法	模块	脚本

3）本环节所需资源：编程猫网站链接。

第四环节：展示分享、评价反馈。

1）小组汇报作品，学生互赏互评，完成互评表。

小组作品互评量化评分表

评价小组：   被评小组：

评价内容	评价标准	评分等级				
思维导图	编程步骤完整，具体环节描述清晰	5	4	3	2	1
作品设计	作品加入了自己的创意，与众不同	5	4	3	2	1
作品内容	控件、算法使用正确	5	4	3	2	1
游戏效果	界面丰富有趣，能够进行交互	5	4	3	2	1

2）学生完成自评表，积极上台分享本课的收获。

学生自评表

姓名：   组别：

你在小组合作中做了哪些事？	
你觉得你们组的思维导图完整吗？还缺哪几步？	

教学准备

续表

这个作品中哪些是你最得意的部分？	
这个作品你认为还可以怎样修改？	
作品中哪些是你们自己组原创的？	
你在本次小组合作中收获了什么？	
请你评定自己的作品： 优秀（90～100 分） 良好（80～89 分） 一般（70～79 分） 还须努力（60～69 分）	

3）根据学生互评及教师评价的结果选出最佳作品。

信息技术编程作品评价表

一级指标	二级指标	非常同意	同意	中立	不同意	极不同意
学习态度	遵守课堂秩序，爱护计算机教室的设施设备	5	4	3	2	1
	能积极参与整个学习活动	5	4	3	2	1
	尊重并鼓励同伴，注意倾听同伴的发言	5	4	3	2	1
合作意识	在学习过程中积极主动地发现问题、提出问题、筛选问题，并寻求解决问题的方法	5	4	3	2	1
	小组全体成员积极合作、探究讨论、互帮互助	5	4	3	2	1
	善于总结归纳，并在全班展示	5	4	3	2	1
	能够分工合作，不出现互相排挤的现象	5	4	3	2	1
科学性	具体环节描述清晰，形成完整的思维导图	5	4	3	2	1
	代码格式规范，算法语句正确	5	4	3	2	1
	描述算法逻辑合理完整	5	4	3	2	1
	正确使用程序中的控件	5	4	3	2	1
创新性	界面和表达形式新颖	5	4	3	2	1
	内容创作注重原创性，未抄袭案例作品	5	4	3	2	1
	构思巧妙、创意独特	5	4	3	2	1
	具有想象力和个性表现力	5	4	3	2	1
	非原创素材及内容应注明来源和出处	5	4	3	2	1
规范性	界面排版设计合理	5	4	3	2	1
	色彩符合主题，颜色搭配美观自然	5	4	3	2	1
	恰当使用音频、视频	5	4	3	2	1
	画面丰富有趣，生动形象地表达主题内容	5	4	3	2	1

教学准备
4）本环节所需资源：学生自评、互评量表，教师评价量表。 第五环节：拓展巩固，促进迁移。 　1）拓展活动：在垃圾分类小游戏的基础上设计智能垃圾分类系统。提示：智能垃圾桶的样式是怎样的？有哪些智能功能？发挥你的想象，可以在纸上画，也可以使用多媒体设计。 　2）巩固活动：根据教师提供的编程教程，课后可以继续完善自己的小游戏作品和智能垃圾分类设计，完成后在平台上提交和分享。 　3）本环节所需资源：上传作品的教学平台，课后巩固的编程教程。

教学过程				
教学 环节	教师活动	学生活动	资源	设计意图
情境 创设、 确定 项目 （第一 课时）	播放环境污染的视频，向学生展示环境污染的可怕后果，接着提出垃圾分类是人类最力所能及的环保举措。接下来，通过编程猫设计垃圾分类小游戏。 提出问题，确定项目：你能制作一个垃圾分类小游戏吗？教师巡视指导。	学生操作垃圾分类小游戏，进入学习情境，了解垃圾分类小游戏的基本环节与内容，形成学习的心理准备。	有关环境污染的图片，有关环境保护的宣传片，垃圾分类小游戏。	图像资源直观生动，能够引起学生学习垃圾分类主题编程的热情与兴趣，激发学生的内在学习动力。学生从日常生活出发，制作以垃圾分类为主题的小游戏，为后续完成编程步骤进行有效的铺垫，同时宣传环境保护的知识和理念，提升自身保护环境的意识。

教学过程				
教学环节	教师活动	学生活动	资源	设计意图
启发思考、小组探究（第一课时）	学生按照事先的分组，结合生活情境，参照人类扔垃圾的行为讨论计算机完成垃圾分类小游戏需要几个步骤。 1）教师在讨论过程中展开作为支架的思维导图，引导学生思考与创作。 2）实物演示：出示教具，即垃圾分类需要用到的角色。 教师巡视指导，提供帮助。	学生以小组为单位进行合作讨论，完成探究，预设小组合作情况。 小组分工，每两人负责一个环节，探究具体的实现功能和方法。 各环节讨论，协作交流，最终形成完整的思维导图和编程游戏思路。	垃圾分类小游戏编程教程、编程知识网页、支架式思维导图、编程作品。	教师提出问题，提供学习策略指导，启发学生使用思维导图来分解编程步骤。 利用支架式思维导图软件梳理游戏流程，学生分析问题，思考初步方案，形成行动计划。 在小组探究过程中倡导互相帮助，有利于培养团结互助精神和探究精神。
协作交流、完成设计（第二课时）	根据学生各小组的流程图和编程思路，组织学生继续完善游戏制作。 在小组合作探究的基础上，师生、生生协作交流，教师进一步引导学生探究每个环节的具体步骤，不断地调试改进，得出正确的编程步骤。引导学生完善编程思路，制作编程小程序。	汇报的学生在教师的引导下汇报本小组的部分编程思路，其余学生根据汇报者的思路及教师的指导制作小程序，并测试调试。	学生小组的流程图、编程小程序等。	学生在教师引导下体会知识共享、协作交流的乐趣，并掌握具体控件的操作方法。通过解决出现的问题，促进学生对问题的思考，以及对程序设计顺序的认识，从而能够对问题进行迁移，在操作其他控件时能够进行迁移和拓展。

教学过程				
教学环节	教师活动	学生活动	资源	设计意图
展示分享、评价反馈（第二课时）	小组成员上台展示编程流程和完成的作品，教师引导学生进行自评与互评。教师根据评价结果选出最佳作品，进行展示评价，并邀请几位学生谈谈本课的收获。	小组成员上台展示。学生在作品区体验其他小组的作品，进行互评和反思。	评价量表。	组织小组展示作品，旨在提高学生的语言表达能力；引导自评与互评，旨在提高学生的欣赏水平和鉴赏能力，促进学生之间的交流和提高认同感。评价依据为学生互评量表及教师评价量表。
拓展巩固、促进迁移（第二课时）	1）在教学平台上发布拓展活动：在垃圾分类小游戏的基础上设计智能垃圾分类系统。提示：智能垃圾桶的样式是怎样的？有哪些智能功能？等等。2）在教学平台上放置制作垃圾分类小游戏的教程，用于学生课后巩固学习。	学生完成拓展活动，发挥想象力，可以在纸上画，也可以使用多媒体设计。学生在课下可以进一步完成和改进自己的作品，同时可以在平台上玩他人制作的垃圾分类的游戏，在作品底下以留言的形式说明自己的收获和作品的优点。	垃圾分类教程链接（https://www.bilibili.com/video/BV11541147LZ?share_source=copy_web）。	课后拓展，发挥想象力，画出未来的智能垃圾分类系统，培养学生的高阶思维，促进学生的迁移能力。课后巩固，参考视频教程，借鉴其他同学作品的长处，优化作品内容。
板书设计				

板书主要通过 PPT 呈现，使用支架式思维导图辅助学生梳理思路。

1. 垃圾分类小游戏编程步骤分析

绘制的支架式思维导图如下。

板书设计

怎样判断垃圾是否进入正确的垃圾桶

垃圾桶提示音设置

游戏如何计分 ── 垃圾分类小游戏编程步骤 ── 游戏封面 ⊕ / 垃圾是什么 ⊕ / 垃圾怎样进入垃圾桶 ⊕

游戏结束

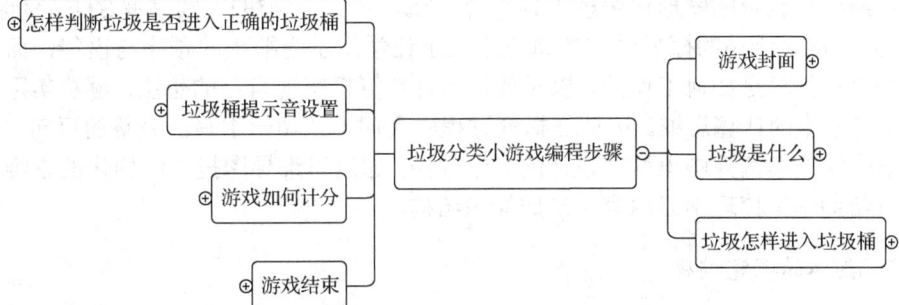

2. 垃圾分类小游戏具体编写

1) 设置舞台和角色。

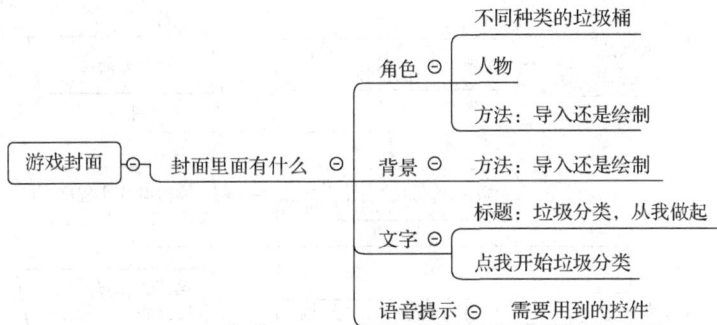

游戏封面 ── 封面里面有什么 ⊖

角色 ⊖ 不同种类的垃圾桶 / 人物 / 方法：导入还是绘制

背景 ⊖ 方法：导入还是绘制

文字 ⊖ 标题：垃圾分类，从我做起 / 点我开始垃圾分类

语音提示 ⊖ 需要用到的控件

2) 实现角色跟随指针移动。

3) 控制移动位置的坐标。

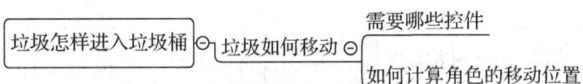

垃圾怎样进入垃圾桶 ── 垃圾如何移动 ⊖ 需要哪些控件 / 如何计算角色的移动位置

探究学习设计

1. 探究学习垃圾分类程序设计的原因

环境保护是当今世界发展的主旋律，土壤、海洋、生态环境被逐渐破坏，城镇生活排放的烟尘、污水和垃圾等造成污染，使得国家乃至世界都非常注重环境保护。保护环境是国家的基本国策，我国制定和颁布了一系列环境保护的法律法规，以保证这一基本国策的贯彻执行。通过垃圾分类开展环境保护活动是学生可操作、可落实的环保行动，也是与学生实际生活关联比较密切的实践活动。

2. 探究活动的特色

1) 利用编程猫创建垃圾分类小游戏。编程猫是中国研发的、专注于 4～16 岁中国

探究学习设计

孩子在线编程教育的图形化编程工具平台,帮助学生以有趣的方式掌握 STEAM 学科。

2)本探究活动的探究过程的重点不在于让学生学会编程的顺序与语句,而是让学生理解计算机是如何工作的,以及如何通过计算机实现自己的想法,解决实际的问题,培养学生的计算思维。因此在探究过程中我们不强调学生写出完整的语句,主要是理解小游戏案例并画出程序设计的思维导图,通过思维导图提供结构化的思维支持框架,帮助学生梳理学习内容、形成知识结构。

3. 具体的探究过程

具体的探究过程如下。

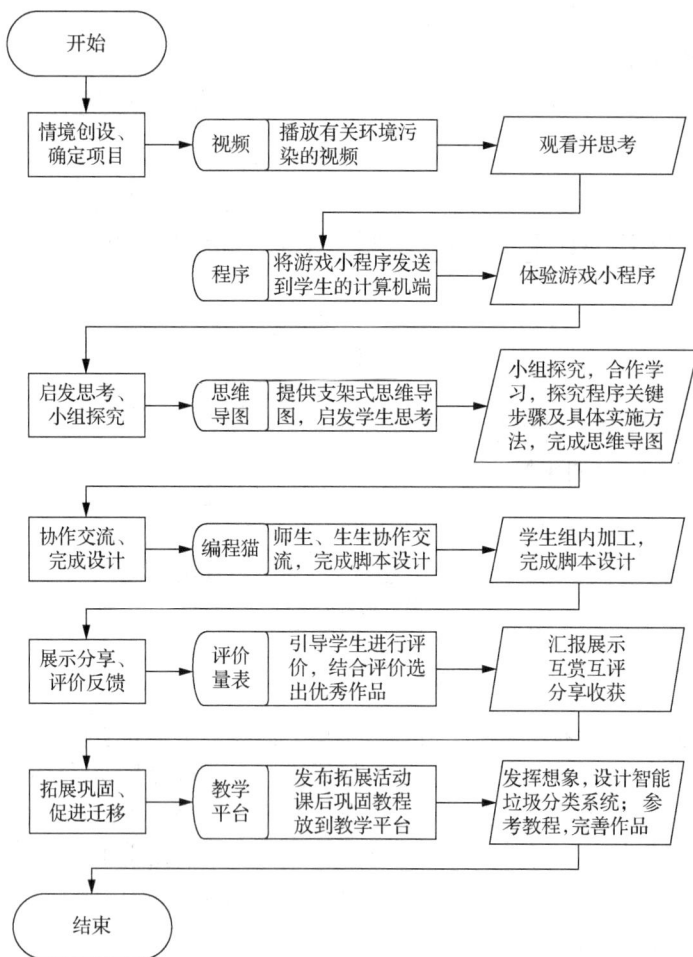

【案例分析】

案例一分析

本案例以垃圾分类为主题，学习者是五年级的学生，教学内容为分支编程。教学设计内容着眼于计算思维培养、数字化学习与创新，确定主题并将信息社会责任的养成融入垃圾分类的编程活动中，突出了学科核心素养的培养。教师结合生活情境，要求学生借助算法实现垃圾分类，尝试将人类行为转化为计算机行为，从算法到应用，是游戏化学习研究的有效尝试。本案例用编写游戏的形式让学生潜移默化地进行知识的学习和技能的操练，用小组探究、合作学习的形式培养学生的竞争意识和合作精神，不仅仅教授学生信息技术知识，更能培养学生的信息素养和探究能力。

本案例的设计亮点如下。

1）选择垃圾分类作为实践课充分体现了环保理念和社会主义核心价值观与编程课程案例的融合。本案例不但关注学生信息技术知识与技能的学习，而且培养学生的信息社会道德和责任意识，体现出独特的德育价值。在编程游戏中，学生拓展性地完成很多创新性作品。

2）评价前置方法和渗透式指导方法。在本案例中，教师在学生进行探究活动之前让学生阅读评价量表、讨论评价等级、了解评价标准，通过评价标准指导学生的探究活动，在探究过程中从旁指导，巡视小组活动，对出现的问题及时进行引导和解决。在游戏化编程中，评价前置更容易让学生了解规则，同时有利于教师控制课堂节奏。渗透式指导方法可以实时解决生成性问题，提高课堂效率。

案例二　数据分析——保护你的钱袋子

基本信息			
学科	信息技术	年级	高二
课名	保护你的钱袋子	课时	2 课时
学情分析			

1. 一般特征分析

1）高中二年级的学生大多数处于形式运演阶段，其思维水平已经基本成熟，能够摆脱具体事物的束缚，进行抽象的逻辑思维，即能运用符号进行命题演算，并根据假设进行逻辑推理。

2）学生已经具备了一定的创新和实践能力，能够根据已有知识和技能完成一定的创作任务。

学情分析
2. 初始能力分析 1）学生已经掌握了有关数据与信息的基本知识。 2）学生已经具备了一定的逻辑推理与数据分析能力，能够将搜集到的信息进行整理和分析。 3）学生已经具备了一定的小组讨论交流基础和合作意识。 3. 信息素养分析 1）学生已经具备了一定的计算机基本操作能力。 2）学生已经基本具备了利用浏览器检索信息的能力，以及用表格整理信息的能力。 3）学生已经具备了编程能力。 4）学生已经具备了一定程度的信息责任意识。
教学目标
1. 知识与技能 1）通过日常生活中的应用实例，学习、体验数据分析的方法与作用，掌握常用的数据分析方法。 2）掌握循环语句的算法思想和程序实现方法。 2. 过程与方法 1）能够利用软件工具或平台、Python 语言编程对项目数据进行计算与分析。 2）通过数据分析与对比，识别变化趋势，并能够理解数据的可信性和价值。 3）运用所学算法思想和程序实现方法的举一反三，拓展延伸，解决生活中类似的问题。 3. 情感态度与价值观 1）通过项目研究，感受数据分析对日常生活的影响，提高理财的风险防范意识。 2）能探究和总结数据分析的潜在含义，挖掘数据分析的社会价值。
教学内容
情境认知理论认为，知识是一种活动，是基于情境的、在与环境交互过程中建构的。本课以老年人"存单"变"保险单"投资理财纠纷案例为情境，运用循环语句计算大额存款与保险理财的月利率及年收益，通过数据收集、数据计算与对比分析，了解在银行存款月利率过高可能是保险理财产品，存在一定的风险。在本课中，学生应掌握循环算法，能够在存款时识别理财陷阱，完成课外任务，劝告家人不要盲目投入。

教学重难点
1. 教学重点 掌握循环算法中的 for 语句与 while 语句，掌握算法思想和程序实现方法，能够计算存款利益。 2. 教学难点 联系生活情境，对数据进行对比与分析，掌握辨别理财陷阱的有效方法。

教学准备
课前发布任务 任务 1：了解银行存款利息及理财利息。 任务 2：预习循环算法中的 for 语句与 while 语句。 **课前准备资源** 老年人理财纠纷案例、2021 年各银行存款利息表与理财利息表、导学单。 **学生课前准备** 1）课前分组：4 人为一组，男女各两人（特殊情况例外）。 2）上网收集数据，了解银行存款利息及理财利息。 3）预习循环算法中的 for 语句与 while 语句，为课上探究做准备。 **导学单设计** 第一环节：情境创设、导入新课。 1）观看、了解老年人"存单"变"保险单"理财纠纷案例的新闻与报道。 2）本环节所需资源：纠纷案例的报道。 第二环节：小组探究、启发思考。 1）活动 1："投资 10 万，月利率 6%"，按照陈大爷的设想，投资 15 万元，用一年的时间，每个月本金和利息都不取，按照利滚利的计算方法，编程呈现出陈大爷每个月可以得到的钱。 2）任务 1：用 for 语句计算循环次数已知的存款收益。 3）活动 2：假设陈大爷将 15 万元存入银行，银行的三年年利率为 2.75%，如果一直不取出，那么按照利滚利的计算方法，至少经过多少年陈大爷才能拿到 28 万元？ 4）任务 2：用 while 语句计算循环次数未知的存款收益。 5）活动 3：某投资者购买了 10 万元一年期收益率为 3.7%的银行保证收益型理财产品。每年赎回后，他会提取 2 万元用作生活开支，余下资金仍购买此理财产品。在收益率不变的情况下，多少年后资金会被全部取出？ 6）任务 3：用 while 语句计算循环次数未知的存款收益。 7）本环节所需资源：部分编程代码。

教学准备

第三环节：数据分析、撰写报告。

1）对比三项探究活动的月利率与年收益，绘制可视化图表。

2）了解当前各个银行的利率，进行数据分析与对比。

3）根据分析结果，撰写数据分析报告。

4）本环节所需资源：利率汇总表。

2021 年国内部分银行存款利率下调一览表

银行	活期存款年利率/%	定期存款整存整取年利率/%						通知存款利率/%	
		三个月	半年	一年	二年	三年	五年	一天	七天
基准银行（央行）	0.35	1.1	1.3	1.5	2.1	2.75	—	0.8	1.35
工商银行	0.3	1.35	1.55	1.75	2.25	2.75	2.75	0.55	1.1
农业银行	0.3	1.35	1.55	1.75	2.25	2.75	2.75	0.55	1.1
建设银行	0.3	1.35	1.55	1.75	2.25	2.75	2.75	0.55	1.1
中国银行	0.3	1.35	1.55	1.75	2.25	2.75	2.75	0.55	1.1
交通银行	0.3	1.35	1.55	1.75	2.25	2.75	2.75	0.55	1.1
招商银行	0.3	1.35	1.55	1.75	2.25	2.75	2.75	0.55	1.1
浦发银行	0.3	1.4	1.65	1.95	2.4	2.8	2.8	0.55	1.1
上海银行	0.3	1.4	1.65	1.95	2.4	2.75	2.75	0.55	1.1
徽商银行	0.3	1.4	1.65	1.95	2.5	3.25	3.25	0.55	1.1
邮政储蓄银行	0.3	1.35	1.56	1.78	2.25	2.75	2.75	0.55	1.1
兴业银行	0.3	1.4	1.65	1.95	2.7	3.2	3.2	0.8	1.35
泉州银行	0.35	1.65	1.95	2.25	3.15	4.125	4.5	1.04	1.755
厦门银行	0.385	1.35	1.55	1.8	2.52	4.015	4.015	0.88	1.485
中信银行	0.3	1.4	1.65	1.95	2.4	3	3	0.55	1.1
平安银行	0.3	1.4	1.65	1.95	2.5	2.8	2.8	0.55	1.1
华夏银行	0.3	1.4	1.65	1.95	2.4	3.1	3.2	0.63	1.235
北京银行	0.3	1.4	1.65	1.95	2.5	3.15	3.15	0.55	1.1
宁波银行	0.3	1.5	1.75	2	2.4	2.8	3.25	0.88	1.35
广发银行	0.3	1.4	1.65	1.95	2.4	3.1	3.2	0.63	1.235
上海农商行	0.35	1.5	1.75	2	2.41	3.125	3.125	0.96	1.62

第四环节：情境再现、展示分享。

1）情境模拟活动：小组情境再现，推销人员推荐"投资 10 万，月利率 6%"，小组成员运用数据分析得出的报告，合理提出理财建议。

教学准备

2）评价：根据编程成果、数据可视化、数据分析报告、情境再现等几项评价内容，选出最佳小组。

3）本环节所需资源：评价量表。

信息技术学生课堂评价量表

一级指标	二级指标	非常同意	同意	中立	不同意	极不同意
学习态度	遵守课堂秩序，爱护计算机教室的设施设备	5	4	3	2	1
	能积极参与整个学习活动	5	4	3	2	1
	尊重并鼓励同伴，注意倾听同伴的发言	5	4	3	2	1
合作意识	学习过程中积极主动地发现问题、提出问题、筛选问题，并寻求解决问题的方法	5	4	3	2	1
	小组全体成员积极合作、探究讨论、互帮互助	5	4	3	2	1
	善于总结归纳，并在全班展示	5	4	3	2	1
	能够分工合作，不出现互相排挤的现象	5	4	3	2	1
编程技能	编程代码能够运行	5		3	2	1
	编程语句科学严谨	5		3	2	1
	合理运用循环算法	5	4	3	2	1
	拓展功能，代码创新	5	4	3	2	1
数据分析	合理运用数据分析方法	5		3	2	1
	运用图表、词云等工具表达数据	5	4	3	2	1
	清晰分析数据之间的关系、趋势和规律	5	4	3	2	1
	完成数据分析报告	5		3	2	1
展示分享	情境模拟生动形象	5		3	2	1
	理财建议合理科学	5	4	3	2	1
	语言、动作表达流畅	5	4	3	2	1

第五环节：拓展巩固、促进迁移。

1）拓展活动：现有一张纸，厚度大约是 0.08 毫米，对折一次，厚度变为 0.16 毫米，再对折一次，厚度变为 0.32 毫米……每对折一次，其厚度均变为对折前的两倍。假设这张纸足够大，可对折任意次，那么把它对折 42 次，你觉得会有多高？

2）任务：任务 1——请利用程序求出对折 42 次后的高度；任务 2——进行数据对比，对折多少次能与地球到月球的 38 万公里的距离做比较？

3）本环节所需资源：编程语法提示。

教学过程				
教学环节	教师活动	学生活动	资源	设计意图
情境创设、导入新课	教师放映老年人"存单"变"保险单"理财纠纷案例的新闻与报道。个别老人或农民不懂理财相关知识，在存款时选择高利率，落入理财陷阱。	观看该纠纷案例，了解学习的基本情境，形成学习的心理准备。	老年人"存单"变"保险单"理财纠纷案例。例如，多位农民在存款时选择高利率存款，落入理财陷阱。	结合生活情境，围绕老年人存款落入保险理财陷阱无法取出的纠纷案例开展教学，引起学生的学习兴趣，培养分析问题、解决实际问题的能力。
小组探究、启发思考	布置三项探究活动与任务，组织学生进行探究学习。例如，某投资者购买了10万元一年期收益率为3.7%的银行保证收益型理财产品。每年赎回后，他会提取2万元用作生活所需，余下资金仍购买此种理财产品。在收益率不变的情况下，多少年后资金被全部取出？用while语句计算循环次数未知的存款收益。	学生以小组为单位进行合作讨论，完成探究，预设小组合作情况。学生结合教师提出的活动与任务进行小组分工，每两人负责一个活动，探究每个活动中的月利率与年收益。	探究资源与工具：部分编程代码与思路。	教师提出活动，以活动和任务为导向，使学生完成活动的探究，并提供学习策略指导，引导学生在小组探究过程中互相帮助，培养团结互助精神和探究精神。

		教学过程		
教学环节	教师活动	学生活动	资源	设计意图
数据分析、撰写报告	根据学生各小组探究活动与任务的完成情况，引导学生进行数据分析，提供数据分析的方法及数据可视化工具。学生对数据可视化工具可能不够熟悉，教师在学生进行数据分析的过程中进行观察与讲解，及时解答疑惑，面对无从下手的学生，可提供数据分析报告的撰写模板。	1）对比三项探究活动的月利率与年收益，绘制可视化图表。 2）了解当前各个银行的利率，进行数据分析与对比。 3）根据分析结果，撰写数据分析报告。	2021年国内部分银行存款利率下调一览表。	学生在教师引导下进行数据分析，在本环节体验数据分析的一般过程，了解数据分析的一般方法，运用数据可视化工具将数据以图表的方式呈现出来，体会图表分析数据的简洁、清晰与高效，通过数据分析与对比，透过数据看问题本质，体会到数据分析的价值，提升数据分析能力。
情境再现、展示分享	组织小组成员上台展示交流，进行情境再现。 组织互评：根据编程成果、数据可视化、数据分析报告、情境再现等几项评价内容，选出最佳小组，并邀请小组学生谈谈本课的收获。	小组上台展示，小组成员运用数据分析得出的报告，提出合理理财建议，并进行互评和反思。	评价量表。	组织小组成员上台展示交流，旨在提高学生的语言表达能力；组织互评旨在提高学生的欣赏水平和鉴赏能力，促进学生之间的交流和提高认同感。

教学过程				
教学环节	教师活动	学生活动	资源	设计意图
拓展巩固、促进迁移	拓展活动：现有一张纸，厚度大约是0.08毫米，对折一次，厚度变为0.16毫米，再对折一次，厚度变为0.32毫米……每对折一次，其厚度均变为对折前的两倍。假设这张纸足够大，可对折任意次，那么把它对折42次，你觉得会有多高？ 任务1：请利用程序求出对折42次后的高度。 任务2：进行数据对比，对折多少次能与地球到月球的38万公里的距离做比较？	学生完成拓展活动，结合所学知识进行编程与数据分析。	编程提示：首先将循环变量赋值给序列的第一个值，并执行下面的语句或语句组；然后将循环变量赋值给序列的第二个值，再次执行语句或语句组；该过程一直继续，直到穷尽这个序列。	学生在拓展实践的过程中再次进行了深度、有意义的学习，并掌握了循环算法。通过数据分析解决出现的问题，促进学生对问题的思考，以及对算法与数据的认识，从而能够对问题进行迁移和拓展。
学法指导				

引导学生运用数据分析了解存款利率与理财利率的区别，进而掌握算法的运用，提高数据分析的能力。

教学流程图如下。

学法指导

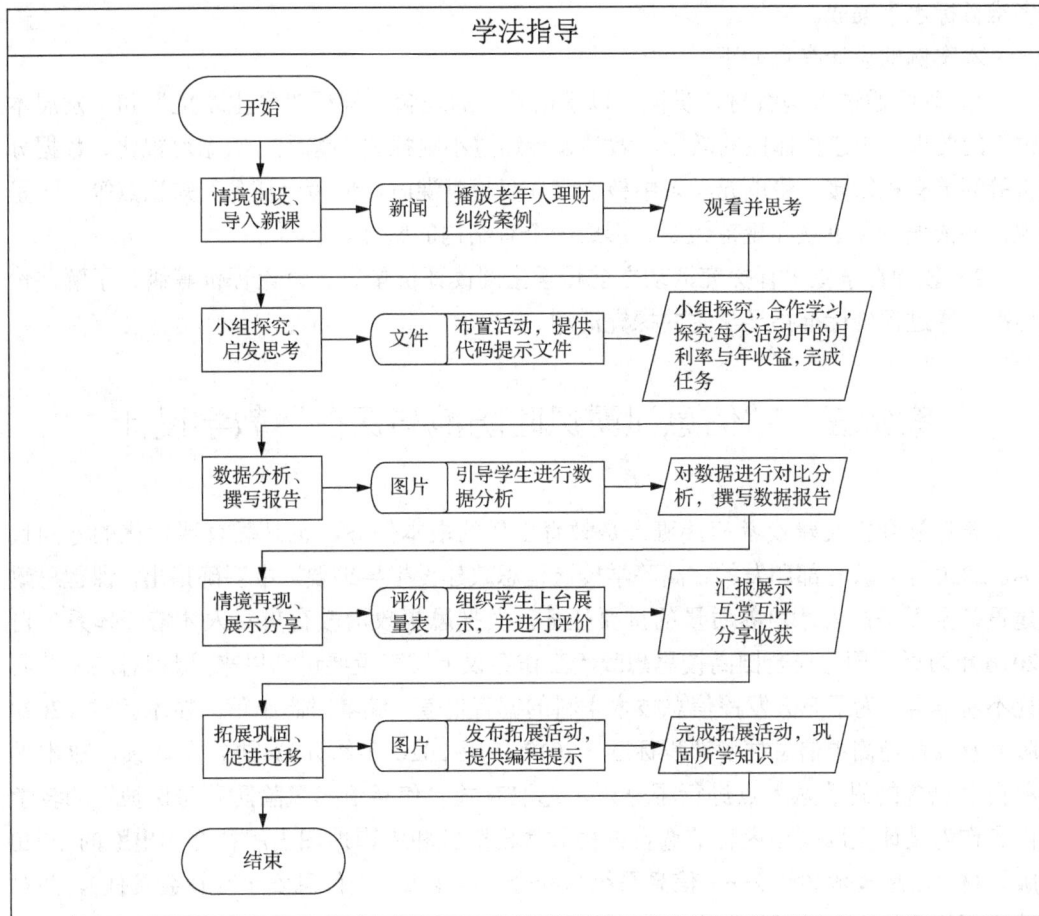

【案例分析】

案例二分析

　　本案例以"保护你的钱袋子"为主题，教学设计贴近生活，有助于激发学生的学习兴趣和探究欲望，内容涵盖了课程标准中信息意识的培养、计算思维的形成。数据分析环节通过创造性地解决问题落实数字化学习与创新实践，最后提出有效结论和建议，培养学生的信息社会责任。本案例以老年人"存单"变"保险单"投资理财纠纷案例为真实情境支架，运用循环语句计算大额存款与保险理财的月利率与年收益，通过数据收集、数据计算与对比分析，了解在银行存款月利率过高可能是保险理财产品，存在一定的风险，并给出合理化建议。本案例的教学目标为：掌握循环算法，能够在存款时识别理财陷阱，完成课外任务。学生在学会知识的同时劝告家人不要盲目投入，案例预先设计的多维目标水到渠成。

本案例的设计亮点如下。

1）教师通过重构教材，贯彻"以学论教"的理念，根据"学生本位"和"发展本位"的要求，构建整体性的教学。教学设计通过小组探究将编程、数据可视化、数据分析等环节有机衔接，将单元学习中核心素养目标、课时、情境、任务、知识点等一一呈现，并依据主题串联和规范组织，形成一个有结构的整体。

2）教师在学生进行探究活动之前让学生阅读评价量表、讨论评价等级、了解评价标准，通过评价标准指导学生的探究活动。

案例三 "信息泄露风险防范与保护"教学设计

培养社会主义建设者和接班人是教育工作的根本任务，也是教育现代化的方向目标。2020 年，教育部印发的《高等学校课程思政建设指导纲要》中明确指出，课程思政建设是全面提高人才培养质量的重要任务，要把思想政治教育贯穿人才培养体系。自 2016 年习近平同志在全国高校思想政治工作会议上发表重要讲话以来,课程思政相关研究不断丰富。为了充分发挥信息技术学科的德育价值，编者对高中信息技术教材（2020 版）及《普通高中信息技术课程标准（2017 年版 2020 年修订)》进行了研读，对本学科自身包含的思政融入点进行了分析，选取有关"信息泄露风险防范与保护"的教学内容作为设计主题（该内容节选自人民教育出版社和中国地图出版社合作出版的 2020 版教材《信息技术必修 2——信息系统与社会》第 4 章——信息安全与社会责任），并对该主题的教材内容进行了重组，力图将思政元素融入具体的信息技术课堂教学之中。

一、教学分析

1. 内容分析

本教学设计的单元知识结构如图 8.1 所示，主要内容为信息社会的风险认知、安全行为、防范技术、信息社会责任。本教学设计选取了有关"信息泄露风险防范与保护"的教学内容作为设计主题，该内容不仅贯穿本单元的始终，还富含思政元素的融入点，对学生的信息社会风险认知、行为约束、防范技术等都具有积极意义，属于本单元的核心教学内容。

教学内容围绕"信息泄露风险防范与保护"展开，以不同的事例引导学生认识到信息泄露可能会带来的风险。自觉约束自身的网络行为是本课的教学重难点。

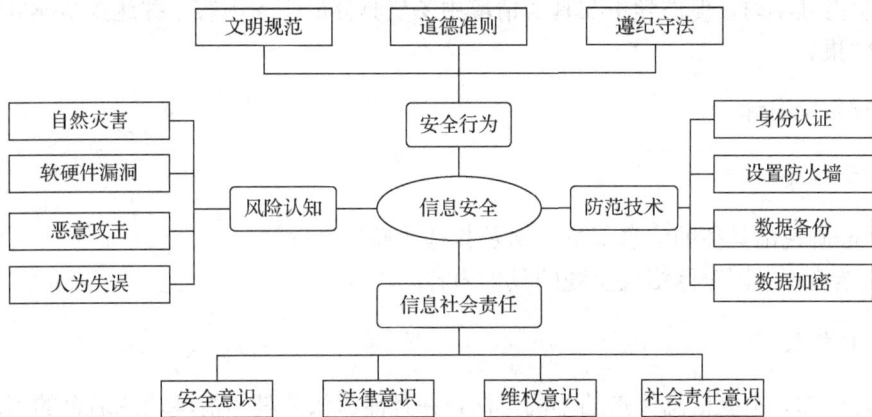

图 8.1 单元知识结构

2. 教学目标分析

通过对"信息泄露风险防范与保护"这一主题进行分析，结合具体的思政元素，我们将本单元的思政目标描述为：一是提升对于信息社会所存在风险的认知，理解与认同网络道德规范的重要性；二是提升宪法法治意识，认同国家网络安全观；三是意识到自身的行为对于信息社会的反向作用，从而提升社会责任感。

3. 学情分析

高中阶段的学生正处于身心发展的重要时期，此阶段的学生在生理和心理上都具有较大的不稳定性，他们的信息社会意识形态还较为模糊，尚未形成成熟的信息责任意识与信息保护意识形态，这使得高中阶段的学生比较容易受到网络不良信息或虚假信息的影响。对于高中阶段的学生而言，网络对于他们的吸引力是比较大的，同时他们已经具备了基本的计算机操作能力，能够利用计算机或网络技术解决一些生活中的问题。

在进行本次教学之前，学生已经学习过有关"信息系统""信息社会"的相关解释与知识，以及简单的信息保护知识和方法等。

二、教学设计理念

1. 思政元素融入，助力发挥本学科特有的德育价值

本教学设计重组教学内容，在具体的教学环节开展过程中融入相应的思政元素，关注学生的情感变化，力图在充分发挥信息技术学科自身所具备的独特德育价值的基础上，实现思政元素与信息技术学科教学的有机融合。

2. 利用情境教学理论，保持学生学习注意力水平

本教学设计在教学过程中利用具体情境贯穿整个课堂教学，按步骤开展教学环节，

吸引学生持续学习，促进学生在真实情境中感受具体的学习内容，并达到情感共鸣，提升教学效果。

三、教学目标设计

1. 认知类

1）准确说出具体的信息保护方法及其具体操作流程。
2）准确说出国家网络安全观的具体内容。

2. 技能类

通过学习，掌握信息保护的不同方法，并且能够依据具体情境选择适合的信息保护方法。

3. 情感类

1）通过学习具体的信息泄露事件，提升自身对于信息社会所存在风险的认知，加深对于网络道德规范的理解与认同。
2）结合具体的事例，提升宪法法治意识，认同国家网络安全观。
3）通过具体的事例及课堂学习活动，认识到自身行为可能会对信息社会产生反向作用，提升社会责任感。

四、教学策略选择

本课的教学主要采用讨论法进行组织开展，在不同的教学环节中为学生提供相应的学习支架，引导学生自主学习；同时辅以小组合作探究的教学形式，在完成主要知识点的讲解后，采取探究发现模式。教学环节设计突出学生的学习主体性，采用情境导入与实例教学的教学方法，融入思政元素与目标，并利用情境教学的方式促进思政目标的实现，充分调动学生的学习积极性。

五、教学环节设计

1. 创设问题情境，吸引学生学习

在本课开始之前，请学生阅读教材"体验探索"模块，如图 8.2 所示。
基于对"体验探索"模块中生活事件的阅读，请学生认真思考以下问题。
1）你曾经遇到过这样的事件吗？说说你的经历和感受。
2）为什么会出现这样的事件？
3）怎样才能减少此类事件出现在自己生活中的概率？
【设计意图】在正式开始教学之前，首先为学生创设一定的问题情境，快速吸引学生进行学习。同时为了对学生的思考方向进行一定的把控与引导，教师在学生完成阅读之后，可为学生提供三个较小的思考问题，推动学生能够较快地进入问题情境，为下一步教学具体事例的呈现奠定基础。

体验探索

身边的信息安全风险

在日常学习、生活中，同学们可能经历或听说过下面的事件：计算机硬盘被异常损坏后，里面的文件无法导出；浏览网站时不小心点击了一个文件链接，结果计算机中被安装了病毒；登录信息系统时，系统提示用户名或者密码错误；在一个机构的网站上报名学习辅导班后，接二连三收到其他辅导机构的电话；通过网络购买的物品，与网上的宣传相差甚远；使用手机扫了扫广告页中的二维码，结果支付宝里的资金不翼而飞……

图 8.2　"体验探索"模块内容展示

2. 呈现具体事例，引发学生思考

事例 1：2016 年 8 月，高考生小玉（化名）被电信诈骗者骗取学费 9900 元，发现被骗后心脏骤停，不幸离世。案发当日，小玉接到一个以"171"开头的陌生号码的来电，对方以学校的名义告知小玉学校会为她发放 2600 元助学金，要求小玉按照提示向指定账户进行汇款才能完成发放。在小玉与犯罪嫌疑人沟通期间，犯罪嫌疑人准确地说出了小玉的个人信息和录取院校，在骗取小玉信任后要求小玉进行汇款操作，当小玉意识到被骗时为时已晚，最终小玉在报警后因心脏衰竭而失去了宝贵的生命。

事例 2：近日，赵女士在电商平台上购买了一件商品，收到商品后不久赵女士就接到了自称客服人员的电话，对方声称赵女士购买的商品存在质量问题，平台将会为赵女士进行赔偿。在沟通期间，对方不仅能准确说出赵女士购买的商品信息，还能准确说出赵女士的订单编号、物流信息、购买时间等交易信息，因此赵女士对对方的客服身份深信不疑，很快便在对方发来的表格中填上了自己的手机号码、银行卡号、姓名等个人隐私信息，并给对方发送了自己收到的手机验证码。在完成全部操作后，赵女士收到了银行的短信提示，她所提供的银行卡内的积蓄全部不翼而飞。

拓展事例 3：2020 年 4 月 3 日，成都某学院在校大学生黄某在登录"个人所得税"APP 时，发现其被成都某保险代理有限公司申报了保险代理人（即保险营销员）佣金。无独有偶，该校另一名大学生李某也遇到了这种情况，李某表示自己从没在这家保险代理有限公司工作或兼职过，甚至连听都没听说过这家公司，通过与同学交流，李某发现她班上大部分同学的个税申报信息显示已在这家保险代理有限公司"工作"。

在完成事例阅读后，请学生思考以下问题。

1）为什么事例 1 和事例 2 中的主人公都对犯罪嫌疑人的话深信不疑？

2）犯罪嫌疑人通过什么手段获取了事例中主人公的隐私信息？

3）如果还有补救机会，那么你能为事例中的主人公提供一种具体的信息保护方法吗？该方法的具体操作流程是什么？

【设计意图】为学生呈现生活中具体的信息泄露事例，贴近学生的日常生活，引起学生的情感共鸣，激发学生进一步学习的强烈欲望，同时引入信息保护方法的知识教学。

3. 分组合作（4～5人为一组），提升学生的网络信息价值观念（思政元素融入）

请学生基于具体事例进行小组讨论，并模拟不同案件中受害人的心理，自主撰写受害者日记上传到班级讨论区内，需要在日记里说明受害人对于犯罪嫌疑人的态度转变过程、原因，以及个人情感变化；在完成日记撰写之后，学生还应该提供至少两种具体的信息保护方法及操作流程，避免其他人再因同样的原因损害自身的财产，甚至生命安全。

【设计意图】通过小组合作的形式，引导学生合作探究具体事例中受害者的心理变化过程，以第一人称的形式对具体事例中受害者的受骗经过进行阐述，引导学生走进具体情境，进一步感受受害者的情感变化；同时，通过这种活动形式，可以使学生在课堂中感受信息诈骗事件的经过，从而提升学生对于网络诈骗的防范意识。最后通过学生自主讨论不同信息保护方法的流程与具体操作的方法，促进学生对于不同信息保护方法的学习。

4. 设疑置难，知识讲授

通过学习，学生已经感受到了个人隐私信息泄露造成的严重后果，那么为什么会频繁出现此类事件？我们如何才能降低此类事件在我们日常生活中出现的频率？请学生结合课本上有关信息保护方面的内容回答以上问题，以小组为单位围绕着"信息的泄露渠道和信息的保护方法"这一主题绘制思维导图并进行展示。

【设计意图】引导学生自主探究信息的保护方法，教师随后总结，加深学生对于课本内容的记忆与理解程度。通过小组汇报的形式，提升学生的合作能力及相应的问题解决能力。

5. 教学评价——模拟访谈，进一步增强学生的信息责任意识（思政目标评价点）

通过前面的学习，大家已经对信息泄露的渠道及信息保护的方法有了了解，也通过小玉和赵女士的事例认识到了信息泄露的风险，相信大家都对小玉和赵女士的遭遇感到痛惜，那么假如给你一个机会让你作为一名记者对事例中的犯罪嫌疑人进行采访，你会问些什么问题？你有什么话想传达给他们？接下来请学生两两分组，一名学生扮演事例中的犯罪嫌疑人，另一名学生作为记者对犯罪嫌疑人进行访谈。

【设计意图】通过模拟访谈，为学生创设具体的学习情境，在引导学生说出自己想对事例中犯罪嫌疑人说的话的过程中，培养或提升学生的信息社会责任意识。

6. 总结评价，维持动机

依据教学流程与目的，教师应当将学生自主完成的受害者日记、采访犯罪嫌疑人的主题访谈，以及学生对于不同信息保护方法的选择与操作流程认知作为主要评价来源，依据学生在这两个教学环节中的综合表现，评选出表现优异的学生进行奖励。随后教师基于本课的所有教学内容进行总结，总结的重点可向具体的信息保护方法倾斜。

【设计意图】通过树立榜样和实物奖励的形式激发学生下一阶段的学习兴趣与热情，并且通过教师总结的形式加深学生对于知识点的记忆及理解程度。

【案例分析】

案例三分析

本案例以"信息泄露风险防范与保护"为主题，通过对教材内容的重构，着眼于信息意识、信息社会责任等核心素养的培养。在基于"学"的教学理念下，教师先呈现典型的信息泄露事例，由于事例源于生活，情境真实，容易引起学生的情感共鸣，激发学生的学习兴趣。在教学中教师用单元知识结构呈现知识内容，脉络清晰。通过小组讨论，教师引导学生自主完成受害者日记、采访犯罪嫌疑人的主题访谈。学生从认真听讲到积极参与，教学目标的实现水到渠成。教师通过探究发现小组合作的教学策略，调动学生在信息技术学习过程中的主动性、创新性，充分挖掘学生潜力，实现学生的个性化发展。本案例贴近学生日常生活，激发学生进一步学习的强烈欲望，同时引入信息保护方法的知识教学。

本案例的设计亮点如下。

1）思政元素融入。课程标准中明确指出"高中信息技术课程旨在全面提升全体高中学生的信息素养"。教师重组教学内容，在教学过程中融入相应的思政元素，关注学生的情感变化，力图在充分发挥信息技术学科自身所具备的独特德育价值的基础上，实现思政元素与信息技术学科教学的有机融合。

2）应用情境教学理论，有利于保持学生学习注意力水平。在教学过程中情境感受与体验贯穿整个课堂教学之中，学生通过角色模仿的形式进行换位思考，教师按步骤开展教学环节，吸引学生持续学习的兴趣。小组合作可以引导学生走进具体情境，进一步感受受害者的情感变化，促进学生在真实情境中感受具体的学习内容，并达到情感共鸣，提升本课的教学效果。

第九章

中学信息技术说课设计

学习目标

1. 了解说课的概念和意义。
2. 掌握中学信息技术说课的内容。
3. 尝试撰写中学信息技术课程内容的说课稿。

内容结构

```
                说课概述              中学信息技术说课的设计

         中学信息技术说课设计

中学信息技术说课的内容与评价              中学信息技术说课评价的分析
```

第一节 说 课 概 述

一、说课的概念

说课是教师面对同行和专家，以科学的教育理论为指导，将自己对课程标准及教材的理解和把握、课堂程序的设计与安排、学习方式的选择和实践等一系列教学元素的确立及其理论依据进行阐述的一种教学研究活动。

说课是指说明本课教什么、怎么教及为什么这样教等问题，即呈现本课的教学设计过程并展示进行这样设计的理论依据。说课集中、简练地反映了教师的教学理念、教学技能和教学风格，充分体现了教师的教学水平和教学智慧，是教学智慧生成与表达的重要手段，是智慧型教师成长的重要途径。说课只可以供同行对该教学设计进行评说和讨论，通过研究确定该节课教学设计的改进意见。说课结构框架如图 9.1 所示。

```
            ┌ 理念：科学的教育理念
            │ 主体：教师
        说课 ┤ 客体：所教的课、怎么做、为什么这么做
            │ 中介：语言
            └ 形式：阐述
```

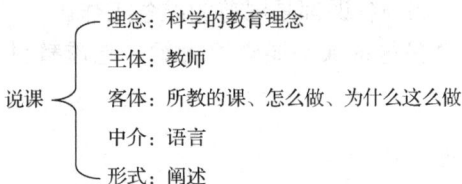

图 9.1 说课结构框架

从说课的理念、内容、形式、过程及作用来看，说课并非教案的翻版，而是要在教案的基础上阐述自己对教材的理解及上课过程的理论依据。

二、说课稿与教案的关系

说课稿与教案是有差别的。教案是教师上课用的，其针对的对象是学生，说课稿针对的对象是同行教师、专家或教研员。因此，教案只需写清教什么和怎么教的内容。说课稿不仅要写出教学内容的具体安排，还要重点写出这样教的理论依据（包括大纲依据、教学法依据、教育学和心理学的依据等），使听者既知其然又知其所以然，达到理论与实践的有机结合。

【案例分析】

说课稿"说教学过程"的导入

好的导入可以快速集中学生的注意力，引出所讲的内容。因此，本案例主要以图片展示和提问的方式作为引线，呈现百度地图导航截图，提出问题：百度地图为什么会认路？这是通过什么技术实现的？引起学生的讨论，激发学生对生活中事件的兴趣，从而引出"大数据"的概念。"说教学过程"的导入描述如表 9.1 所示。

表 9.1 "说教学过程"的导入描述

教学环节	教师的活动（教学内容）	学生的活动
导入	展示百度地图导航图片	思考
	提问： 1. 这是什么的截图？ 2. 从这个导航的图片中，你们都看到了什么？ 3. 百度地图为什么会认路？是通过什么技术实现的？	思考回答问题

三、说课与备课的关系

1. 说课与备课的相同点

1）主要内容相同。说课与备课的教学内容是相同的。

2）主要任务相同。说课与备课都是课前的准备工作。

3）主要做法相同。说课与备课都要学习大纲、吃透教材、了解学生、选择教法、设计教学过程。

2. 说课与备课的不同点

1）概念内涵不同。说课属于教研活动，要比备课研究问题更深入。备课是教学任务完成的方法步骤，是知识结构转化为学生认知结构的实施方案，属于教学活动。

2）对象不同。备课要把结果展示给学生，即面对学生去上课。说课面对其他教师，说明自己为什么要这样备课。

3）目的不同。说课可以帮助教师认识备课规律，提高备课能力。备课面向学生，它促使教师做好教学设计，优化教学过程，提高课堂效率。

4）活动形式不同。说课是一种集体进行的动态的教学备课活动。备课是教师个体进行的静态的教学活动。

5）基本要求不同。在说课时，教师不仅要说出每个具体内容的教学设计，做什么、怎么做，还要说出为什么要这样做，即说出教学设计的依据。备课的特点在于实用，强调教学活动的安排，只需要写出做什么、怎么做就行了。

四、说课与讲课的关系

说课与讲课的异同点如表 9.2 所示。

表 9.2　说课与讲课的异同点

序号	要素	说课	讲课
1	对象	教师、评委	学生
2	时间	15～20 分钟	45 分钟
3	目标	说明	在教学中实现
4	过程	说明	操作
5	随堂练习	说明处理方式	课外作业、随堂作业
6	板书	说设计	写出
7	提问	说明设问目标	根据进度提问
8	多媒体	多用	选用
9	教材分析	详	简
10	补充内容	说明原因	讲
11	例题	说明原因、作用	讲解
12	偶发事件	无	处理

五、说课的分类

说课作为一种教研活动，可分为正式讲课之前的说课和正式讲课之后的说课两种形式。

1）正式讲课之前的说课主要是对将要实施的教学进行整体设计说明，方便听课者把握讲授者的设计意图，增强听课时的针对性，也可以为讲授者分析教学实施的准确性，并精确地发现问题。因此讲授者在说课时应重点说明课程的整体设计和教学流程各环节的规划，还应说明教学策略的选择与教学环节的安排，以及具体的设计意图。

2）正式讲课之后的说课主要是对已经实施的教学进行反思性说明，方便听课者把握讲授者的教学过程表现出的意图。听课者在听课时并不了解讲授者的教学设计意图，需要讲授者分析教学实施的准确性，并精确地发现问题。因此讲授者在说课时应重点说明课程的整体设计和教学流程各环节的规划，说明课程的教学目标与教学环节安排，重点说明教学实施后教学目标的达成情况。教师通过说课进行教学效果评价与教学反思。

六、说课的作用与意义

1. 说课的作用

说课关注的是教师如何设计教学、如何选择教学形式和方法，查找教学中存在的问题、缺陷并进行改进和优化。说课在教学实践中的作用表现为以下几点。

（1）训练教师心理表征能力

教师通过说课活动，对教学的诸多因素及其理论依据用表象的形式进行演习，利用这些表象生动叙述教学设计的实施，并对实施后可能会出现的结果进行预测，完成个体的认知建构。

在说课过程中，教师应关注学生进行教学前的学习状态，即学生原来具备的知识、技能、态度，发现学生学习中存在的问题；思考将学生的起点能力转化为终点能力所需要的知识、技能、态度，详细分析可能产生的问题及解决办法；回答"为什么这样教"的问题。

（2）训练教师教学技能

一般认为，教学技能是教师在教学活动中特别有效地促进学生学习的活动方式，是教师运用专业知识、教学理论，依据学习理论和教学原则进行教学设计和教学研究、组织课内外教学活动，有效地促进学生完成学习任务的活动方式。教学技能在说课中有时表现为操作活动方式或心智活动方式，有时两者交织在一起。说课有助于教师逐渐掌握一套管理课堂、掌握课堂节奏，掌握使师生活动从一个环节自然过渡到下一个环节的熟练技能，经过反复演练，其执行程序可变得自动化。

（3）训练教师思维

思维是人类认识活动的高级形式，是对事物间接的、概括的反映。教师的教学智慧多来自对教学工作深层的、理性的思考与把握；教师在说课过程中从不同的角度分析教学，解决教学实践中的"是什么""为什么""怎样做""怎样做好"等问题，从而产生复杂而动态的教学世界中的"实践的智慧"。

（4）将内隐知识外显化

说课使教师在把自己作为研究对象的过程中关注自己、觉察自己。在说课活动中，教师既是行动者，又是研究者，研究对象是自己的行动，研究的目的是改进行动。在这一过程中，对自身情境和经验所做的多视角、多层次的分析与反省，促使教师发现和澄清自己的隐性教育观念，领悟和明晰体现新理念的具体操作要求，并在说课研讨与评价的过程中，帮助教师从理念的高度领悟自己的教育行为如何被隐性教育观念所制约，将新的教育理念转化为自觉的教育行为。

2. 说课的意义

说课是教育教学改革的产物，它要求教师运用现代教育理念解答教育教学的困惑，揭示教育教学的规律，因此说课是对教育科学研究活动的充实和发展，是普及性很强的一种教育科学研究形式。钟启泉教授认为"说课是应用研究，中国模式"，其功在课下，利在课堂，双向反馈，及时调整。说课开辟了教学研究的崭新领域，带有中国特点，是基于中国教学实践中迫切需要解决的问题，从中国教育教学改革的实践经验中总结和提炼出来的。说课将教学实践中客观存在的某些因素，通过不断探索总结概括出来，成为独立于教学活动的阶段和环节。在说课活动中，教师用理性的思考与科学的眼光审视自己的教学行动，将其理念化、系统化、严谨化，可以自己设计、实施、评价研究，也可以和其他研究者合作，通过平等的互动提高自己的研究意识与能力。

（1）说课有利于教师自身素质的提高

说课不是教材的简单复述，它要说明本课教材与前后教材的联系，要指出本课教材在整个学科体系中的地位与作用。说课教师不仅仅要说明"怎样做"，更重要的是说明"为什么这样做"，这就要求说课教师在准备说课的过程中，不但要有实践经验，而且要有理论指导。因此教师必须站在准确把握本学科知识体系的高度来审视教材，同时要学习教育理论书籍，这不但有助于教师专业知识的强化，而且有助于教师的素质不断充实提高。很多地区的经验已经证明，说课是提高教师素质的有效途径。

说课转变教师的观念和角色，促使教师学习科学的教育理论，不断转变教育思想，更新学生观、课程观、教学观等教育观念。说课可以提高教师的学生本位意识；注重挖掘、开发和利用各种课程资源，使其成为一种自觉行为；促进教师之间一起分享、理解，实现教学相长和共同发展。说课是解决"为什么这样教"的构思与反思，既要知其然又要知其所以然，要求教师学会反思自己教学实践背后隐藏的深层的教育观念与教育思想，促进教师逐步成为"教育型""研究型""学者型"教师。

（2）说课可以促进教师的教学反思

对自身的教学行为进行不断的反思是当今教师成长的重要途径。教学反思就是教师在教学实践过程中对自身的教学行为进行不断的认知和评价的思维过程。说课可以在一定程度上达到促进教师反思的效果。在说课中，教师以自己的课堂教学作为分析对象，对自己的行为及其产生的结果进行理性的审视和分析，将显性课堂行为背后的假设和思路呈现出来，这本身就是教学反思的形式。这种形式的运用使得教学反思有了具体的依托，可以使教学反思落到实处。

（3）说课有利于形成教师研究共同体

基础教育需要"科研型"教师，更需要教师研究共同体。说课可以加大科研力度，有利于先进经验的传播，有利于教师的成熟和青年教师的迅速成长。说课在活动形式上不受时间与空间的限制，方便更多人参与，提高了效率。然而在如今的教育教学实践中，有着一系列待解决的难题，对于这些难题，很多并不是某个教师个人可以解决的，需要通过教师群体的努力来达成。通过说课，大家将分析的焦点转向某个需要共同研究的问题上来。说课中教师对问题的提示，更容易引起其他教师对解决问题的各种各样的建议，使说课成为教师群体共同探究问题的平台。

（4）说课可以推动课堂教学改革

教育理论研究者及教育实践工作者正在逐步达成这样的共识：没有课堂行为的变革就没有素质教育的真正落实，就没有新课程的真正实现。说课不必面对学生，在说课的过程中，各种新理念、新思想、新设计、新手段都可以展示出来，不用担心不合理的地方会对学生产生副作用，经过同行的集思广益、互相补充、共同论证，能形成较为成熟的、有较大成功把握的教改方案，这种经过论证的教改方案通过教学实践的检验，又会得到进一步的充实和发展。说课这一形式可以弥补课堂教学的不可逆性，有利于推动课堂教学改革大步伐进行。

【实践演练】

观看教师说课比赛视频与专家点评。

第二节　中学信息技术说课的内容与评价

一、中学信息技术说课的内容

课堂教学是一个复杂多变的系统，要全面反映教学需要罗列相当多的因素。同时，课堂教学又是一个"准备—实施—目标达成"的完整过程：其一是准备，即教学准备阶段进行的教学背景分析，由教学需要、教学内容、教学环境和教学策略构成；其二是实施，由教学过程中的主要环节、教学媒体和教学方法手段构成，主要解释怎么做、为什么这么做；其三是目标达成，即为教学目标的达成而进行的教学预测或反思，也就是本课教学设计所引起的教学效果的预测或评价，以及对自己教学设计的评价与反思。中学信息技术说课的内容一般包括说教材、说学生、说目标、说教法、说学法、说（媒体）资源、说设计和说评价等过程，现分别分析如下。

1. 说教材

说教材是指在教材分析的基础之上，说明本课教学内容在这本（套）或本章教材中的地位和作用，说出本课的知识结构、特点及与学过知识之间的内在联系，并分清本课的重点和难点。说教材还要根据有关教育教学理论和中学信息技术课程标准，说明确定"地位""作用""结构""特点""联系""重点""难点"的依据。

2. 说学生

学生是教学活动过程中基本的因素之一，对学生的充分认识是取得良好教学效果的必要条件。面对浩如烟海的信息技术，学生有关信息的知识水平、技术操作能力和对信息的意识及思想情感都大不相同，因此，说学生在信息技术说课活动中尤为重要。

说学生是指在充分认识、了解和分析学生的基础之上，说明学生的年龄特征、知识水平、能力结构、认知结构、接受水平，当前的发展水平及潜在的可能发展水平，学生的共性及个别差异等。

3. 说目标

说目标中的目标是指教学目标，教学目标主要包括知识目标、能力目标和情感目标三个方面，一般学科大多强调知识目标，而信息技术学科更注重能力目标和情感目标。

说目标是指教师要说明通过本课的教学，学生应掌握哪些知识，训练哪些技能，并且培养哪些情感、道德及非智力因素。信息技术课程本身就是一门知识性与技能性相结合的工具课程，因此，很多教师在说课时，往往对使学生掌握知识和培养技能的教学方法或措施说得头头是道，而对文明使用计算机、网络及网络安全和网络伦理等方面的情感目标却涉及很少。这是教师在信息技术说课时容易忽略的地方。另外，有关教学目标的确定还必须切合学生的实际，即在分析教材和学生的基础上，根据课程标准、教学内容、年龄特征及认知结构，合理地确定本课的具体教学目标，并说明这样确定的有关依据。

在说目标的时候，目标要注重体现学科核心素养，并在目标部分进行体现说明。

4. 说教法

教法是指教师为实现某个具体的教学目标而采取的方法或手段，以及为此而选用的教具。教法的选择是指在分析教材、学生和教学目标的基础之上，在以教师为主导和以学生为主体的原则指导下，根据具体教学目标的要求分别选择不同的教学方法。

一般来说，任何一节课都是多种教学方法的综合运用，说课者要注意说明这节课的教学内容应以哪种教学方法为主，采用哪些教学手段。无论以哪种教学方法为主，都是结合学校的设备条件及教师本人的特长而定的。教学方法的选择要注意实效，不要生搬硬套某种教学方法，要注意多种方法的有机结合，提倡教学方法的百花齐放。

从教学任务来看，在感知新知时，以演示法、讨论法、引导发现法为主；在理解新知时，以谈话法、讨论法为主；在形成技能时，以练习法为主。

从教学对象来看，低年级多用演示法、实验法；中年级多用启发谈话法或引导发现法、小组合作学习法、探究研讨法；高年级可适当用讨论法、问答法、小组合作学习法、自学探究法等。

说教法要求教师说明如何从学生的实际情况出发，根据信息技术学科的教学特点和目标要求并结合当前素质教育的要求，科学设计教学任务，综合选用讲练结合、分组合作、自主探究等教学方法，以便学生多动手、多思考、多实践，从而了解和掌握信息技术的基本知识及技能，并分别说明采用这些教学方法的依据。

5. 说学法

学法是指学生为达到某个具体的教学目标而采取的方法或手段，以及为此而选用的学具和资源。学法的选择是指在分析教材、学生和教学目标的基础之上，在以教师为主导和以学生为主体的原则指导下，根据具体教学目标的要求分别选择不同的学习方法。学法的选择要充分考虑学生的情感、意志、兴趣等非智力因素，以及年龄特点、认知结构特点、学科知识水平、能力结构特征、现有发展水平和潜在发展水平等因素，以便充分调动学生学习的主动性和积极性。

从学法指导来看，现代教育对受教育者的要求，不仅仅是学到了什么，更主要的是学会怎样学习。说课活动中虽然没有学生，看不到师生之间和学生之间的多边活动，但教师必须说明如何根据教学内容、围绕教学目标指导学生学习，教给学生什么样的学习方法，培养学生哪些能力，如何调动学生积极思维，怎样激发学生学习兴趣，等等。教师的说课过程要体现以学生为主体，充分发挥学生在学习活动中的作用。

说学法的内容在说课活动中往往被忽视，而这恰恰是信息技术学科教师最需要重视的。这是因为，一方面，信息技术学科的知识更新快、教学内容多，如果学生不养成良好的学习习惯，那么学生很难适应这门学科的学习和今后的发展；另一方面，信息技术的发展为信息技术教学创造了良好的合作学习环境，即利用网络环境开展合作式的、研究性的学习。因此，说课教师要说出在教学中如何努力提高并维护学生对信息技术的学习兴趣；说出教会学生发现问题和分析问题的一般方法；说出如何鼓励学生多动手尝试并善于举一反三，以便更好地、更多地掌握信息技术的知识和技能，并用所学到的知识和技能解决实际问题；说出如何指导学生开展合作；说出如何指导学生开展研究活动，最终使学生的心理、生理等综合素质得以全面发展。

6. 说（媒体）资源

随着信息技术的迅猛发展，信息技术在教育教学中的应用日趋广泛，突出的表现就是教学信息的载体的多样化，即多媒体在教学中的运用。目前，很多中学建设了校园局域网或网络教室，并建设了多媒体教学资源中心，这使得我们的教学手段更加先进，教学内容更加丰富，教学过程更加形象，教学活动更加和谐。另外，很多教师在备课时还精心制作了课件或选用了一些较好的辅助教学软件。

说（媒体）资源要求教师在说课时，说明在上课时拟采用的教学（媒体）环境，自己制作或选用的教学软件，必要时做些演示，并说明选用教学环境和教学软件的理论依据或指导思想。

7. 说设计

说设计是指把整个教学过程的总体安排，即时间分配（环节）和教学建议等介绍给大家，其中包括情境的引入、新课的展开、练习的设计、小结的安排、练习的布置、资源的设计等。说设计要说明设计的理论依据；说明在教学过程中，教师的教和学生的学是如何安排并有机结合的，说明教学过程的构想与整体分析；说明在本课教学过程中如何运用教学方法、教学手段和教学用具来突出本课教学重点、突破本课教学难点；说明如何实现各项教学目标，并阐明如何对学生进行学习方法指导；说明如何落实学生的思维活动和技能练习；说明如何根据学生的情感、意志和兴趣等非智力因素，以及年龄特点、认知结构特点、学科知识水平、能力结构特征、现有发展水平和潜在发展水平等，充分调动学生的主动性和积极性，以体现以教师为主导和以学生为主体的教学原则。

说设计是说课的重要部分，因为通过这一过程的分析能看到说课者独具匠心的教学安排，它反映着教师的教学思想、教学个性与风格。只有通过对教学过程设计的阐述，才能看到其教学安排是否合理、科学，是否具有艺术性。

通常，说设计要说清楚以下内容。

1）教学思路与教学环节安排。教师要把自己对教材的理解和处理，以及针对学生实际借助哪些教学手段来组织教学的基本教学思想说明白；要把教学设计的基本环节说清楚。但具体内容只需概括介绍，只要听讲人能听清楚"教的是什么""怎样教的"就行了。

2）教学内容及其理论依据。教师在介绍教学过程时不仅要说明教学内容的安排，还要说明这样教的理论依据（包括大纲依据、课程标准依据、教学法依据、教育学和心理学依据等）。

3）教与学的双边活动安排。教师要说明怎样运用现代教学思想指导教学，怎样体现教师的主导作用和学生的主体作用的和谐统一、教法与学法的和谐统一、知识传授与智能开发的和谐统一、德育与智育的和谐统一。

4）重点与难点的处理。教师要说明在教学过程中，怎样突出重点和解决难点，解决难点运用什么方法。

5）教学手段。教师要说明采用哪些教学手段辅助教学，以及什么时候、什么地方用、这样做的道理是什么。

6）板书设计。教师要说明板书内容，并说明如此设计的原因。

8. 说评价

说评价主要说明学习目标的达成情况如何评定，注重过程性评价和总结评价相结合。

说课除了需要说清八项主要内容，还需要注意如下几个问题。第一，要注意教师的形象，说课的过程也是教师仪表和气质的展示过程，因此，说课教师的穿戴要整洁大方、朴素自然。第二，要注意语言的表达，听课的对象一般不是学生，而是专家或同行，甚至还可能是领导，因此要注意态度和蔼、自信并充满活力，注意表情和称呼，普通话要标准流畅，语言要简明扼要、清晰生动、逻辑性强、富有感情、有感染力，最好富有个性，以体现自己的独特风采。第三，要注意专业的素养，说课要突出"说"字，要说思路、说方法、说过程、说学生、说训练，要注意详略得当，不可面面俱到，对重点和难点的处理、教学过程、学法指导等应该详说，而对教学目标、教法、媒体运用、时间安排等可以略说。第四，要注意学科的素养，信息技术学科的教师在说课时最好借助信息技术的优势，制作一些简单的多媒体说案，灵活、恰当地使用计算机及投影设备。

　　说课是教学研究活动的重要形式，对提高教师整体素质、教学水平和课堂教学质量具有十分重要的作用：①有利于促进教师学习教育教学理论；②有利于提高教师学科教学理论水平；③有利于提高教师教学实践水平；④有利于教师将教育教学理论与实际教学相结合。

　　只要我们认真钻研教材、深入研究学生、精心设计说案、灵活选择说法、准确实施说程，就一定能把课说得有条有理、有理有法、有法有效、生动有趣、绘声绘色，说出新意、说出水平。

【案例分析】

说课——"大数据及其应用"

　　各位老师，大家好！我今天说课的题目为"大数据及其应用"，我将从说教材、说学生、说目标、说教法、说学法、说（媒体）资源、说设计、说评价八个环节展开我的说课。

1. 说教材

　　本节选自人教版高中信息技术必修1第1章的1.3.2大数据及其应用。

　　本节是本章的提升内容，指导学生认识数据科学，体验大数据对学习、生活和社会发展的影响，了解大数据在社会各领域中的应用，感受大数据在社会变革中的作用，引导学生结合之前对数据、信息与知识的学习，理解大数据的特征，了解大数据技术，感受大数据应用，并在数字化学习的氛围中培养学生的大数据思维与意识。

2. 说学生

（1）一般特征

　　本课的教学对象为高中一年级的学生，这个年龄段的学生喜欢在学习过程中体验和理解事物，具备较强的思维能力和自主探究的学习能力。

（2）初始能力

高中一年级学生已经学习过数据的概念和表现形式，初步认识到数据在信息社会中的重要价值，但对于大数据的理解只停留在表面和感性的认识，对于大数据在生活中的应用并不了解，对于大数据是如何收集、分析处理的也不清楚。

（3）信息素养

高中一年级学生可以自主上网查阅有关大数据的相关资料。

3．说目标

根据教材及学生特点，我将教学目标确定为如下三个方面。

（1）知识与技能

1）了解大数据的特征、大数据技术及其在社会各领域中的应用。

2）了解大数据在社会变革中的作用。

（2）过程与方法

1）体验大数据对人们学习、生活和社会发展的影响，认识大数据在信息社会中的作用与价值。

2）通过亲历的生活应用，感受大数据；通过其他领域应用，认识大数据的价值。

（3）情感态度与价值观

在数字化学习的氛围中培养大数据思维与意识。

4．说教法

本课采用讲授法、任务驱动法。

5．说学法

在本课中，学生根据教师提供的资料进行自主学习，完成相应任务。

6．说（媒体）资源

教学环境选择：多媒体网络教室。

教学资源：百度地图导航软件、PPT课件。

7．说设计

（1）问题导入

好的导入可以快速集中学生的注意力，引出所讲的内容。因此，本课主要以图片展示和提问的方式作为引线，呈现百度地图导航截图，提出问题：百度地图为什么会认路？这是通过什么技术实现的？引起学生的讨论，激发学生对生活中事件的兴趣，从而引出"大数据"的概念。

（2）提供阅读资料、分组讨论

……

……

8. 说评价

……

总结：由本案例的说课稿不难发现：其一，说课是面向教师同行的，因此使用第一人称向他人转述自己的教学思路；其二，对于教学过程，需要说明如何设计及为何设计的问题，在具体说课时，可以根据需要调整顺序，既可以先说原因再说设计结果，也可以先呈现结果再说原因，这样的说课不会显得很机械；其三，说课稿是教师的口头表达形式，正式的说课需要配合课件，课件上一般只呈现重要的信息，而详细的内容则需要由教师说出来。

【实践演练】

选取一节中学信息技术课程内容，按照说课的主要内容要点撰写说课稿，制作 PPT，并在线分享。

二、中学信息技术说课的评价

1. 中学信息技术说课评价的内涵

说课评价是教育评价的一部分，是对说课活动的效果进行质和量的评判的过程。从评价的内容来看，中学信息技术说课评价可以是对教材处理能力的评价、对板书的评价、对教师基本功的评价等；从评价主体来看，中学信息技术说课评价可以是自我评价、专家评价、同行评价、评委评价等；从评价的方法来看，中学信息技术说课评价可以是量化评价、质性评价等；从评价原则来看，中学信息技术说课评价应该遵循科学性原则、导向性原则、整体性原则、互异性原则。

2. 中学信息技术说课评价的作用

说课评价从本质上讲是说课过程和结果的再认识和再判断的过程，要具有客观性、科学性和全面性。中学信息技术说课评价在说课活动中具有重要作用，主要表现在以下三个方面。

（1）导向作用

中学信息技术说课评价不仅要对说课内容进行评价，还要对说课中体现的教学理念、教学思想、教学能力、教学境界等多方面进行系统评价。合理的中学信息技术说课评价可以为说课者指明方向，让说课者知道自己要说什么、怎么说、按什么程序说、为什么这么说，加深自己对说课的理解，明确说课的内容、方法、程序、目的。同时，说课评价还可以提高说课者对说课活动的认识，发挥说课活动对教学的促进作用。

（2）诊断作用

中学信息技术说课评价可以对说课内容进行诊断，包括教学思想、教学技能、教学方法及教学特点等。通过中学信息技术说课评价，人们能对说课过程中所表现出来的优点和缺点进行全面、客观的分析，做出结论性的评判，使说课者和听者都能够认识到应该怎么说课，从而使说课活动经常处于最佳状态，保证并推动说课活动沿着健康和正常的方向发展。中学信息技术说课评价的诊断作用有利于引起和促进教师对教学进行比较系统及深层次的反思，有利于促进课堂教学的创新。

（3）激励作用

通过中学信息技术说课评价，评课者对说课过程中说课者表现出来的优点给予充分的肯定，说课者从评课者的褒扬中得到鼓励；评课者对说课过程中说课者表现出来的不足提供改进意见，说课者从自己的不足中看到自己存在的问题和与他人存在的差距，从而奋力赶上。因此，中学信息技术说课评价可以从不同的角度激发说课者对说课的积极性和主动性。

【案例分析】

中学信息技术说课评价表

中学信息技术说课评价表如表 9.3 所示。

表 9.3　中学信息技术说课评价表

序号	评价标准			参考分数				得分
	指标	分数	指标要求	完全达到（A）	大部分达到（B）	基本达到（C）	没有达到（D）	
1	教材分析	16	说明本课教学内容在这本（套）或本章教材中的地位和作用	3	2	1	0	
			说出本课的知识结构、特点及与学过知识之间的内在联系	3	2	1	0	
			准确提炼本课的重点和难点	5	3	1	0	
			说明教学重点、难点确定的依据	5	3	1	0	
2	教学目标	14	教学目标准确具体，符合课程标准和学生实际	7	5	2	0	
			说明教学目标确定的有关依据	7	5	2	0	
3	学生分析	10	说明学生的年龄特征、知识水平、能力结构、认知结构、接受水平等共性特征	5	3	1	0	
			学生的起点（基础）能力分析得具体、实际	5	3	1	0	

续表

序号	评价标准			参考分数				得分
	指标	分数	指标要求	完全达到（A）	大部分达到（B）	基本达到（C）	没有达到（D）	
4	教法和学法	20	根据具体教学目标的要求选择恰当的教学方法	5	3	2	1	
			学法指导恰当，有利于培养学生的学习能力	5	3	2	1	
			说明所选择的教法的依据	5	3	2	1	
			说明所选择的学法指导的依据	5	3	2	1	
5	教学过程设计	20	整个教学过程的总体安排合理，即各阶段容量适当、结构合理、层次清楚、衔接紧凑	6	4	2	1	
			学习的时间安排适当、重点突出	4	3	2	1	
			讲课和实验练习的时间安排合理	6	4	2	1	
			说明各环节安排的理由	4	3	2	1	
6	环境资源	10	媒体资源使用能解决教学难点或重点，并具有实效性	6	5	4	0	
			教学实例中包含教学内容	4	2	1	0	
7	评价小结	5	教学评价根据教学目标的需要进行，学生进行评价的内容和评价的方法得当	5	3	2	0	
8	说课表现	5	教态自然大方，讲普通话，语言流畅、准确、精练，说清各部分的主要内容	5	3	2	0	
教师签字			合计得分					

【实践演练】

选取一节中学信息技术课程内容的说课评价，按照说课评价的指标体系进行深度分析，并在线分享。

第十章

中学信息技术课堂教学技能

1. 了解中学信息技术课堂教学分解技能的作用与设计方法。
2. 掌握中学信息技术教案的编写方法。

内容结构

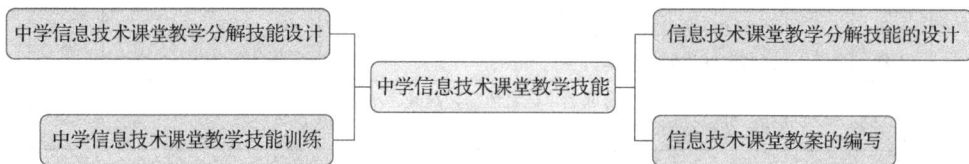

第一节 中学信息技术课堂教学分解技能设计

"师者，所以传道授业解惑也。"这是自古以来便赋予教师的职责。课堂教学是教师在课堂上进行的以教学为主的活动，课堂教学的主要目的是使学生掌握科学知识，提高思想素养，因此课堂教学应是科学性与艺术性的统一。科学性是指课堂教学有其固有的教学模式，艺术性是指课堂教学应有灵活的创造性。因此，课堂教学技能就是指教师从具体的教学实际出发，按照一定的教学模式，采用灵活适用的教学方法完成教学目标的行为方式。信息技术是一门实践性很强的课程，其课堂教学技能包括常规课堂教学技能中的导入、讲解、演示、小结、提问与反馈、教案编写等。

一、导入技能

苏霍姆林斯基说："如果老师不想办法使学生产生情绪高昂的智力振奋的内心状态，就急于传授知识，那么这种知识只能使人产生冷漠的态度，而给不动感情的脑力劳动带来疲劳。"教师良好的导入技能是优质课堂的重要保障，导入是教学中一个重要的环节，它直接影响学生学习的情绪和效果，因此导入是一项需要经过精心设计且实施起来比较困难的教学技能。

　　信息技术课堂教学的导入是教师在开始一个新的教学内容或教学活动时，运用建立问题情境的教学方式，引起学生注意、激发学生兴趣、明确学习目标、形成学习动机的一类教学行为。一个恰到好处的导入活动对教学效果能够起到事半功倍的作用，所谓"听其言而信其行"。

　　1. 导入技能的作用

　　（1）引起学生注意

　　学习需要信息的获得，也就需要注意参与。在每节课的开始，学生的注意力很容易停留在上一节课的内容中或者课间休息的娱乐兴趣里。能否由"课下"导入"课上"，转移学生的注意力，在很大程度上决定着这节课的效果。在开始课堂教学活动时，由于学生对它不熟悉、不感兴趣，教师应用导入技能能够引起学生注意，让学生的注意力保持在学习活动中。

　　（2）激发学习兴趣

　　兴趣是最好的老师，只有当学生对将要开展的学习内容产生了兴趣时，学习活动才能有效地开展。学生学习兴趣的产生与学生认知状态有密切的关系，教师恰当的导入能够让学生将已有认知和将要学习的内容建立联系，并引导学生将新旧知识之间的认知冲突显性化，从而使学生产生认知需要，激发学生学习课堂内容的兴趣。认知需要是学习情境中最重要、最稳定的学习需要。

　　（3）促发学习动机

　　学习动机是引起学习活动的动力机制，是把学习兴趣转化为学习行动的内驱力，是提高课堂有效性的重要因素。学生课堂学习动机的有机作用成分包括推力和拉力，作为主体学习愿望的推力，实质上是主体的一种认知需要；只有当主体对他要完成的学习活动的结果有某种期待时，学习活动才会对他有吸引力，使其对学习结果更期待。认知需求和学习期待是学习动机的两个基本构成成分，两者相互制约、共同作用形成学习动机系统。教师良好的导入技能能够很好地引导学生产生认知需求和形成学习期待，学习动机的两个基本构成成分在导入环节同时作用于学生大脑，促发学生的学习动机，将学生的学习行为从"要我学"转变成"我要学"的状态，从而取得事半功倍的教学效果。

　　2. 中学信息技术课堂导入技能的构成要素

　　（1）问题情境

　　问题情境可理解为一种具有特殊意义的教学环境，是在学习情境和学生相互作用的过程中转化而成的。这里所说的学习情境是教师通过"编码"（对教材的处理）及采用一定的教学媒体，将教学中对学生来说具有新异性的学习内容呈现在学生面前的学习任务。问题情境除物理意义上的存在外，还有心理意义上的存在。从物理意义上讲，问题情境具有客观性，可以是现实生产、生活材料，也可以是信息技术学科的问题，还可以是其他与信息技术学科相关的内容。从心理意义上讲，它能吸引学生的注意力，反映学生对学习的主观愿望，使学生在学习中伴随着一种积极的情感体验，主动投入到学习中去。

（2）知识衔接

知识衔接是指在教师创设的问题情境中，教师提供的学习材料必须与学生的原有认知结构建立联系并引起心理上的不平衡，即构成某种矛盾引起心理的某种不平衡。只有当认知结构与外界刺激发生不平衡时才能引起认知需要。心理学研究表明，学习者只有积极主动地使新知识与自己已经有的、与新知识有关的旧知识发生相互作用，旧知识才能得到改造，新知识才能获得实际意义。

（3）目标指引

目标指引能够帮助学生形成学习期待，学习期待是学生形成学习动机的基本要素之一。学习期待和学习目标（教学目标）相关，但又不等于学习目标。学习目标是外在的对学习活动所要达到的某种预想结果。学习期待是学习目标在学生头脑中的反映。目标指引是指在导入创设的问题情境中，在引发学生认知需求的基础上，向学生明确满足认知需求的目标和实现目标的过程或方法。实践表明，只有当认知需求和能满足认知需要的目标或期待同时存在时，才能使主体把活动指向确定的方向，激发学习的积极性，实现学习活动。

3. 导入的设计与运用

（1）导入的设计

1）目的性。教师要明确导入技能教学的目的，无论采用何种导入方式都应该使设置的问题情境指向教学目标，服从于教学任务和目的，围绕教学和训练的重点。通过导入教学活动，学生应该初步明确将要学什么、要解决什么问题、怎么学，与教学目标无关的不要硬加上去，不能只顾形式新颖而不顾内容。不要让导入内容游离于教学内容之外，而是要使导入成为学生实现教学目标的一个必要和有机的组成部分。

2）相关性。导入的相关性包括两个方面。一方面，导入的问题情境的设计要与学生的年龄及思维特点相适应，尽量选择学生身边的情境，与学生的实际生活相关，只有这样才容易引起学生的注意和兴趣。另一方面，在导入阶段要善于以旧抓新，温故知新，揭示新旧知识的关系，使导入的内容与新课的重点、难点内容紧密相关。如果导入与内容脱节，那么不管导入多么别致、精彩都不可能产生好的教学效果。

3）趣味性。孔子说："知之者不如好之者，好之者不如乐之者。"积极的思维活动是课堂教学成功的关键，富有启发趣味性的导入能引导学生发现问题，激发学生解决问题的强烈愿望，能创造愉快的学习情境，促使学生自主进入探求知识的境界，起到抛砖引玉的作用。教师在设计问题情境的时候，要根据教学目标、内容和学生的情况选择发生在学生身边的、能引起学生关注的、使学生感兴趣的材料。

（2）导入的运用

1）把握适宜的时间。导入仅是一个"引子"，一般以 2～5 分钟为宜。导入的语言要简短明了，切忌冗长拖沓。因此在导入时一定要合理取材，控制好时间，用简洁的语言，力求做到恰到好处、适可而止，力避漫无边际、喧宾夺主。

2）调动课堂气氛。导入将学生由非学习状态转入学习的准备阶段。它往往有安定学生情绪、激发学习兴趣、把握学习目标、拉近与学生的情感距离的作用。要实现这样的作用，导入的设计很重要，同样，教师在课堂上实施导入的设计也很重要。

4. 中学信息技术课堂导入的设计

（1）问题情境的创设方法

创设问题情境的目的是吸引学生注意力、引起学生的学习需求。外界的刺激若能引起学生心理上的某种不平衡，就能产生认知需求。因此，创设问题情境的关键是找到学生认知结构与学习内容之间的主客观矛盾。问题情境的创设方法是：根据前期的教学背景分析，在学生原有认知结构中找到与新知识既有联系又有区别的内容，尤其是通过学情分析，找到学生学习新知识的难点，这样就找到了问题情境中相对的两个方面，即学生认知结构与学习内容之间的主客观矛盾。

教师在创设问题情境时要注意以下几点。

1）一定要选择学生非常熟悉的生活经验、体验或素材，只有这样才能引起学生的共鸣，调动起所有学生的情绪。

2）所选择的内容要与新教学内容有关联，但其中有学生不明白、不能解决的部分。

3）教师要在关键处提出问题，引导学生对"熟视无睹"的现象进行思考。

（2）知识衔接的实现方法

导入要真正引起学习动机仅靠问题情境的创设是不够的，还必须使问题情境中潜在的矛盾或差异表面化、激化，被学生充分地意识到。这就需要引导学生从原有认知结构中提取出与新内容相关的旧内容，与新内容形成对峙。

（3）目标指引的实现方法

完整的学习启动机制还应该引起学生的学习期待，具体的方法是：首先对问题情境的导入活动进行概括，提出教学主要问题；其次对实现学习目标的方法和途径进行指引，使学生对接下来的教学要解决什么问题、问题解决的途径做到心中有数，从而形成学习期待。

【案例分析】

案例 1：导入技能评价量规

导入技能评价量规如表 10.1 所示。

表 10.1 导入技能评价量规

评价人：_____

姓名		题目				时间		

请听课以后对以下各项进行评价，在适当等级下画"√"

项目	评价指标	等级				权重	得分
		优	良	中	差		
		95 分	80 分	75 分	55 分		
导入技能	新课导入自然，衔接合理					0.1	
	能引起学生的兴趣					0.2	
	新旧知识联系紧密，目的明确					0.2	
	导入时间恰当					0.1	
	情感充沛，语言清晰					0.1	
	启发学生积极思考					0.2	
	师生互动性强					0.1	

案例 2："数据与信息"教学导入

课题	数据与信息		
年级	高一	教材	《数据与计算》
教学目标	发现身边的数据，深入地理解数据，了解数据对生活的影响。		
时间	技能要素	教学过程	
2 分钟	问题情境	乐乐同学坚持每天跑步锻炼，自从使用了智能运动手环，他可以实时获取自己的运动数据，灵活调整运动方式。例如，当心率过高时，智能运动手环可以通过震动、语音等方式进行提醒，此时他就适当放慢步频，调整心率，这样能科学指导体育锻炼，提高身体素质。乐乐最近想制订更科学的运动计划，那么智能运动手环还需要采集哪些方面的运动和生理数据？	
1 分钟	知识衔接	在日常生活中还有哪些数据支持个人的生活与学习？这些数据又是通过什么手段或工具获取的？	
2 分钟	目标指引	我们今天带着这些问题学习"数据与信息"。 本课的学习目标是：理解数据、信息的概念，能够举例说明两者的区别和联系；领会数据、信息与知识间的关系，理解数据对生活的影响，能有意识地开展数字化学习。 本课我们通过小组讨论身边的数据应用的方式来学习。	

"数据与信息"是高中信息技术必修 1《数据与计算》的相关内容，它是必修 1 模块的重点内容，也是基础内容。课程标准要求，学生通过本部分内容的学习能够了解在数

字化工具中存储数据的一般原理与方法，理解数据、信息与知识的相互关系，合理选用数字化工具支持个人学习，实现知识建构，适应数字化学习环境。

总结：本案例与生活息息相关，学生比较熟悉，因此能够吸引学生的注意力，引起学生的学习需求，同时与教学目标紧密相关。知识衔接中用问题的方式，自然流畅地把新知识的重点引出来。目标指引中清楚地交代了课题、学习目标及学习方法。整个导入过程要素间衔接流畅，时间把握得当。本案例的主题与健康相关，能够引导学生利用信息技术助力生活，提高信息意识，在帮助乐乐制订更科学的运动计划过程中培养计算思维，从而培养学生的从容感和幸福感。

【实践演练】

请选择一个典型的教学内容，按照导入的构成要素，参考导入技能评价量规设计导入，编写导入技能微格教案，并进入微格教室进行训练，感受导入技能的功能。

二、提问技能

在课堂教学中，师生之间的互动交流包括内隐的和外显的，这是保证课堂教学有效性的重要条件。互动交流最常用、最主要的方式是师生的问答，即提问与回答。提问与回答是教学过程中教师与学生之间经常使用的一种通过相互交流实现教学反馈的方式，是教师实施教学活动与学生完成学习过程的统一。它们既是教师引导学生积极参与和相互作用的学习过程，也是检查学生学习、促进思维、运用知识实现目标的一种教学行为。

提问技能不是单纯的心智技能或动作技能，而是二者相互配合、共同作用的一种教师教学基本技能。提问技能的心智技能包括：教师能够根据教学目标、教学内容和学生情况设计不同层次、类型的问题，并能够在课堂中选择恰当的提问时机、回答问题的对象和方式（学生单独回答、全体回答、小组讨论），能够根据学生对问题的回答进行正确的反馈和引导。提问技能的动作技能包括：教师在课堂上提出问题时的语气、表情、停顿、手势、走动等行为。

1. 提问技能的功能

（1）引导学生发展思维

引导学生发展思维是课堂教学的重要任务之一。根据皮亚杰的平衡化教学过程理论，当学生的认知产生不平衡的时候，即学生原有的认知结构不能解释外界刺激的时候，学生就得变更自己的认知结构，以便同化外界，使认知重新平衡。这个由不平衡到平衡的过程，就是学生思维发展的过程。人们往往不愿意主动打破这种平衡，教师在课堂教学中，利用提问技能巧妙地为学生设置让学生认知产生不平衡的问题情境，引导学生主动思考，促进学生思维发展。

（2）促进学生巩固知识

思维发展离不开学生已有的知识基础，在课堂教学中，教师能够利用提问技能引导学生回顾已掌握的知识技能，提取出思维发展所需要的认知条件，顺利实现思维发展。有意义学习的同化理论认为，在知识的组织中，原有的较巩固的观念倾向于替代或者擦去新的较不稳定的意义痕迹，因此，对新知识的强化就尤为重要。教师能够利用提问技能有针对性地帮助学生复习巩固新形成的认知结构，提高课堂学习效率，真正做到有意义的学习。

（3）帮助教师了解学情

学生的认知状态是内隐的，教师通过一定的方式方法让学生内隐的认知状态和思维过程外显，提问技能是教师了解学生学习状况的主要手段之一。教师通过观察学生回答问题的状态和倾听学生的解答，能够比较准确地把握学生的认知状况，并根据所获得的信息，调整对教学过程的引导，从而真正做到以学生为主体的教学。

2. 提问技能的类型

认知层次划分为记忆、理解、应用、分析、评价和创新六个层次，学生在不同层次的认知过程中适用的提问技能不同，思维活动也各有特点，对自身的思维发展起到不同的作用。提问技能的类型如表 10.2 所示。

表 10.2　提问技能的类型

提问技能类型	认知层次	思维特点
记忆型提问	初级认知层次	一般只有一个正确答案，学生用所记忆的内容和对知识的理解照原样回答即可，不需要深入思考，教师对学生回答的判断也较容易，只简单地分为正确或错误
理解型提问		
应用型提问		
分析型提问	高级认知层次	能够在学生的内心引起认知矛盾冲突的问题，答案不是简单的对与错，而是是否合理。教师在判断时根据提问的意图，判断答案是否有道理，有无独创性，或者在几个答案中比较哪一个更好
评价型提问		
创新型提问		

3. 提问技能的要素

提问技能的要素主要有核心问题、问题链、提问措辞、停顿节奏、合理分配、反馈探询，如表 10.3 所示。

表 10.3　提问技能的要素

提问技能要素	指标 1	指标 2	指标 3	指标 4
核心问题	教学活动有明确的目标	核心问题指向教学		
问题链	问题指向核心问题	有不同类型的问题，问题难度逐步增加	有问题情境	合适的问题数量
提问措辞	提问之前有引导语	提问用词准确，焦点明确	问题表述清晰	
停顿节奏	提问时机恰当	提出问题及回答问题之后有等待	提问节奏适当	提问语速有变化
合理分配	学生都有回答问题的机会	有目的地选择恰当的学生	教师的位置有变化	
反馈探询	学生回答之后反馈	在学生回答问题的过程中提供恰当的帮助	高级认知层次的问题能与学生形成对话	

（1）核心问题

核心问题是指一节课中教学活动要解决的主要问题，是课堂提问问题设计的主线。核心问题能引导学生思考，促进学生活动，并最终解决问题。因此核心问题多作为一节课的学习任务。

（2）问题链

问题链与核心问题密切相关，是指围绕核心问题设计一系列前后贯通的、层层递进的问题，使所有问题成为一个整体系统，逐步达成对核心问题的共识。

（3）提问措辞

提问措辞是指教师在提问过程中的语言应用，包括提问引导语、提问用词、表述问题，它是教师提问技能在课堂上提出问题时的展现。

（4）停顿节奏

停顿节奏是指教师在提问过程中要有必要的等待时间和合适的语速。

（5）合理分配

合理分配是指教师的提问应该有计划、有目的地在全体学生中分配，尽可能让所有的学生都能参与到问题的回答中。

（6）反馈探询

反馈探询是指在学生初始回答问题后，为了帮助学生对最初的问题形成更合适的答案，教师要对学生的回答给予恰当的回应。

4. 核心问题及问题链的设计

（1）核心问题的设计

教学目标是学生要达到的最低要求，对于每个目标，教师都要考虑不同程度的学生该怎样来达到这些目标？需要通过几个教学活动来实现？每个教学活动的目标又是什么？教学重点是什么？这些教学活动的目标要求学生进行哪个层次的认知思维？

根据对教学内容和学生特征的分析，教师要确定教学活动的核心问题，在设计每个核心问题之前要问自己：我的目的是什么？解决什么教学问题？

核心问题是一节课中数量最少，却能支撑全课的问题框架。每个核心问题都对应着一个教学活动。核心问题是构成一节课内容的骨架，核心问题的逻辑结构决定了一节课学习内容的功能和价值定位。因此，一节课的核心问题的逻辑结构决定了一节课学生学习内容的层次和品质。

（2）问题链的设计

问题链的设计就是把核心问题细分成一个个小目标，并把每个小目标细化为一个个环环相扣、层层递进、遵循学生发展规律的问题，通过探究这些问题来解决每个核心问题。这些问题可以按照以下几种逻辑关系设计成问题链，这样可以合理地分布一节课中的不同认知层次的问题，避免问题的盲目性和随意性，从而提高提问的实效性。

1）按照知识本身的逻辑设计问题链。

2）按照人的一般的心理活动习惯设计问题链。

3）按照学生的认知层次逐步提升设计问题链。

5．提问的实施技能

（1）巧用导引语

导引语是教师用以引出问题的语句。提问之前使用一定的导引语能够提醒学生做好思维准备，积极思考，提升提问的效果。

教师常用的导引语有"下面请大家思考这样一个问题""下面有一个问题需要大家思考""老师现在要问一个比较复杂的问题"等。

（2）提问措辞要准确

问句的措辞不同，问题的性质就可能发生变化。例如，问句为"你能列举一些不同的网络连接方式吗？"，"能"这个字眼把问题界定在封闭状态，学生可能会直截了当地说"不能"。但是，如果教师这么问："说说看你都知道哪些不同的网络连接方式？""知道"和"哪些"两个词把问题放置到一个开放的境界上。同样一个问题，用不同的措辞表述，使得本来是封闭性的问题具有了一定的开放性，给了学生更多的思考余地。

教师避免使用的措辞有"你知道吗""你懂不懂""是不是""你会吗"等。教师应使用的措辞有"说说看你知道……""你来试试……"等。

（3）表述问题要清晰

教师在表述问题的时候要使用简洁自然、与学生认知水平相符合的课堂语言，而不是日常语言或专业的学术语言。教师要以充满感情的语言提出问题，表述问题的语速要适中，提出问题的时候要环视课堂，并和学生进行眼神的接触和交流，表明对他们的回答很感兴趣。

（4）停顿节奏要合理

提出问题后的等待和学生回答问题后的等待是新教师容易忽视的提问过程。教师应对其进行注意，并通过不断的暗示练习形成提问等待的习惯。

教师提出问题后，学生需要倾听并理解所提出的问题，不但要理解问题的意义，而且大脑需要定位到回答问题所需的思维水平，然后组织语言回答问题。研究者发现，将等待时间延长到3～7秒，回答效果良好。

对于学生回答问题后的等待，研究者发现，如果在学生回答问题后能够等待 3～5秒，给学生一段思考的时间，那么学生倾向于对他们的答案进行详细阐述，他们的答案会变得更加复杂，他们会用证据来支持自己的答案。

（5）语速要合适

提问的语速是由提问的类型所决定的。低级认知提问由于问题比较简单，可以用较快的速度叙述；而高级认知提问针对比较复杂的问题，应仔细缓慢地叙述，以使学生对问题有清晰的印象。

6. 反馈的方式

在反馈探询中，教师可以帮助学生厘清思路，加深对问题的认识，帮助学生形成正确的答案，还能促进师生感情。

教师对学生的提问和反馈要面向全体学生，所提问题要具有覆盖性和普遍性。为了让所有的学生都能够参与问题的思考，教师要有意识地在教室里走动，每隔几分钟就站在一个不同的位置上。教师还可根据教学情况走近发言的学生或积极性不高的学生，使所有的学生都能感觉到教师的关注，激发学生参加学习和回答问题的积极性。

学生回答问题大体要经过倾听问题、理解问题、自我默答、说出答案四个步骤。当学生回答问题遇到困难的时候，教师要判断学生是在哪个步骤上出了问题，并给予恰当的口头启发。教师在反馈时可以提示学生："你能用自己的话描述这个问题吗？"目的是判断学生的理解程度。当学生说"我不知道"或"我不记得了"的时候，教师要给予必要的提示和线索，或提示关键词，或提醒学生学习过的相关材料，或描述学习该知识时的一些情境等。教师也可以将问题分解，采用层层递进、由浅入深、化难为易的方式进行提问。

（1）对于不正确回答的反馈

对于简单的、记忆性的问题，教师可以直接告诉学生："回答是错误的。"对于高级认知类型的问题，教师应以尊重学生思维的态度来探查、理解学生的思维过程，引导学生的思维达到更高的层次。教师可以询问学生："你能告诉我，你这样说的原因吗？"或"你能告诉我，你是怎样得到这个答案的吗？"当学生的答案模糊不清的时候，教师要进行澄清性的探查，帮助学生消除困惑，建立自信。教师可以询问学生："你能告诉我，你在说……的时候是什么意思吗？"或"你能就……举一个例子吗？"或"你能用另外的话表述你的答案吗？"等。

（2）对于不完整回答的反馈

对于不完整回答，教师可以通过进一步的探查使学生回答得更加完善，从而帮助学生在已知的基础上达到更高的认知水平。例如，"你能说得更具体些吗？""你能对你所说的举一个例子吗？""你能提供什么样的事实或证据来支持你的看法呢？""请对此进行更详细的说明。""你能在此基础上添加什么？""对于……你还知道什么？""你已经告诉了我它们的相同点，你能告诉我它们有什么不同吗？"等。

（3）对于正确回答的反馈

对于一些简单的、记忆性的问题，如果学生给出一个正确的答案，那么教师可以直接告诉学生："回答正确。"对于高级认知类型的问题，教师可能需要探查学生是否经过正确的推理。例如，"为什么你认为这是对的？""这背后的理念是什么？""你有什么样的证据来支持该结论？"等。

对于正确回答了问题的学生，根据情况，教师可以提出一些帮助学生进行深入思考的问题来引发学生的更多反应和问题。例如，"你是怎样决定的？""你是怎样形成这样的结论的？""是什么因素使你想到了这些？""你能想出其他方法来解决这个问题吗？"等。

【案例分析】

案例1：提问技能评价量规

提问技能评价量规如表10.4所示。

表10.4 提问技能评价量规

评价人：_____

姓名		题目			时间		

请听课以后对以下各项进行评价，在适当等级画"√"

项目	评价指标	等级				权重	得分
		优	良	中	差		
		95分	80分	75分	55分		
提问技能	提问能引起学生的求知欲					0.1	
	问题环环相扣、层层深入					0.2	
	问题难易适中、可回答性强					0.2	
	提问语言简练，停顿适当，适合学生特点					0.1	
	提问涉及面广，适合大多数学生					0.1	
	对问题的回答有及时恰当的评价					0.2	
	应变能力强，意外回答处理恰当					0.1	

案例2：核心问题与问题链设计——"循环结构"

课题	循环结构		
年级	高一	教材	《数据与计算》
教学目标	理解循环结构是如何解决重复问题的，领会计算机解决重复问题的高效性。理解循环语句的运行机制。		

核心问题	问题链
如何绘制1个同心圆？	1．如何绘制1个同心圆？ 2．所有过程是自己编写，还是调用系统函数？
如何绘制任意的同心圆？	1．如何绘制5个同心圆，要写5个画圆的语句？ 2．如何绘制100个同心圆，要写100个画圆的语句？ 3．这里有重复过程吗？ 4．圆的个数由什么控制？ 5．半径的变化如何实现？
循环语句怎样解决重复的问题？	1．循环变量有什么用？ 2．循环变量的初值、终值、步长有什么用？ 3．循环体有什么用？ 4．循环语句的执行过程是什么样的？

"循环结构"是高中信息技术必修1《数据与计算》的相关内容，它是本模块的重点内容。课程标准中要求，通过本部分内容的学习，学生能概述算法的概念与特征，运用恰当的描述方法和控制结构表示简单算法。本部分的内容强调简单算法的学习，将计算思维的形式化、模型化、自动化特征渗透到学习内容中，不是要把学生培养成编程专家，而是让学生真切地认识到从"工业社会思考与解决问题方式"到"信息社会思考与解决问题方式"变革的内在原因，理解当今数字化世界的运转方式。

总结：核心问题搭起了整节课的框架，指向教学重点，帮助实现教学目标。无论是核心问题还是问题链问题的设计都环环相扣、层层递进，符合知识本身的逻辑，也有利于学生认知层次逐步提升。本案例从具体问题里总结出"循环语句怎样解决重复"的问题，而不是直接讲解循环语句的语法，这样有利于理解循环语句的机制，学习学科思想和方法，使培养计算思维落地。

案例3：任务驱动教学中的问题设计——"感知文字编码"

课题	感知文字编码		
年级	高一	教材	《数据与计算》
教学目标	1．了解信息、数据的概念及它们的关系。 2．描述数据与信息的基本特征。 3．知道数据编码的方法（数据编码的基本方式）。 4．说出数据编码的内涵。 5．体会数据编码的作用。		
问题设计			

【导入环节】

同学们，老师有一个问题问大家，大家请看下面的一串数字：150102200309192011。

1．这是什么数字呀？熟悉吗？

2．身份证号码与出生日期有关系吗？

3．身份证号码还与什么信息有关系？

4．下面一串数字里又隐含了哪些信息呢？它是怎么编码的？

105

108 111 108 101

121 111 117

【布置任务1】

通过破解一串ASCII，来了解ASCII。需要探究的具体问题有：

1．为何用八位二进制数表示ASCII？（提示：ASCII一共有多少个？）

2．ASCII表里包含哪类字符？（提示：与键盘上的字符有什么关系？）

3．英文字符是如何编排的？

问题设计
【布置任务 2】 请把"我爱中国"的国标码（GB 2312）写出来。需要探究的具体问题有： 1. 国标码用几位二进制数表达一个汉字？为什么？ 2. 国标码与 ASCII 兼容吗？ 3. 国标码能表示繁体字吗？ 4. 汉字顺序是如何编排的？ 【布置任务 3】 设计手语编码要考虑： 1. 需要几位二进制数？ 2. 手语顺序如何编排？ 【总结提升】 1. 字符编码方法是什么样的？ 2. 为什么要对数据进行编码？ 3. 编码有什么作用？ 4. 声音是如何编码的？ 5. 图像是如何编码的？

在信息技术教学中，问题设计非常重要，教师需要在各个环节巧设问题，帮助学生把握方向，提高效率，顺利达到教学目标。

在导入环节，教师通过提问让学生进入情境，引起认知冲突，激发学习兴趣。在布置任务阶段，教师通过提问引发学生思考，指导探究方向及学习步骤。总结环节的提问尤为重要，通过提问回顾所学知识，通过提出拓展问题为下次课做铺垫。

总结：本案例在各个环节都设计了问题。在导入环节，教师围绕学生熟悉的身份证号码提问，问题层层递进，从已知到未知，引发认知冲突，激发学习动机，并通过提问自然引出了字符编码。布置任务阶段的问题指向教学重点，即学生需要解决的问题。总结提升阶段的提问能够回顾所学知识，还能深入拓展，并为下节课做自然的铺垫。

案例 4：项目教学中的问题设计——"垃圾分类游戏设计"

课题	垃圾分类游戏设计		
年级	7 年级	教材	信息技术
教学 目标	1. 感受应用信息技术获取与处理信息的优势；根据问题需要，自觉主动地寻求恰当的方式获取与处理信息。（信息意识）体会游戏化、数字化宣传相较纸质宣传的优势：互动性强，成本低。 2. 对于给定的任务，能将其分解为一系列的步骤，使用顺序、分支、循环三种方式简单描述实施过程。（计算思维）		

教学目标	3．依据学习任务，分析需要的学习资源，知道学习资源获取的渠道，有策略地应用网络获取数字化学习资源。（数字化学习与创新） 4．积极参与信息社会活动，共建共享，做合格的数字公民。利用数字化游戏的方式宣传垃圾分类，为社会做一份贡献。（信息社会责任）

问题设计

【导入环节】

同学们好！老师下面播放一段视频和展示一些图片，请你们认真观看，看完谈谈自己的体会。思考我们为保护环境能做点什么。

【分析任务】

下面大家各自玩一个老师编写的垃圾分类游戏，在玩的过程中思考下列问题，并把答案记录下来。

1．游戏有哪些功能？

2．设计这个游戏需要做哪些工作？

3．游戏还有哪些可完善的地方？

【制作作品】

关于算法，大家要明确下列问题：

1．游戏需要哪些角色？

2．每个角色的动作有哪些？

3．角色间的关系是什么样的？角色间如何互动？

4．游戏如何开始？

5．游戏在什么情况下结束？

然后用可视化的方式表达出来。

关于编程验证，大家要明确下列问题：

1．角色的动作应该选择哪个模块的哪些积木呢？

2．有没有更合适的积木使得脚本结构更清晰、更简短呢？

3．脚本逻辑清晰吗？脚本可读性强吗？

4．角色、变量等命名规范吗？

5．程序灵活性如何？会不会卡？

【总结拓展】

通过完成"垃圾分类游戏设计"任务，我们要明确下列问题：

1．我们学会了哪些知识与技能？

2．设计程序要经历哪些步骤？

3．每一步的核心工作是什么？

4．如何有效完成项目呢？

现在是人工智能时代，智能产品很多，你能否设计一个智能垃圾桶，让它能够自动分类垃圾呢？

在项目教学中，问题设计同样重要，教师需要在各个环节巧设问题，帮助学生把握方向，提高效率，顺利达到教学目标。在导入环节，教师通过提问让学生进入情境，引起认知冲突，激发学习兴趣。在分析任务阶段，教师通过提问引发学生思考，指导项目计划。在项目执行阶段，教师通过提问让学生再次明确所要解决的问题。在总结环节，教师通过提问回顾所学知识，加深学生记忆。

总结：本案例在各个环节都设计了问题。在导入环节，教师通过结合情境提出问题，激发学生学习动机，为项目开展做铺垫。在分析任务阶段，教师结合游戏提出了项目需要完成的核心工作，为项目计划提供支架。在制作作品阶段，教师通过提问让学生再次明确了所要解决的问题。总结阶段的提问能够帮助学生回顾所学知识，完成从事实知识到概念的学习，总结学习方法，并引发学生继续探索的求知欲。

【实践演练】

请选择一个典型的教学内容，设计核心问题及问题链，编写导入技能微格教案，并进入微格教室进行训练，感受提问技能的功能，运用提问技能评价量规进行自评。

三、讲演技能

讲演技能分为讲解技能和演示技能。

1. 讲解技能

讲解是教师运用说明、分析、归纳（概括）、论证、阐释等手段，讲授学习内容的教学方法，是课堂教学中教师作为学生知识建构的促进者，最重要的体现形式之一，在任何课程的教学中，教师的讲解都是必不可少的。课堂讲解技能是教师根据教学内容特点和学生认知规律，利用口头语言并配合手势、板书和各种教学媒体等，阐释事实、揭示事物本质、引导学生思维发展、指导学生学习的一种教学行为。

讲解的最大特点是传递知识信息的密度大、效率高，适合用来系统地传授科学文化知识，并且在传授知识的同时传授学科的认知方法和影响学生的思想情感。因此，即使在现代化教学手段被广泛应用的时代，在强调学生主动参与的今天，讲解也具有不可替代的作用。"以学生为中心的教学理念"不是教师不讲，而是在课堂上尽量少讲、精讲，教学重点难点需要教师讲解，也需要通过讲解把整个课堂串起来，要让学生的学习有体系、有结构，提炼学科思想和方法，引导学生思维发展。

（1）讲解技能的功能

1）传授知识，教给学生学科认知方法。讲解技能是指教师根据学生对内容认识的程度，针对学生的思维过程，运用合适的讲解方式，剖析事物的本质及规律，揭示知识结构之间的联系，将知识的层次性充分体现出来，使学生认识事物的现象、发展变化，以及本质特征和内在联系，在传授知识的同时，教给学生学科认知方法。

2）引导和促进学生的思维发展。讲解技能是指教师用生动且富有启发性的语言激发学生的思维活动，引导他们想象，利用逻辑推理等方法发展学生的思维能力。在学生感性认识的基础上，教师通过有条理、有逻辑的讲解引导他们进行分析、比较，排除次要因素，抓住主要因素，对一系列事物的共性进行概括、归纳、综合，明确知识的基本属性和本质特征，能有效地引导学生思维的发展，促进他们思维水平的提高。

3）表达思想、传递教学情感。教师在应用讲解技能时，学生参与其中，由此师生双方的思维活动有机结合起来，是师生、生生互动的过程。师生互相用语言、表情、手势、问答等方式传递着知识，也传递着师生之间特别的情感，能有效地加强师生之间的感情联系。

（2）讲解的类型

课程标准强调情境与案例，提倡项目式教学，也很关注信息意识、信息社会责任等情感态度领域知识的教学。为此，我们结合课程标准的要求介绍几种讲解类型。

1）叙述式讲解。叙述式讲解是教师有条理地向学生叙述科学事实、事件过程或程序方法等的讲解类型。运用这种讲解的要求是条理清楚，对于过程的顺序、事物之间的联系、方法步骤等做具体的交代。语言宜节奏舒缓，遣词造句通俗易懂、清晰明了。最后要总结归纳，以使学生对事件、现象、过程建立整体的认识。

叙述式讲解的过程：提出问题（或主题）—提供事实材料—提示要点（或核查理解）。叙述式讲解主要用于事实性知识和程序性知识的讲解，这种讲解方法简明扼要，有利于学生对知识的记忆，如大数据及其应用、人工智能的应用、信息社会的基本特征及布置项目或任务等。

2）描述式讲解。描述式讲解是在叙述式讲解的基础上，在提供事实材料的过程中增加许多修饰的成分，增强语言的感染力，唤起学生的情感和想象，使他们更好地感知教学内容的讲解类型。

描述式讲解的过程：提出讲解的主题（问题）—用富有感情色彩的描述方式提供事实材料—提示要点—核查理解。

描述式讲解常用于具有感情色彩的事实性知识的讲解，如数据科学的兴起、感受人工智能魅力、人工智能的影响、信息技术的发展趋势、信息社会道德规范等。

3）解释式讲解。解释式讲解是对字、词、句、方法、事物意义及学生认识的困难等进行解释和说明的讲解类型，讲解内容分为意义解释、结构或程序说明等。

解释式讲解要求语言精练，有较强的针对性，一针见血地道出问题的实质。解释可用逻辑推理法，使问题层层深入，引导学生逐渐认识问题；也可用反证法，使学生能从不同的侧面分析问题。解释要实事求是，使学生建立正确的概念和认识。

各种类型知识的学习都有可能用到解释式讲解。例如，在学生提出问题时，教师要给予解释说明；在进行小组讨论时，要对讨论的题目、讨论的意义给予解释说明；在放映幻灯片、录像时，要对影片的内容和观看的目的进行解释说明；在进行实验教学时，要对仪器设备的使用方法、操作规程等进行解释说明。教师在解释时还可以用比喻、比较、数字、图表等帮助说明，以强化理解。

4）归纳式讲解。归纳式讲解是教师遵循归纳法，由感性认识到理性认识，从特殊到一般的讲解类型，即对从生动直观到抽象思维的过程进行讲解。归纳法是学生形成概念、理论等的重要途径，归纳式讲解是学习概念性知识、程序性知识和元认知知识常用的讲解方法。

归纳式讲解的过程：①提供感性材料；②分析综合认识本质；③概括抽象形成概念；④练习运用、巩固概念；⑤进行分化和泛化。

5）演绎式讲解。演绎式讲解与归纳式讲解的教学模式是类似的，只是达到目的的方式不同，演绎式讲解是从一般到特殊，再到一般的讲解类型。从教学内容的组织来看，演绎式讲解具有结构性；从教学时间来看，演绎式讲解用时少、收效快；但从学生参与度来看，演绎式讲解的学生参与度较低。演绎式讲解适用于学生不太容易理解的概念性知识和方法类的程序性知识的学习。

演绎式讲解的过程：①提出抽象概念；②阐明术语；③举出实例；④学生举例运用；⑤分化、泛化（深化概念）。

6）类比式讲解。类比式讲解是在讲解复杂的概念、原理、定理等概括性知识的时候，因为学生难于理解，所以首先选择一个与复杂概念相似的、较为简单的、学生已知的或易于理解的概念或事例做比较，用类似的认知方式理解复杂的概念性知识的讲解类型。这种讲解适用于可以类比、不易理解的概念性知识的学习。

类比式讲解的过程：①回顾理解；②分析比较；③认识内涵；④练习巩固；⑤分化、泛化。

（3）讲解技能的要素及实现

1）确定目标。通过讲解达到一定的教学目标是对讲解的基本要求，是讲解技能的指导性要素。通常，教学的重点和难点是教师课堂讲解的主要知识点，讲解是为达到一定的教学目标服务的，实现不同的教学目标需要不同的讲解。通过讲解某个知识点，学生达到理解、应用或分析等不同的认知程度。对于教学难点内容，讲解的目标要根据学生的实际水平及教学目标的要求具体确定。

2）讲解结构。讲解结构是教师在分析学生情况和教学内容的基础上，根据所要讲解的知识内容的特点，对讲解过程框架的安排。这一技能要素是整个讲解教学活动成功的基本保证。

在设计讲解之前，教师要分析讲解的内容是属于概念性知识、事实性知识、程序性知识还是元认知知识，不同类别的知识内容适宜用不同的讲解方式，这样更有助于学生的学习。由于教学内容的知识类型不同，学生认识的过程和方法也不同。因此，要想使讲解促进学生的记忆、理解和应用，教师就应根据学生对不同知识类型的认识过程进行讲解，以实现不同的教学目标。

讲解要有合理的结构和思路，这种结构和思路，既是对知识内容的合理组合和解析，又要符合学生认知的思维过程。只有这样，才能使学生把教师的讲解清晰高效地在大脑中建构起来。

3）讲解语言。讲解语言不仅是语言技能在讲解过程中的应用，还包括教师在讲解过程中对语言的设计。讲解语言包括教学语言的基本构成：语音和吐字、音量和语速、语调和节奏、词汇和语法等。这是教师必须熟练地掌握的教学语言技能。语言的设计有些类似演员对台词的处理，是为了有效地表达内容、情感，引起学生重视、思考、记忆，对语言的加工设计。讲解语言设计的重点：①明确何时用描述性语言，何时用叙述性语言；②明确何时使用强调，以及是音量变化、语调变化、语速变化还是体态语变化；③明确何时使用沉默，以及沉默的作用和时间；④语言与体态语、板书、多媒体的结合等。

4）知识联系。知识联系是教师在讲解的过程中运用丰富的实例（正、反例），联系学生已有的知识，包括其他学科的知识和实际生活中的知识，引导学生分析概括，培养学习方法，理论联系实际的过程。信息技术应用于生活的方方面面，教师需要将典型的联系提取出来，在讲解过程中通过引导、指导或明确的讲解让学生清晰地认识到这些联系，并融入自己的认知结构中。同时关注到，信息技术与其他学科有着不可分割的联系，是学习其他学科的有力工具，教师需要在讲解内容时有意识地展示内容间的结构与规律，以培养学生全面发展、可持续发展的观念。

5）沟通思维。沟通思维是指教师在讲解过程中与学生进行思维上的沟通，了解学生的认知状态，指导学生的思维发展，讲解是师生共同思维的过程。在讲解中学生虽然处于被动的状态，但教师清晰的思路、有逻辑的推理和分析、不断提出的问题，能引导学生的思维一步一步前进，有利于促进学生思维的发展。在讲解中指导学生思维的方法：①按讲解的线索设计问题，逐步引导学生的思维活动；②在学生思维的关键点、认识的模糊点等上提出问题进行强化；③使用具有启发性的语言或媒体等引导学生的思维活动；④以多种媒体辅助讲解，引导学生进行观察（视、听）活动。

6）得出结论。在讲解的过程中，教师不断地向学生传递信息，在完成一个单元后要引导学生梳理、总结和归纳，建立新旧知识的联系，在学生头脑中形成明确的知识结构。好的讲解在结束前要帮助学生厘清学习思路，形成完善的知识结构，达到新旧知识的融会贯通，使知识趋于系统化、条理化。

2. 演示技能

信息技术是一门集知识性和技能性于一身的基础性课程。信息技术课堂一般是在计算机教室或计算机实验室上课。在很多时候学生面对的是计算机，而不是教师。计算机既是教师的教学对象和教学媒体，又是学生的学习对象和学习工具。信息技术课堂演示技能是教师进行实际展演和示范操作时，运用多媒体设备提供感性资料，以及指导学生进行观察的一类行为方式。

（1）演示技能的作用

1）提供直观的感性材料。学习的过程往往是教师带领学生探究新知识的过程，需要教师提供丰富的感性材料，创设探究情境，引导学生开展探究活动。学习过程中基本概念、定律和原理的获得依赖于感性材料。

2）提供正确示范。由于演示是教师用规范的操作来完成的，学生能够观察到正确的操作技术和方法，为学生进行正确操作训练打下基础。适时的演示能够使学习过程张弛有度、节奏分明，将学生的注意力吸引到学习任务上来。准确的演示包括演示动作顺序正确，节奏掌握合适，不仅要利于演示结果的获得，还要保证学生可以清晰地看到，并能够理解动作的目的。教师媒体演示的过程也是学生进行观察和思维的过程。教师正确演示的具体要求为动作准确、方法科学、熟练连贯、注意强化、指导观察、提示方法等。

3）发展学生的观察能力。教师演示的过程也是指导学生观察的过程，通过教师的指导发展观察能力。因此，教师应掌握一定的指导观察方法，激发学生的观察动机，帮助学生明确观察目的，掌握一定的观察方法，在对提供的感性材料进行全面的、有序的观察的过程中发展观察能力。有些学习中的一些背景知识是学生生活经验中不具备的或者印象不深刻的，通过教师的课堂演示，放大微观、凝固运动、扩大经验，以便于学生进行观察，获得对事物的整体认识。教师适时地指导学生进行观察和思考，有意识地教给学生针对不同媒体的观察方法如顺序观察法、对比观察法等，发展学生的观察能力。教师还可以通过提出问题引导学生的观察，观察时要注重把握教学规律，使学生养成良好的观察习惯，学会科学的观察方法。

（2）演示技能的要素

演示技能的要素与规范如表 10.5 所示。

表 10.5 演示技能的要素与规范

要素	指标 1	指标 2	指标 3
选择媒体	依据媒体本身特点	依据教学目标和内容	依据学生学习特点
出示媒体	把握出示媒体的时机	选择出示媒体的位置	考虑学生学习的需要
演示示范	示范规范、流畅、准确	示范与讲解有机结合	重视过程与方法的演示示范
指导观察	适时指导学生进行观察	适时强化观察难点处	教给学生观察方法

教师在演示示范过程中，同时提供模型的观察、工具的使用等的规范操作，这对学生动作技能及心智技能的形成至关重要。教师在演示时要提示学生如何观察演示要点、如何进行观察和思考等，以帮助学生整理加工信息。

在演示操作时，教师要根据演示目标，合理地选择媒体传递教学信息。例如，对于需要学生记忆的计算机硬件设备名称、一些抽象的概念等知识，利用实物演示能够帮助学生很好地将名称与实物一一对应，将抽象的概念具体形象化，加深对硬件名称及概念的理解和记忆。

对于需要学生了解的信息技术在各行各业中应用的知识，教师可以利用视频媒体向学生展示信息技术在人们工作和生活中的应用实况，帮助学生拓宽思路。

对于需要学生掌握的各种设备或者软件具体操作步骤，教师可以录制操作过程，制作成微课视频，学生可反复观看，便于掌握；在动画制作学习时，教师可利用动画媒体，分析动画构成，帮助学生理解动画形成原理，掌握动画制作方法。

演示用教学媒体的选择还受当地、当时教学条件的限制，同时需要考虑教师在准备教学媒体时所需要的时间和精力的投入与教学效果之间的平衡问题，通过对这些问题的思考和回答，力求做到以最小的代价选择适用于本教学情境的媒体资源。例如，所需媒体是用来提供感性材料的还是用来提供练习条件的？该媒体是用于辅助集体讲授还是用于个别化学习？媒体材料与学生的认知水平是否一致？教学内容是否要做图解或图示的处理？视觉内容是用静止图像呈现还是用活动图像呈现？要不要为视觉图像配音？是用录像还是用动画表现视听结合的活动图像呢？有没有媒体放映的条件？

【拓展阅读】

盛群力教授的知识分类紧扣核心素养，而且操作性强，为此我们把知识分为是什么的知识（事实+概念）、如何做的知识（程序/规则/步骤）、为什么的知识（动力+策略+原理），以此来讨论讲演技能。其中是什么的知识中的概念是重点，概念能迁移，它是如何做的知识的基础，需要教师好好讲解。在掌握概念的基础上，学生可以通过参考案例、小组讨论等学习方式，探究程序或规则等，进一步解决问题，最后老师需要总结归纳程序和原理等。

（1）是什么的知识（事实+概念）的讲演案例

是什么的知识主要涉及事实性知识和概念性知识，是学科教学中非常重要的基础知识，如何做的知识和策略性知识都以它为基础。通过一系列项目学习如何做的知识和策略性知识，对是什么的知识的理解再升华，理解学科概念，培养核心素养。其中，事实性知识学生可自主探究学习，概念性知识需要教师进行讲解。

"数据"是高中信息技术必修模块1"数据与计算"的核心概念，也是学科大概念之一，学生必须深入理解。在"数据与计算"第1章第1节中，学生在感知数据的基础上，初步理解数据的概念。通过后续的学习，特别是数据的处理与应用，学生不断领悟数据是人们提取信息、做出决策的重要依据。如果学生的已知经验中有较多的与新知识相关的事实知识，则教师可采用归纳式讲解，培养学生分析问题的能力；如果相关的事实性知识较少，则建议教师采用演绎式讲解。

案例1 "数据"概念的归纳式讲解

类型	要素	讲解	演示
归纳式讲解	提出主题	在日常生活和学习中我们经常会接触到数据。	PPT演示：相关图片。
	提供感性材料1	例如，用学号、姓名和性别等数据来描述学生信息；用文件名、文件格式来描述文件；用短视频下载量表示视频的关注度等。	PPT演示：相关图片。

类型	要素	讲解	演示
归纳式讲解	分析综合，认识本质 1	这些数据有什么共同特征？这些数据描述了不同的客观事物，即学生、文件、短视频等。	PPT 演示：相关图片。
	提供感性材料 2	例如，公民身份证号码能够反映什么？反映出生日期、性别、地区等。二维码可以链接某个 APP、网站等。	PPT 演示：相关图片。
	分析综合，认识本质 2	这些数据有什么共同特征？数据里包含了各种信息，是信息的载体。	PPT 演示：相关图片。
	概括总结	数据是信息的载体，可描述事物，也可用计算机进行加工。	PPT 演示：相关图片。

案例 2　"数据"概念的演绎式讲解

类型	要素	讲解	演示
演绎式讲解	提出概念	大家都说现在每天产生大量数据，数据是很重要的资源，那数据是什么呢？为什么这么说？	PPT 课件演示：数据是什么？
	阐明术语	数据是现实世界客观事物的符号记录，是信息的载体，是计算机加工的对象。	PPT 课件演示："数据"两个字强化表达；边讲边在"符号记录""信息的载体""计算机加工的对象"三个词语下面画线。
	举出实例	1. 180 厘米、70 千克可以分别表示人的身高和体重。2. 传奇.MP3 表示歌曲的名字和格式。3. 王选、男表示人名和性别。4. ××新闻点击量是 207 890 次等。	PPT 课件演示：列出几个例子；边说边出现对应的例子。（制作动画）
	加强巩固	这里的数据用数值、文本等不同的符号记录客观事物，分别表示身高、歌曲名、人名等不同的信息。我们可以利用计算机计算平均身高与体重、剪辑歌曲。	PPT 课件演示：每项结合讲解动态显示。
	深化提升	从新闻点击量判断人们关注的热点等。数据不仅是信息的载体，还是人们提取信息、做出决策的重要依据。	PPT 课件演示：动态强化演示"决策的重要依据"。

本案例以学生熟悉的事物为例证，通过例证学生能体会到数据中包含信息。例证覆盖了常用数据类型，如文本、布尔、数值、音频，为后续的"算法与程序设计"做铺垫，同时让学生理解数据是计算机可加工的对象。本案例穿插了提问，教师与学生进行交流和互动，启发思维，结合 PPT 演示，双向通道接受信息，让学生进行有意义的学习。

（2）如何做的知识（程序/规则/步骤）的讲演案例

如何做的知识主要涉及做某一件事情的程序、规则和步骤等。程序是做事情的基本套路。规则是做事情的基本要求，帮助人们高效方便地完成事情。步骤是事情的先后顺序。例如，在数学中要先乘除后加减，在信息技术中要先选择对象再进行操作。如何做的知识讲解要明确步骤和每个步骤需要做的核心工作。学生只有经历了过程和步骤，才会理解如何做的知识。课程标准强调项目化学习，强调解决问题。为此，教师适合在项目开始前简单介绍如何做的知识，在项目结束后归纳总结，应该注意先理解概念，再掌握程序。

"数据可视化"是高中信息技术必修模块 1"数据与计算"第 3 章数据处理中的最后一个环节，隐含了前面的"明确需求""选择处理工具""数据处理"等过程，是一个关键的环节，有一套规范的步骤。

案例 3 "数据可视化"的归纳式讲解

类型	要素	讲解	演示
归纳式讲解	提出主题	学生已经通过小组合作讨论，利用词云技术，统计分析描述城市的文字，给自己喜欢的城市制作了城市名片，个性化地展示了城市映像。 城市名片是一种数据可视化的表达方式，那么数据可视化表达的一般过程是什么样的呢？下面我们一起总结一下。	PPT 演示：提供事实、图文结合。
	提供感性材料 1	第一步做了什么？明确可视化对象，如制作城市名片、统计人口普查数据中各年龄段分布情况、了解天气变化走势。	
	分析综合，认识本质 1	第一步：明确需求。	
	提供感性材料 2	接着做了什么？利用 Python 对收集的数据进行分词，制作词云。我们统计人口普查数据中各年龄段分布情况，可以使用什么工具？	

类型	要素	讲解	演示
归纳式讲解	分析综合，认识本质2	第二步：选择处理工具。	PPT 演示：提供事实、图文结合。
	提供感性材料3	接着做了什么？要把城市的关键词按主次表示出来，也就是把关键词的关系表示出来。	
	分析综合，认识本质3	第三步：确定数据分析类型。	
	提供感性材料4	了解天气变化走势是有关趋势的分析类型；统计人口普查数据中各年龄段分布情况是有关比例的分析类型。 接着做什么了？从关系图中选择了词云，因为词云更适合做城市名片。	
	分析综合，认识本质4	第四步：确定可视化呈现类型。	
	分析综合，认识本质5	第五步：输出，评价，修改。	
	概括总结	第一步：明确需求。 第二步：选择处理工具。 第三步：确定数据分析类型。 第四步：确定可视化呈现类型。 第五步：输出，评价，修改。 最后一步很重要，评价输出结果能否满足需求，如果不能，则要分析原因并修改。	用流程图来表达。

本案例结合学生已经完成的"城市名片"的项目，总结归纳数据可视化的一般过程，在讲解中分解过程，提供学生经历的感性材料，并引导总结出每步的工作核心，并用其他例子展开，加深对这一步的理解，为迁移做铺垫，最后总结该过程的完整步骤，讲解结构清晰顺畅。演示要图文并茂，用流程图的形式展现一般过程，让学生进行有意义的学习。

（3）为什么的知识（动力+策略+原理）的内容及讲演

为什么的知识分为三个类别，即动力性知识、策略性知识和原理性知识，具体内容涉及以下几个方面。

1）理解学习的个人价值和针对性。

2）了解个人学习的优势和劣势。

3）理解学习任务提出的心理结构内化要求和外显表现要求。

4）学以致用，融会贯通。

5）透彻理解"原理"等高层次知识技能，能够提出合理的猜测、权衡利弊关系、做出决策、学会制订计划、贯彻落实行动方案和实时动态评价，实现学习迁移。

为什么的知识的讲解一定要结合情境进行，结合各种活动穿插讲解。动力性知识的讲解不能平铺直叙而是要带着感情，较适合采用描述式讲解。策略性知识需要结合实际，解释说明为何选择某种策略解决问题，较适合采用解释式讲解。原理性知识难度大，较适合采用演绎式讲解。

【实践演练】

请选择三类知识的典型的教学内容，设计讲演技能，编写讲演微格教案，并进入微格教室进行训练。

四、结束技能

结束技能是教师在完成一个教学活动时，对知识进行归纳总结，使学生所学知识形成系统，转化升华的行为方式。

结束是教学过程中的重要环节，如同聚光灯，收拢学生的思绪，帮助他们厘清思路，梳成"辫子"，使学生对课堂所学了然于心，变短时记忆为长时记忆。课堂教学的结束环节好像推进器，指引学生在旧知识的基础上向新知识进军，激励学生不断向新的高度攀登。好的结束能给人以情感上的激发、认知上的升华、艺术上的享受。因此设计好课堂小结对于帮助学生总结重点、厘清脉络、巩固知识都有举足轻重的作用。但好的结束效果绝不是教师只凭灵机一动就能达到的，而是需要教师具备较强的结束技能。

1. 结束技能的功能

（1）强化知识，巩固应用

在一节课的结束环节，教师运用结束技能对知识和技能进行复习及总结，将学生所学的分散的知识集中、归纳，帮助学生进行巩固和运用，强化学生知识与技能的掌握。

（2）强化方法，发展能力

课堂小结目标的实现需要教师对教学过程进行设计，运用一定的方法。在结束环节，教师运用结束技能，强化学生对学习过程的理解，强化本课的学习方法，使学生在理解知识结论的同时获得方法，从而提升能力。

2. 结束技能的类型

课堂如何结束，要根据教学的内容和性质、教学目标及学生的情况来确定。由于教学对象不同，教学内容不同，每堂课的结束也必然不同。即使是同样的教学内容，不同的教师也有不同的处理方法。

根据结束时活动的主体不同，结束技能可分为以教师为主的概括型结束和以学生为主的练习型结束。

根据结束环节教学内容的开放程度，结束技能可分为封闭型结束和开放型结束。本书详细介绍这两种结束技能。

（1）封闭型结束

封闭型结束又被称为认知型结束，其目的是巩固学生所学到的知识，把学生的注意力集中到课程的重点、难点上来，进一步对教学重点、难点进行总结、归纳和强调。具体的方式有以下几类。

1）总结归纳。总结归纳是在课堂教学即将结束时，教师、学生或师生共同用准确简洁、总结性的语言，提纲挈领地将本课的重点内容、难点、知识结构、基本原理、基本技能等进行梳理和概括，从而结束课堂教学的一种方式。总结归纳条理清晰、中心突出、言简意赅、明晰爽朗，可以给学生以系统、完整的印象，促使学生加深对所学知识的理解和记忆，培养其综合概括能力。同时这种结束方式指导学生学会有目的地、主动地归纳所学知识，培养其自学能力。总结归纳是常用的结束方式之一。

2）分析对比。分析对比是在一个教学内容结束时，教师把教学中容易混淆的两个或两个以上的知识，通过简洁明了的区分和对比来结束课堂教学的方式。

在教学中，常有某些课题内容比较相似，体现在学生那里就是易混不易记，对于这样的内容可设置一个对比式结尾，即把相似的内容逐一进行比较。对比可使学生清晰地了解所学知识，并形成准确扎实的记忆。这种结束方式实际上是教给学生一种学习方法——比较法，它可以引导学生同中求异，既加深对知识的记忆和理解，又培养他们的求异思维能力。

3）巩固练习。巩固练习是指安排学生的实践活动，通过书面练习、问题讨论、口答或扮演等教学活动，使学生理解和掌握知识要点与知识间的联系，为学生主动地学习提供了较为充分的机会，有助于学生对知识的理解和思维能力的发展，能够调动学生参与总结的积极性。

在结束阶段安排练习首要的功能是落实教学目标的达成，为此，教师可以先对所学知识的要点进行简明的概括与巩固，再有序地给出若干练习，有针对性地使练习内容对应各知识要点，组织学生边练习边归纳小结，以达到巩固知识和提高运用知识能力的目的。

（2）开放型结束

开放型结束是指在教学结束时，教师不仅要对所学知识进行复习巩固，还要引导学生进行知识间的联系，把所学的知识运用于生活实际和生产实践中，将所学习的方法运用到新的情境中，使得知识拓展延伸。开放型结束的具体方式有以下几种。

1）悬念型结束。悬念型结束是教师通过设置疑问、留下悬念激发学生的学习兴趣和求知欲望、启发学生思考的一种承上启下的结束课堂教学的方式。运用悬念型结束要注意，设置的问题应具有启发性，以疑促思，给学生留下思考的空间，激发学生的学习兴趣。当上下两节课的内容有密切联系时适合用悬念型结束，教师要使设置的悬念能有机地联系新旧知识，起到承上启下的作用。

2）拓展延伸。拓展延伸是指将教学内容向社会实际、生活实际、学科发展前沿方面开拓延伸，使学生了解学习的价值，拓展学生的知识面，引起学生更浓厚的学习、研究兴趣，使学生建构自己的知识网络。有的学生树立终生发展志向往往是从了解这些问题开始的。

3. 应用结束技能须注意的问题

（1）结构完整，首尾照应

课堂教学是由几个相互联系的环节组成的一个完整的统一体，结束是教学活动中不可缺少的环节，结束语和前面的教学内容应保持脉络贯通，注意前后联系，形成完整的知识结构。结束过程要与导入过程首尾呼应、前后一致，使整节课浑然一体。特别是有些课的结束实际上就是对导入的总结或回答，导入时提出的问题如果在教学过程中没有明确回答，就应该在结束时讨论，使之明确。

（2）语言精练，紧扣中心

课堂小结要简洁明快、干净利落，画龙点睛地梳理当堂所讲的知识，总结归纳要紧扣教学目标，提示知识结构和重点。结束过程在一节课中所占时间较短，因此要求归纳总结简明扼要。结束的语言不可冗长、拖泥带水，应该少而精，高度浓缩、概括性极强的语言能够起到画龙点睛、提炼主题、提升认识、升华情感的作用。

（3）激发兴趣，积极参与

课堂小结所用的精练的语言、灵活有趣的结束活动有助于帮助学生重新集中注意力，回到课堂教学中来，使学生积极参与。思考、归纳、概括要点、得出结论、回顾等方法的引导，能使学生积极思考和探索，更好地掌握一节课的精髓，也能使学生感到"语已尽而意无穷"，在课后咀嚼回味，展开丰富的联想。

4. 结束技能的要素及设计方法

课堂教学的结束不仅仅是因为到了结课时间，更是因为教学活动发展到了该告一段落的时候。课堂结束是客观的教学时间与教学活动发展进程同时进入结束时所需要的教学行为。因此，课堂结束要根据教学时间与教学的逻辑发展而进行。教师一定要准确把握课堂教学的进程和时间，根据课堂时间和教学内容灵活安排每项活动内容，把结束控制得恰到好处，做到水到渠成、自然妥帖。

（1）结束技能的要素

结束技能的要素包括提供心理准备、概括要点结论、回顾思路方法、拓展联系新知，具体如表 10.6 所示。

表 10.6 结束技能的要素

要素	指标 1	指标 2	指标 3	指标 4
提供心理准备	时机选择	强调行为	行为变化	引起注意
概括要点结论	归纳总结	概括要点	明确结论	建立联系
回顾思路方法	回顾思路	总结方法	方法选择	方法适用范围
拓展联系新知	创设新情境	解决新问题	明确新困难	联系新内容

结束技能的核心是对新知识的深入加工，包括对新知识信息的浓缩提炼和揭示新旧知识的关系，以实现知识系统化的目的。教师用一定的方式引导学生对知识进行梳理归纳，进一步揭示结论的内涵并构建与相关知识之间的联系，使其结构化，从而形成便于记忆和理解的知识系统。

回顾思路与方法主要是强化教学目标中的过程与方法目标的实现。教师带领学生回顾学习过程，进一步梳理学习过程中解决问题的方法，突显方法中的程序和操作要点，使学生在今后同类型知识的学习过程中能够运用此方法。这里的方法既包括思维方法，也包括操作方法；既包括学科中的方法性知识，也包括解决问题通用的方法。在课堂结束技能中，教师要有意识地通过一定的方式（如留下疑问、提出新的内容等）让学生对新的知识内容充满期待，激发对未知问题获得解决的渴望。

（2）结束技能的设计方法

教师在进入总结阶段时应明确示意，以唤起学生的有意注意，把精力集中于关注重要信息以实现知识的系统化、结构化，为学生主动参与总结提供心理准备。

1）要有强调的行为。结束技能要伴随着教师行为的变化，特别是强调行为，以表示结束，如提高的声音、特殊的手势、特定的语言、变换的节奏等都能够达到目的。例如，"这个新知识就学习到这里，现在让我们共同把重点做一个总结""让我们共同解答一下问题，作为今天学习知识的结束"等。

2）要有变化的行为。结束环节和之前的教学过程要有一个形式上的区别，帮助学生调整以重新进入学习状态，如刺激强度的变化、学习形式的变化、教学节奏的变化、教师位置的变化等。

3）概括要点结论，建立知识间的联系。教师可以利用板书，引导学生从众多新知识中归纳、筛选出对形成完整学科知识结构有重要作用的信息，以及解决问题时经常应用的重要信息，进行要点的概括和提炼。同时教师应尽量构建要点知识之间及要点知识与其他知识之间的联系，并用结构性的形式呈现，进一步揭示学习该要点知识的内涵、外延及地位。

4）回顾思路方法，提升学习能力。在获得知识结论的同时，强化知识获得过程、探究过程、实验设计过程、分析推理过程等都是教师需要研究的，既需要弄清其中规律的程序步骤，也需要关注学生在学习过程中表现出的认知特点。

在结束环节教师需要将学生获得知识的方法凸显出来，像重视知识结论那样重视方法本身的内涵和学生掌握方法的过程，如学生如何获得信息、筛选信息、利用信息等；并用一定的方式进行强化，如画出思维导图、在媒体中添加着重号、学生在笔记上整理等。

5）拓展联系新知，方法迁移应用。在结束的最后环节教师可以将本课学习的方法进行强化，特别是针对学生掌握方法过程中容易出现的问题，设计问题情境，指导学生运用方法解决情境中的真实问题。在情境中运用所学方法的过程中，教师要让学生体会到方法的内涵及方法的重要性，也要让学生感觉到方法的实用性，从而产生自觉运用方法的动力。学生应明确方法在解决问题时的局限，清楚该方法还有解决不了的问题，需要学习新的方法进行补充，以提升问题解决能力。教师在结束环节要说明将要学习的内容能够带领我们继续解决问题，激发学生对未知问题获得解决的渴望。

【案例分析】

案例1：结束技能评价量规

结束技能评价量规如表10.7所示。

表 10.7 结束技能评价量规

评价人：_____

姓名		题目			时间		

请听课以后对以下各项进行评价，在适当等级下画"√"

项目	评价指标	等级				权重	得分
		优	良	中	差		
		95分	80分	75分	55分		
结束技能	结束时有明确目的					0.1	
	总结内容概括、表达清楚					0.2	
	结束方式适合学生特点，练习、活动组织得好					0.2	
	结束过程有利于巩固所学知识，培养学习兴趣					0.2	
	作业明确适当，学生能记下来					0.1	
	反馈及时，反应准确					0.1	
	时间掌握得好，不拖堂					0.1	

案例2："感知文字编码"结束设计

要素	教学过程
提供心理准备	前面的三个任务同学们完成得非常好也很快，下面我们一起对本课做个总结。
概括要点结论	大家利用教材及网络资源，自己破译了ASCII，写出了国标码，感知了数据与信息。那么数据是什么？信息是什么？它们有什么关系呢？对，数据是现实世界客观事物的符号记录，是信息的载体，是计算机加工的对象。 信息是对于特定对象具有明确、具体意义和内容的数据或信号。
回顾思路方法	自己在设计手语编码活动中，对比了不同的编码方案，加深了对编码的认知，知道了数据编码的基本方式。 那为什么对数据进行编码呢？编码有什么作用呢？ 编码使世界变得有序、有共识。因为有房间编码，所以我们不会走错，因为有国际标准的ASCII和区位码，所以大家能准确地沟通。 那计算机中的编码呢？计算机通过编码可以把模拟信号变成数字信号，因而计算机能够处理文字、声音和图像等信息。
拓展联系新知	那么，声音是如何编码的呢？图像是如何编码的呢？我们下节课继续深入学习数字编码。

高中信息技术必修模块1"数据与计算"的"数据与信息"的具体内容有ASCII、汉字编码、数据编码的意义及方法等。通过学习，学生能知道数据编码使世界变得有序，能准确地沟通；理解计算机通过编码可以把模拟信号变成数字信号，因而计算机能够处理文字、声音和图像等信息。

总结：本案例结合学生已完成的任务，归纳总结了已学习的内容，并在数据、信息、数据编码等重点知识之间建立了联系，回顾了思路及方法，并提升到进行数据编码及计算机数据编码的本质，又很自然地引出下节内容。

案例3："数据处理和可视化"结束设计

要素	教学过程
提供心理准备	同学们前两周进行了"网络购物平台客户行为数据分析和可视化表达"的项目活动，大家积极参与了这个过程，通过小组合作分工，充分利用数字资源，都很好地完成了项目。下面我们一起对本项目涉及的知识及方法等做一个总结。

要素	教学过程
概括要点结论	我们每天的网购活动产生了大量数据，网购平台通过客户行为数据分析，进行推销和调整产品等，提高效益，客户可以收到推送信息，也可以查看相似产品，获得更好的购物体验，这就是提高了数据应用效能，发现了数据中的信息，精准解决了生活中的问题。
回顾思路方法	那么，网购平台是怎么发现数据中的信息的呢？它做了哪些数据处理工作？ 首先进行了数据采集，其次对数据进行了分析，然后进行了数据可视化表达。那么为什么经历这三个过程呢？ 数据来源广泛、类型丰富、规模巨大，依据数据应用项目的需求，围绕特定主题，制定数据采集的需求清单和内容大纲。因为获取的数据是大批的杂乱无章的，所以需要运用数字化工具和技术，探索数据内在的结构和规律，构建数学模型，并进行可视化表达，通过验证将模型转化为知识，为诊断过去、预测未来发挥作用。为了提升数据分析的效率，可视化表达枯燥的数据，帮助寻找本质问题。 数据采集、分析和可视化表达的基本方法有哪些呢？ 常用的数据采集方法有系统日志采集法、网络数据采集法和其他数据采集法。采集的数据保存方法有本地保存和云存储两种方式。常用的数据分析方法有特征探索、关联分析、聚类分析和数据分类。 数据可视化实现的工具众多，经常用到的工具有工具模块Matplotlib、Seaborn 和 Bokeh 等。
拓展联系新知	现在大家知道了"网络购物平台客户行为数据分析和可视化表达"的背后原理，那么请你们思考如何利用智能手环给用户提供健康建议？需要采集哪些数据？用什么方法采集？用什么方法进行数据分析？需要什么样的可视化表达方式？最后再总结一下为何叫"智能"手环，与下一章人工"智能"的"智能"有什么关系？

总结：本案例结合学生已完成的项目活动，归纳总结了数据处理和可视化的三个过程，不仅总结这三个过程的内容及方法，还总结为何经历这三个过程，同时联系前面学习的数据与信息，再次深入理解数据与信息的关系及数据对决策的作用，帮助学生树立数据意识。本案例还结合前面接触的智能手环案例，引出下一章的内容"人工智能"，前后呼应，不仅有是什么的知识的总结，还有为什么的知识的总结，培养学生的系统思维和计算思维。

【实践演练】

请选择一个典型的教学内容，设计结束技能，编写结束微格教案，并进入微格教室进行训练。

第二节 中学信息技术课堂教学技能训练

目前课堂教学仍是学校教育教学中普遍使用的一种手段，它是教师向学生传授知识和技能、培养能力、价值塑造的主要手段。课堂教学也称"班级上课制"，与"个别教学""课外活动"相对。课堂教学是按各门学科课程标准，组织教材和选择适当的教学方法，并根据固定的时间表，向全班学生进行授课的教学组织形式。教师为顺利而有效地开展教学活动，根据课程标准的要求备课和编写教案。

一、教案内涵及构成要素

1. 教案内涵

教案是教师为顺利而有效地开展教学活动，根据课程标准的要求，以课时或课题为单位，对教学内容、教学步骤、教学方法等进行具体的安排和设计的一种实用性教学文书。教案通常又叫课时计划。

在实际教学活动中，教案起着十分重要的作用。编写教案有利于教师明确教材内容，准确把握教材的重点与难点，进而选择科学、恰当的教学方法；还有利于教师科学、合理地支配课堂时间，更好地组织教学活动，提高教学质量，收到预期的教学效果。

2. 教案构成要素

教案通常包括课题、教学目的、课型、课时、教学重点、教学难点、教学过程、作业处理、PPT课件与板书设计、教学资源等。有的教案还列有教具和现代化教学手段的使用、作业题、板书设计和课后反思等项目。具体内容如下。

1）课题：说明本课名称。

2）教学目的：或称教学要求、教学目标，说明本课所要完成的教学任务。

3）课型：说明是新授课，还是复习课。

4）课时：说明属第几课时，用时情况。

5）教学重点：说明本课所必须解决的关键性问题。

6）教学难点：说明本课在学习时易产生困难和障碍的知识点。

7）教学过程：或称课堂结构，说明教学进行的内容、方法步骤。

8）作业处理：说明如何布置书面或口头作业。

9）PPT课件与板书设计：说明上课时用到的PPT课件和准备写在黑板上的内容。

10）教学资源：或称学习支架，说明辅助教学的资源。

因为学科和教材的性质、教学目的和课的类型不同，所以教案不必有固定的形式，因而也有不同的教案模板。

二、教案编写

教案编写要依据课程标准和教科书，从学生的实际情况出发，精心设计。教案编写一般要符合以下要求：明确地制订教学目的，具体规定传授基础知识、培养基本技能、发展能力及思想政治教育的任务，合理地组织教材，突出重点，解决难点，便于学生理解并掌握系统的知识，培养核心素养；恰当地选择和运用教学方法，调动学生学习的积极性，面向大多数学生，同时注意培养优秀生和提高后进生，使全体学生都得到发展。

关于教案编写的繁简，一般是有经验的教师写得简略些，而新教师写得详细些。平行班用的同一课题的教案设计，根据上课班级学生的实际差异宜有所区别。对于原定教案，教师在上课进程中可根据具体情况做适当的调整，课后随时记录教学效果，进行简要的课后反思，有助于积累教学经验，不断提高教学质量。

教案包括每个课题或每个课时的教学内容，教学步骤的安排，教学方法的选择，板书设计，教具或现代化教学手段的应用，各个教学步骤或教学环节的时间分配，等等。这些都要经过周密的考虑，精心设计并确定下来，体现着很强的计划性。

【案例分析】

"感知数据编码"的教案

课题（教学章节或主题）：感知数据编码	课型	新授课
	课时	第 1 周第 2 节

教学目的与要求
1．了解信息、数据的概念及它们的关系。
2．描述数据与信息的基本特征。
3．知道数据编码的方法（数据编码的基本方式）。
4．说出数据编码的内涵。
5．体会数据编码的作用。

教学重点与难点
教学重点：信息与数据的关系；编码的作用；编码的基本方式。
教学难点：确定编码的位数及分配方案；信息与数据的关系。

教学内容与过程（设想、方法、手段）
数据与信息的概念、关系，编码的作用、基本方式。这些都是概念性的知识，若直接讲解，则学生学习兴趣不高，也不容易理解。为此把它任务化、游戏化、活动化。在感知参与的基础上体会、总结这些概念。

思考题、讨论题、作业
1．声音是如何编码的？
2．图像是如何编码的？

教学阶段	教学活动与过程
情境引入	同学们，下面老师有一个问题问大家，大家请看这串数字： 150102200309192011。 这是什么数字呀？熟悉吗？ 对，身份证号码。 身份证号码与出生日期有关系吗？ 对，有关系，这里的 20030919 就表示 2003 年 9 月 19 日。
	身份证号码还与什么信息有关系？ 非常对，身份证号码里隐含了地区、出生日期、性别等信息。身份证号码是隐含以上信息的载体，叫数据。它用不同位置的不同的数字表示了不同的信息，150102 表示行政区代码，中间八位数字表示出生日期，后四位数字表示同一个生日的顺序号，奇数表示女生、偶数表示男生，赋予身份证号码信息的过程叫编码。 那么，下面一串数字里又隐含了哪些信息呢？它是怎么编码的？ 105 108 111 108 101 121 111 117 这是 ASCII 的十进制表示，每三位数字表示一个英文字符，属于字符编码。 我们这节课通过完成三个任务来探究它。
布置 任务 1	通过破解下面一串 ASCII，来了解 ASCII。 105 108 111 108 101 121 111 117 需要探究的具体问题有： 1．为何用八位二进制数表示 ASCII？（提示：ASCII 一共有多少个？） 2．ASCII 表里包含哪类字符？（提示：与键盘上的有什么关系？） 3．英文字符是如何编排的？
布置 任务 2	请把"我爱中国"的国标码（GB2312）写出来。 需要探究的具体问题有： 1．国标码用几位二进制数表达一个汉字？为什么？ 2．国标码与 ASCII 兼容吗？ 3．国标码能表示繁体字吗？ 4．汉字顺序是如何编排的？

教学阶段	教学活动与过程
布置任务3	我们在前面探究了英文字符和汉字字符两个字符编码，世界上还有多种文字，现在它们都有了自己的标准编码，为此，我们能够在计算机和互联网世界里方便地共享和交流信息，分享和创造人类的文明成果。那么还有一群人还不能很好地享受信息技术的成果，那就是利用手语的残疾人，我们尝试为他们设计一套手语编码好吗？ 设计手语编码要考虑： 1．需要几位二进制数？ 2．手语顺序如何编排？
总结提升	好，前面的三个任务，同学们完成得非常好也很快，下面我们一起对本课做个总结。 大家利用教材及网络资源，自己破译了ASCII，写出了国标码，感知了数据与信息。那么数据是什么？信息是什么？它们有什么关系呢？ 对，数据是现实世界客观事物的符号记录，是信息的载体，是计算机加工的对象。 信息是对于特定对象具有明确、具体的意义和内容的数据或信号。 自己在设计手语编码活动中，对比了不同的编码方案，加深了对编码的认知，知道了数据编码的要求。 那为什么对数据进行编码呢？编码有什么作用呢？ 编码使世界变得有序、有共识。因为有房间编码，所以我们不会走错；因为有国际标准的ASCII和区位码，所以大家能准确地沟通。 那计算机中的编码呢？计算机通过编码可以把模拟信号变成数字信号，因而计算机能够处理文字、声音和图像等信息。 那么，声音是如何编码的呢？图像是如何编码的呢？我们下节课继续深入学习数字编码。

【实践演练】

请选择一个典型的教学内容，编写教案，进入智慧教室进行综合训练。

参 考 文 献

奥苏伯尔, 1994. 教育心理学: 认知观点[M]. 佘星南, 宋钧, 译. 北京: 人民教育出版社.

波帕姆, 2003. 促进教学的课堂评价[M]. 国家基础教育课程改革 "促进教师发展与学生成长的评价研究" 项目组, 译. 北京: 中国轻工业出版社.

陈聪, 2009. 浅谈中学信息技术教学说课过程中的三个重要环节[J]. 新课程学习(中)(2): 49.

陈梅, 2011. 中小学信息技术课程与教学[M]. 西安: 陕西师范大学出版社.

崔允漷, 2001. 有效教学: 理念与策略(上)[J]. 人民教育(6): 46-47.

董奇, 1989. 论元认知[J]. 北京师范大学学报(1): 68-74.

高德毅, 宗爱东, 2017. 从思政课程到课程思政: 从战略高度构建高校思想政治教育课程体系[J]. 中国高等教育(1): 43-46.

何红娟, 2017. "思政课程" 到 "课程思政" 发展的内在逻辑及建构策略[J]. 思想政治教育研究, 33(5): 60-64.

胡航, 2020. 信息技术教育学[M]. 重庆: 西南大学出版社.

胡小勇, 2006. 问题化教学设计: 信息技术促进教学变革[M]. 北京: 教育科学出版社.

黄宇星, 2014. 中小学信息技术微格教学教程[M]. 厦门: 厦门大学出版社.

加依, 柯蕾, 2008. 建构主义学习设计: 标准化教学的关键问题[M]. 宋玲, 译. 北京: 中国轻工业出版社.

孔利华, 焦中明, 2014. 信息技术教学技能综合训练教程[M]. 杭州: 浙江大学出版社.

黎加厚, 2010. 新教育目标分类学概论[M]. 上海: 上海教育出版社.

李龙, 2010. 教学设计[M]. 北京: 高等教育出版社.

李涛, 2019. 教师教学技能培养系列教程: 中小学信息技术[M]. 北京: 中国轻工业出版社.

李维明, 2018. 普通高中信息技术必修模块–教学专题指导[M]. 上海: 上海科技教育出版社.

李维明, 2019. 厘清模块脉络, 明确教学方法: 高中信息技术必修模块 1 的教学概述[J]. 中国信息技术教育(13): 27-31.

李艺, 朱彩兰, 2018. 信息技术课程与教学[M]. 2 版. 北京: 高等教育出版社.

刘景宜, 2014. 中学信息技术教学设计与案例分析[M]. 合肥: 安徽大学出版社.

刘敏, 武济迎, 2009. "信息技术教学论" 课程信息化教学设计[J]. 现代教育技术, 19(11): 44-49.

马兰, 盛群力, 2005. 教育目标分类新架构: 豪恩斯坦教学系统观与目标分类整合模式述评[J]. 中国电化教育(7): 20-24.

庞维国, 2003. 自主学习: 学与教的原理和策略[M]. 上海: 华东师范大学出版社.

齐海波, 2010. 提高教学质量的教研教改方法: 说课[J]. 中国高等医学教育(5): 127-128.

琴纳莫, 考克, 2007. 真实世界的教学设计[M]. 蔡敏, 译. 北京: 中国轻工业出版社.

任宝贵, 陈晓端, 2009. 说课与教师专业发展[J]. 教育科学研究(2): 69-71.

任友群, 黄荣怀, 2020. 普通高中信息技术课程标准(2017 年版 2020 年修订)解读[M]. 北京: 高等教育出版社.

申克, 2003. 学习理论: 教育的视角[M]. 韦小满, 译. 南京: 江苏教育出版社.

沈莉, 2012. 信息技术微格教学[M]. 北京: 科学出版社.

盛群力, 褚献华, 2004. 布卢姆认知目标分类修订的二维框架[J]. 课程·教材·教法, 24(9): 90-96.

盛群力, 郑淑贞, 2006. 合作学习设计[M]. 杭州: 浙江教育出版社.

石丽艳, 2018. 关于构建高校课程思政协同育人机制的思考[J]. 学校党建与思想教育(高教版)(10): 41-43.

索耶, 2010. 剑桥学习科学手册[M]. 徐小东, 译. 北京: 教育科学出版社.

王逢贤, 2000. 学与教的原理[M]. 北京: 高等教育出版社.

王彦才, 郭翠菊, 2010. 现代教师教学技能[M]. 北京: 北京师范大学出版社.

夏雪梅, 2018. 项目化学习设计: 学习素养视觉下的国际与本土实践[M]. 北京: 教育科学出版社.

熊璋, 李锋, 2019. 信息时代·信息素养[M]. 北京: 人民教育出版社.

熊璋, 陆海丰, 2019. 信息系统与社会·情境与案例[M]. 北京: 人民教育出版社.

熊璋, 杨晓哲, 2020. 信息素养·数字化学习与创新[M]. 北京: 人民教育出版社.

薛海国, 吴玉婷, 2006. 从说课评价的内容论有效优化说课效果的策略[J]. 和田师范专科学校学报, 26(1): 85-86.

杨小微, 张天宝, 2007. 教学论[M]. 北京: 人民教育出版社.

尹合栋, 2012. 说课评价量规的设计与应用[J]. 现代教育技术, 22(12): 35-39.

张大均, 郭成, 2006. 教学心理学纲要[M]. 北京: 人民教育出版社.

张福涛，2014．翻转课堂导学案编写指导与案例分析[M]．济南：山东友谊出版社．

张剑，2011．信息技术说课评价体系[J]．新课程（教师版）（6）：152-153．

张明秋，2020．中学地理说课评价研究[D]．长春：吉林师范大学．

张燕，黄荣怀，2005．教育目标分类学2001版对我国教学改革的启示[J]．中国电化教育（7）：16-20．

赵兴杰，翁小勇，2014．关于中学数学说课的评价[J]．数学教育学报，23（1）：96-99．

中华人民共和国教育部，2020．普通高中信息技术课程标准（2017年版2020年修订）[M]．北京：人民教育出版社．

钟启泉，1989．现代课程论[M]．上海：上海教育出版社．